后金融危机时代
美欧经济观察
（2008—2017）

余 翔◎著

中国财经出版传媒集团
中国财政经济出版社

图书在版编目（CIP）数据

后金融危机时代美欧经济观察：2008－2017/余翔著．—北京：中国财政经济出版社，2017.12

ISBN 978－7－5095－7845－2

Ⅰ.①后… Ⅱ.①余… Ⅲ.①中美关系－国际经济关系－研究－2008－2017 ②中外关系－国际经济关系－美国－欧洲－2008－2017 Ⅳ.①F125.571.2 ②F125.55

中国版本图书馆 CIP 数据核字（2017）第 275735 号

责任编辑：卢关平　　　　　　　责任校对：黄亚青
封面设计：孙俪铭

中国财政经济出版社 出版

URL: http://www.cfeph.cn

E－mail: cfeph@cfeph.cn

（版权所有　翻印必究）

社址：北京市海淀区阜成路甲 28 号　邮政编码：100142
营销中心电话：88190406　北京财经书店电话：64033436　84041336
北京中兴印刷有限公司印刷　各地新华书店经销
787×1092 毫米　16 开　18 印张　298 000 字
2018 年 3 月第 1 版　2018 年 3 月北京第 1 次印刷
定价：50.00 元
ISBN 978－7－5095－7845－2
（图书出现印装问题，本社负责调换）
本社质量投诉电话：010－88190744
打击盗版举报热线：010－88190414　QQ：447268889

前 言
Preface

2008年金融危机后,国际政治经济秩序发生深刻变化。特朗普代表的民粹主义思潮和运动冲破两党建制派、自由派主流媒体、民主党支持群体的反对和束缚,从一种现象上升为塑造甚至决定美国内政外交走向的政治力量。欧洲经济虽温和增长,但并未摆脱困境,债务风险犹存。中东难民的持续涌入,恐怖袭击频发,导致各国政治加速极端化。英国"脱欧"、法国"国民阵线"、"德国选择党"、意大利"五星运动"、西班牙"我们能"等极端主义政党的支持率上升,民粹主义盛行。上述现象反映出全球秩序正经历深刻变迁,暴露美欧政治经济和社会等诸多领域的深层矛盾。

作为中美、中欧关系的守望者,笔者用手中的笔记录下了过去10年对美欧经济的观察与思考,很多结论和判断经受住了时间的检验。相关文字散落于学术期刊、报纸网络,择其中有意义的合并于此,既是过去10年美欧经济重大事件的记录,也希望对有兴趣研究和回顾这段历史的朋友有些许启发和帮助。

序 一
Preface One

余翔博士的新作《后金融危机时代美欧经济观察（2008~2017）》即将出版，他嘱我写序，我深觉不妥，一则不懂经济，二则不懂欧洲，对美国问题虽长期跟踪研究，但对金融危机后美国的大变局尤其是"特朗普冲击波"仍在观察思考中，还没有形成系统性看法，所以一再推辞，说"最近太忙了"。无奈余翔博士很执着，也很真诚，我只好勉为其难，写几句不能算序的话。

将后金融危机时代美欧经济放在一起观察，这样的著述并不多，是要有学术勇气的。余翔之所以敢为人先，跟他的学术背景有关。他起初是在现代院欧洲所研究欧洲经济，颇有心得，后来从欧洲所转入美国所研究美国经济，很快进入角色。记得当初从研究欧洲转行研究美国时，我跟他有过一次交谈，大意是：美欧虽文化同宗、制度同源，但其实大有不同。美国的基因虽多是欧洲的，但因"新大陆"的特殊地缘，外来移民带来的多元文化，以及特殊的"美国式资本主义"发展轨迹，欧洲文明、制度在美国大陆已经被"转基因"。美国边疆史学家特纳早就说过，一部美国自东向西移民、拓荒的历史就是一部美国人不断脱去欧洲文明的外衣，越来越本土化、美国化的历史。随着19世纪末美国经济超越英国而成世界第一，及随后两次世界大战对美欧带来的不同结局，再随后因"马歇尔计划"的推进,美欧关系的性质发生根本变化,不仅主客异位,而且"转基因"的美国已处"庙堂之高",对欧洲开始产生文化、制度优越感。正因此,美欧之间存在一种难以言说的内在矛盾性。而且随着国际局势的演变,这种矛盾性还在继续深化。比如,一场发端于美国华尔街的金融危机,最终引发欧洲的债务危机,不仅使所谓"笨猪四国"(葡萄牙、意大利、希腊、西班牙)深受其害,而且使整个欧元区受到冲击;美国搅动的中东乱局牵连出欧洲的难民危机甚至恐袭潮,美俄博弈下的乌克兰危机直接威胁到欧洲的安全。凡此,使一向自诩进入"后现代"的欧洲骤然间也不得不面对"和平与发展"这些现代国家的寻常事,此种诸多不适应衍生出左、右政治派别的斗争,给民粹主义和分离主义的泛滥提供了土壤,使欧盟处在冷战后最大的变局中。英国"脱欧"与特朗普上台分别冲击欧美政坛,也并非历史的巧合。在上述背景下,欧洲对美国产生从未有过的疏离感,甚至怨恨情绪,德国总理默克尔与美国总统特朗普之间微妙的关系恰是当下欧美关系的真实写照。中国学者在研究美欧关系时,往往过多强调其价值观、意识形态乃至文明的一致性,而忽视或轻视其内在的矛盾性,这一点似乎需要补足。新时期美欧关系何去何从,确实是个值得认真研究的战略性课题,因为这直接关系到中美欧、美欧俄等大三边关系,进而影响未来国际格局和国际秩序的演变。尽管本书并未就此给出答案,但从经济的视角分别对美欧应对金融危机的政策进行剖析,并对中美、中欧关系作了梳理,其中内容对思考上述问题颇有助益。

研究美国和欧洲,尤其是后金融危机时代的美欧经济,除了多读、多思,还得多走、多看。以美国为例,后金融危机时代的美国究竟是个什么样子?特朗普和建制派到底谁代表美国未来的发展方向?华尔街为什么还是华尔街,"铁锈带"依然还是"铁锈带"吗?硅谷为代表的西部高科技带得益于全球化和自由贸易,代表的是一种美国,而中西部传统制造业和农业矿业州代表的则是另一个美国,这种二元甚至多元经济并存的局面前景如何?又是如何影响美国国内政治?奥巴马的制造业振兴战略和特朗普的制造业回归政策究竟成效如何?这些问题单纯靠在办公室或书斋里阅读冥思恐得不出答案,至少得不出准确的答案。因为今日之美国媒体已经高度政治化,美国学者们也分野明显,不加甄别地阅读有时可能得出错误的结论,特朗普老骂CNN、《华盛顿邮报》等主流媒体在制造"假新闻"(fake news),从一个侧面揭示了上述事实。因此,对于美国何去何从,恐怕也需实地多做调研。余翔博士此书的一些观点恰恰得益于他在美、欧访学期间的细致观察,这一点值得肯定。

观察美欧经济,终归是要服务中国自身经济发展。金融危机发生以来十年间,美欧经济困顿、社会分化、政治分裂,中国则政治社会总体稳定,经济持续稳步增长,呈现出欣欣向荣的新气象。中国共产党十九大吹响了中国迈向新时代、踏上新征程的号角,但诚如习近平总书记所说,"中华民族伟大复兴,绝不是轻轻松松、敲锣打鼓就能实现的"。其中防范系统性金融风险、保持经济适度增长提质是关键。特朗普就任一年来,美国政治社会虽乱象纷呈,但经济形势却相对较好。美欧之间虽矛盾重重,但在应对中国高速崛起方面却是同气相求、高度一致的,在不承认中国市场经济地位方面美欧如出一辙,就是很好的例子。因此,如何面对美欧的战略压力和国际环境的变局,稳步发展经济,保持政治社会稳定,依然是中国最重大的战略任务。余翔博士书中专门就"中国应对"辟出专篇,恐也是基于这种思考。这也是现代院学者的一种气质和风格,同样值得肯定。

袁鹏,中国现代国际关系研究院副院长,博导
2018年1月20日

序 二
Preface Two

Nov. 27, 2017

Preface

The past decade has challenged our most basic assumptions about economics and geopolitics. In 2007 – 2008 global markets lost $50 trillion in wealth, only to roar back to soaring heights ten years after the crisis began. Yet this recovery wasn't enough to stave off a dramatic rise in populism, with the election of an American president who placed resentment against China's trade relationship with the United States at the center of his campaign. This period was also bookmarked by Brexit, the United Kingdom's analogous expression of populist nationalism over cosmopolitan politics. This nine-year upended some of the most basic assumption of economics, political scientists, and political theorists alike, and scholars of the United States and China are scrambling to make sense of.

Yu Xiang's *Megatrend of US and Europe since the Great Recession 2008 – 2017* is perfectly placed to make sense of this momentous time for political economy. At a time when diplomacy is openly mocked, Yu's essays offer a brilliant mix of analytical thinking and broad knowledge of geopolitics. There is nothing naive about how Yu conceives of China's trade growth, and its disruptive effects on take-home household earnings to the United States, easily China's largest trade partner, with an annual $663 billion exchanges in good and services. Yu explains the complexities of the world's greatest trade relationship—the lynchpin of Sino and U.S. diplomacy—with clarity and wit. He helps us see where the world's biggest trade nation is going, in part because he understands the global system in all its intricacies.

There's a joke among historians that the only proper answer to the question: "Was the French Revolution a good thing?" is to say: "It's too early to tell." Yu's shows a judicious approach, refusing to resort to monocausal stories about the crisis and the global economy's rebound. His understanding of China's economic growth is appropriately nuanced. There's nothing simple about the pressure against a united Europe or the anti-cosmopolitan language of an American president who communicates in a medium limited to a couple hundred characters. Yu sorts out the many explanatory threads behind the economic crisis and the way it is affecting trade and China's multidimensional political relationships today. This is why Yu's book is so welcome at this moment, when political economics and social scientists are still puzzling over this most remarkable time in the global economy - with its highs and lows.

Eric Beerbohm
Professor of Government
Harvard University

序 三
Preface There

Nov. 15, 2017

Preface

In the coming new book *Megatrend of the US and Europe since the Great Recession 2008 - 2017*, Yu Xiang offers a comprehensive and sophisticated analysis of the impact of the global financial crisis on the domestic politics and economic policies and on the foreign economic policies of the major industrial economies, including on the politics and foreign policies of the United States and China. Yu Xiang's scholarship includes analysis of the influence of the global financial crisis on the widespread populist opposition to globalization and the effect of anti - globalization on public opinion and elections in the United States and Europe, including on the 2016 US presidential election and the popularity of Bernie Sanders and the victory of Donald Trump. In this context, of particular interest is Yu Xiang's in - depth analysis of the U. S. - China relations in the post - financial crisis era.

A unique contribution of the book *Megatrend of the US and Europe since the Great Recession 2008 - 2017* is Yu Xiang's use of valuable personal interviews with many Obama administration officials and with leading U. S. experts in American politics and international economics.

These interviews enable Yu Xiang to present revealing "insider" perspectives on American foreign policy and U. S. – China relations.

The *Megatrend of the US and Europe since the Great Recession 2008 – 2017* is a timely and valuable contribution to our understanding of contemporary politics and international relations in the post – globalization era. Yu Xiang has thus written a most welcome addition to the literature on advanced industrial countries, on American politics and foreign policy, and on U. S. – China relations.

Robert S. Ross 陆伯彬

Professor of Political Science, Boston College

Associate, John King Fairbank Center for Chinese Studies, Harvard University

目 录
Contents

第一部分
美欧变了 /1
第一章　新自由主义潮起潮落 /3
第二章　特朗普兑现承诺将带来什么 /17
第三章　欧洲的反思和政策调整 /22
第四章　欧洲"退出"成风 /35
第五章　欧洲的应对 /49
第六章　新兴经济体崛起 /55

第二部分
美欧经济进入"新常态" /59
第七章　全球化进入新阶段 /61
第八章　美国经济新常态 /65
第九章　奥巴马的制造业振兴战略 /77
第十章　特朗普任内美国经济前景 /88
第十一章　特朗普能源新政 /94
第十二章　特朗普的万亿美元基建计划可行么？/99
第十三章　欧元危机区纾困政策有误 /106

第三部分

中国与美欧战略博弈态势 /111

第十四章　奥巴马高级幕僚忧虑中美关系前景 /113

第十五章　奥巴马任内中美经贸关系 /116

第十六章　中美战略博弈因美经济新常态加剧 /128

第十七章　美国经济新常态对中国"一带一路"
　　　　　倡议的影响 /134

第十八章　特朗普推动制造业向美集聚意欲何为 /137

第四部分

中国应对 /141

第十九章　对中国经济增速放缓保持定力 /143

第二十章　做好应对美主导的多边贸易体系准备 /155

第二十一章　中美高铁项目流产背后的真相 /161

第二十二章　特朗普是影响中美关系走向的关键
　　　　　　变量 /165

第二十三章　深化中欧关系路径 /176

附录1：朝花夕拾 /193

附录2：美欧自贸区谈判前景 /220

附录3：欧元前世今生（1999~2011）/228

第一部分

美欧变了

百年不遇的金融危机发端于美国,却在欧洲形成了重灾区。为摆脱危机困扰、应对新兴经济体崛起带来的挑战、维护国际领导力,美欧开始了战后最大规模、最为深刻的反思和自我救赎。

第一章 新自由主义潮起潮落

金融危机爆发前的三十多年里,新自由主义风靡全球,被认为是可"医治经济社会痼疾的灵丹妙药"。新自由主义把反对国家干预上升到了一个新的系统化和理论化高度,提出了一系列有关全球秩序的理论和思想体系,其突出代表是"华盛顿共识"。"华盛顿共识"有三面旗帜,贸易自由化、价格市场化和产权私有化。无论是西方国家20世纪80年代的私有化浪潮、俄罗斯的"休克疗法",90年代拉美国家进行的以"华盛顿共识"为基础的经济改革,还是近10年来一些转型国家爆发的新自由主义思潮和"颜色革命",都带有明显的新自由主义特征。

新自由主义被认为是2008年全球性金融危机的"祸首"。新自由主义政策被指放松了市场监管,减少了政府的干预和经济的脱实向虚,这些是导致2008年那场大危机的"最深刻根源"。危机带来的巨大冲击,加深了人们对新自由主义的仇恨。危机爆发仅仅18个月,危机对全球经济的冲击就达到了此前75年最大。据亚洲开发银行估算,金融大海啸导致全球的金融资产价值在2009年缩水超过50万亿美元,其中单单亚洲发展中国家就蒸发了96000亿美元的资产价值,超过西方七大工业国2008年国内生产总值的总和。信贷市场几乎枯竭,增长率降至二战以来的最低点。根据国际货币基金组织（IMF）预测，全球的实体经济领域面临着有史以来最大困难，发达国家遭遇60年来第一次的全面经济萎缩，经济合作与发展组织国家的失业人口剧升到800万人。国际劳工组织预测金融危机导致全球失业人数由2007年的1.9亿人猛增到2009年的2.1亿人，生活费不足1美元/天的贫困劳动人口总数增加4000万人，生活费不足2美元/天的贫困劳动人口总数增加1亿人以上。与此同时，危机给各国政府带来的债务和成本，也达到破纪录的高峰，其影响在此后的数十年都无法消散。美国国会预算局估计，仅美国政府2009年的赤字就高达1.8万亿美元，占国内生产总值13%，美国未来10年总赤字将高达9.3万亿美元，赤字水平将处于"不可持续"状态；而实际使用和拨备的银行担保金和准备金，估计将逾13万亿美元，超过了近百年来美国用于其所参与的历次战争费用总和。

面对如此严重局面，国际社会呼吁深刻检讨过去三十年来主导西方主流经济理论的新自由主义经济"正统"地位，剖析新自由主义在目前这种危机中的中心作用，检讨国家在经济发展中应该扮演的角色。法德等国领导人提出只有彻底抛弃新自由主义，才能真正革除旧的国家货币金融体系的弊端，并提出建立新的布雷顿森林体系的主张。诺贝尔经济学奖得主斯蒂格利茨撰文指出，国际货币金融体系和奥巴马当选标志着新自由主义时代的结束和国家干预经济的凯恩斯主义的复苏。其实，无论是对新世界秩序的呼唤，还是对新自由主义的批判，都表明一个阶段的世界政治经济秩序似乎已经走到尽头，到了一个需要重新洗牌的时刻。但2016年美国总统大选，共和党总统候选人特朗普的胜出，其带有明显新自由主义特征的政策主张击败了民主党总统候选人的国家干预主义主张，历史又发生了轮回。

历史上的几次大思潮

20世纪以来，美国历史上出现几次大的经济思潮。1929~1933年大萧条后，美国掀起了对自由资本主义反思的思潮。1929年美国经济学会主席、新古典经济学派理论家弗·曼·泰勒（1855~1932）发表了《社会主义国家生产指南》一文，强调资本主义国家如果采用"指导性计划"来对市场经济加以宏观调控将对经济大有好处。在这股思潮下，美国政府加强了对经济金融的政府监管。美国民主党领袖罗斯福就任总统后，采纳了由国家干预、政府进行计划调控的建议，开始实行"新政"，在资本主义市场这只"看不见的手"之外，又增加了国家干预这只"看得见的手"。美国政府出台的《格拉斯—斯蒂格尔法》赋予政府更大的监管权力，对大银行进行拆分，要求金融业不得混业经营。

内布拉斯加州林肯大学的世界当代史教授托马斯·鲍斯泰尔曼在《20世纪70年代：从人权到经济不平等的全球史》中指出，20世纪70年代起，平等主义和包容精神成为美国人关注的议题，人们越来越关心，因不同权力视域而被纳入不同框架中的个体的人是否遭受不公平的对待。此外，20世纪70年代的经济滞胀使得西方国家由怀疑凯恩斯主义转向寻求新的指导理论。代之而起的是"新保守主义"、"新自由主义"的各种思潮，所谓的货币学派、供应学派等就是在这一期间产生。

20世纪90年代美国经济进入黄金期，经济高速发展，财政赤字（以下简称财赤）得到有效控制，经济上的成功提升了美国人对自身模式的自信。美国总统克林顿等在此期间提出了"第三条道路"主张，希望能调和资本主义和社会主义的矛盾，争取参众两院共和党温和的支持，在代表资产阶级右翼的"自由主义"与代表资产阶级左翼的"社会民主主义"之间，寻求一条体制上的中间道路，在偏向自由主义的"美国模式"和偏向社会民主主义的"欧洲模式"之间寻求一种折中方案或混合体形式。

2008年、2012年和2016年的三场美国总统大选是美国民众对上述问题的反思和求索，民众希望选出新领导人来进行政策试验。

奥巴马的国家干预主义试验

2008年，没有执政经验的奥巴马成为当年选举最大黑马，当选美国总统，其反映的是民众急切求变的心理，民众对共和党推行的新自由主义政策不满。美国民众急切地将手中的选票投给仍然"稚嫩"的奥巴马，就是希望给奥巴马代表的国家干预主义一个证明自己能有效打破传统藩篱的机会。

2008年的金融危机给奥巴马创造了一个绝好的改革机会。针对美国所面临的经济困境，奥巴马认为国家需要扮演更加积极和重要的角色，政府应进一步扩大干预经济职能,缓和贫富矛盾,创造共同繁荣。奥巴马着力用自己的施政业绩努力去让选民们相信,在自由竞争的基础上积极发挥政府的干预功能能够弥补市场的不足和缺陷。

随着政府支出的增加,政府对市场的干预和管理能力明显增强。2011年,奥巴马虽然未能如愿让国会批准其第二轮经济刺激计划,但却将联邦政府的实际采购支出规模在2008年至2010年间扩大了14%,公共医疗和社会保障支出由20世纪50年代的3%增至12%。在奥巴马的力推下,2010年3月国会众议院通过具有里程碑意义的《患者保护和平价医疗法案》,旨在实现"政府接管医疗"和"全民医保",并在6年时间里使全美参保人数增加了1000多万人。建立全民医疗保障体系是一个"美国梦",尤其是美国民主党近一个世纪以来的梦,终于在奥巴马首任实现。同年7月,奥巴马签署生效《多德—弗兰克华尔街改革和消费者保护法》(简称《多德—弗兰克法案》)。该法案是自20世纪30年代以来美国一项最全面的金融监管改革法案,明确旨在限制系统性风险,为大型金融机构可能遭遇的极端风险提供安全解决方案,将存在风险的非银行机构置于更加严格的审查监管范围下,同时针对衍生产品交易进行改革。

2012年的总统大选是国家干预主义和新自由主义两种理念的再次正面对决。竞选连任的奥巴马声称,正是由于他的7870亿美元经济提振计划,美国经济才避免变得更糟。共和党总统候选人罗姆尼则主张应该通过削减政府开支、降低税收、减少监管来激发经济活力,实现经济的自主性复苏,将自己塑造成一个新自由主义的捍卫者。罗姆尼对美联储的宽松货币政策提出了严厉批评,认为联储的救市行为违背了自由市场的"游戏规则",扬言不会留任伯南克。虽然此时美国国内已出现对奥巴马"大政府,小市场"政策的不满,认为其推行的国家干预主义应对危机有效,当经济从2009年第二季度开始触底反弹后,应该大幅减少政府干预,减少对市场的扭曲影响,但罗姆尼的新自由主义主张并没有解答选民们心中的疑问。一是他的政策主张能否扭转社会分化加剧的问题。罗姆尼没有听到"占领华尔街运动"中来自社会中下层的呼声,没有对民众要求对金融大佬加强监管、保护民众利益的诉求有所回应,反而认为这场草根运动是一场"阶级战争",抨击奥巴马利用阶级矛盾谋求私利。无视民众的呼声,自然无法拿到选民手中的选票。二是罗姆尼主张的"小政府,少征税"的政策主张能否保证美国经济不会"二次探底",而奥巴马过去4年的政绩美国民众有目共睹。此时奥巴马竞选团队不断对外宣称，美国经济虽已走出危机泥潭，但仍存在"二次探底"风险。在经济内生性增长动力尚未被激活的环境下，贸然退出国家干预政策，美国经济可能发生逆转（参见附录1"'财政悬崖'并非迈不过的槛"）。在确定性带来的有限收益和不确定性带来的巨大损失二者之间做选择时，选民们自然更倾向于延续当前的政策。此外，美国选民将修改奥巴马医改作为观察罗姆尼的"测试计"，希望罗姆尼能拿出令人信服的替代法案，但是令人遗憾的是，罗姆尼只是一味地抨击奥巴马医改是政府强干预市场的重要标志，侵犯了民众的自由选择权，固守了新自由主义的底线，但是却没有注意到他的这一主张可能令2000多万美国人失去医保，也没有提出较好的替代方案。

奥巴马胜选连任后，此时美国经济基本面更加稳固、房地产市场触底反弹、金融业盈利持续向好，奥巴马由于不再担心加强金融监管会对金融机构盈利和经济复苏造成重大负面影响，进一步加大了政治干预力度，着力推动金融监管改革。2013年12月10日，美联储等五大监管机构批准通过了"沃尔克监管规则"。该规则被认为是数十年来最严厉的金融监管措施，美国金融业被认为从此进入"强监管"时代。除美国五大监管机构一致通过"沃尔克监管规则"外，美联储还批准了《巴塞尔协议Ⅲ》，将银行核心一级资本的最低要求从2%提高到7%。美国财政部将美国国际集团和通用电器资本公司确定为"具有系统重要性"的非金融机构加强监管。美国商品期货交易委员会与欧盟委员会就衍生品调遣交易监管规则达成一致。美国证交会也完成制定监管货币市场基金的新规（参见附录1"2013年是个多事之秋"）。

但是，奥巴马的国家干预主义在2016年的美国总统大选中受到了来自左翼民粹主义和右翼民粹主义的夹击，奥巴马政策备受攻击的主要点在于其政策未能有效遏制美国社会贫富差距日益拉大，缓解社会分配不公，防止社会阶层固化问题。左翼民粹主义的代表人物是民主党总统参选人桑德斯，右翼民粹主义的代表人物是共和党总统参选人特朗普。选举中出现的"桑德斯现象"或"特朗普现象"表明，美国民众对奥巴马的国家干预主义已经开始不满，希望能找到新的替代方案。

2008年，美国雷曼兄弟破产引发的金融危机在美国内引发了反思新自由主义、实施国家干预的思潮，突出表现是茶党、占领华尔街运动等的兴起。他们声称金融危机对中产阶级和穷人造成了巨大打击，而经济复苏却"嫌贫爱富",令富人首先受益。随着国家干预主义弊端的不断暴露,民众又开始怀念起新自由主义经济政策(参见附录1"2014年美国经济表现抢眼"、"2015年美国经济延续增长态势"和"2016年美国经济增长面临内外风险考验")。

2015年12月,美国皮尤研究中心的一项研究显示,美国中产阶级家庭所占比例已不到一半,从1971年的61%减少到49.4%,中产阶级已不再是这个国家的大多数。美国中产阶级的空心化被认为是美国社会性质发生变化的一个"临界点"。美国中央情报局在其发公布的国家报告中也承认,美国的贫富分化比突尼斯或埃及更为严重。贫富分化已经导致了美国社会的消费模式、零售业态的转变。穷人的增多令"一元店"生意红火,富人的强大购买力则带旺了奢侈品消费。

更为严重的是,美国社会已出现了贫富差距固化的倾向。一些贫者正从暂时贫困走向长期贫困和跨代贫穷。哈佛商学院2015年9月进行的一项民调显示,受访者预计未来10年美国最富有的1%人口将获得国家收入增长的41%,远超16%的合理水平。如果不改变这一情况,贫富差距便会趋向稳定化和制度化,成为一种很难改变的社会结构,社会阶层流动通道将被严重堵塞。美国总统奥巴马多次警告贫富差距对美国社会阶层的流动性造成冲击。收入差距过大,会降低一个国家的平均消费倾向,消费不足会带来内需不足,导致经济增长缓慢;还会影响到低收入人群的人力资本的积累。收入差距过大会导致社会成员之间,特别是穷人和富人之间,难以建立相互信任的关系。贫富加剧分化将使赖以实现机会均等的制度和政策失灵,从而对社会稳定构成严重威胁。

对贫富分化拉大的不满导致呼吁社会平等主张大受欢迎。在美国哈佛大学周边几个主要书店,如COOP书店的畅销书台上,托马斯·皮凯蒂(Thomas Piketty)的《21世纪资本论》从2013年8月英文版上市发行后一直到2016年年中,仍被摆在书店入口较为显著的位置。

桑德斯现象

2016年总统选举开始,被认为胜选概率很大、继承了奥巴马衣钵的希拉里,虽然民众呼声很高,但在初选中表现并不突出。2016年3月9日,美国民主党总统参选人伯尼·桑德斯在密歇根州举行的初选中再次击败前国务卿希拉里·克林顿，这让希拉里希望尽快在民主党内胜出的希望破灭。虽然外界普遍对行政经验丰富的希拉里普遍看好，但仅从战绩来看，希拉里赢面并不大，只在21个已经举行初选的州中赢得12个。桑德斯的"顽强生命力"给希拉里造成了困扰，迫使希拉里不得不表态称，没想到桑德斯如此顽强，需要认真对待。

桑德斯这样一个非传统参选人能在初选中坚持如此之长的时间，构成了所谓桑德斯现象。桑德斯现象反映了当前美国国内求变的社会思潮，代表的是民主党内部对奥巴马国家干预主义进行修正的变革性力量。对此，桑德斯亦并不讳言。在密歇根州获胜后，桑德斯称胜利意味着他的"政治革命"顺应社会思潮，获得民众的支持，在全国拥有强大的力量。

（一）桑德斯的竞选主张

桑德斯的政策主张主要着眼于缩小贫富差距，增加就业机会，提供全民健保，反对政治献金。包括增加遗产税和华尔街投机税；将联邦工资从目前的7.25美元/小时大幅度提高到15美元/小时；公立大学学费全部免费；投资1万亿美元重建美国基础设施，大幅度增加就业机会；建立单一的全民健保体系，人人有医保；将大财团黑金踢出政治选举；分解大的金融机构，免得其投机祸害苍生，桑德斯在爱荷华州造势时表示，他将推动"建立一个能够代表所有人的政府，而不只是国家中最富的那些人"；重新整顿美国国际贸易政策，反对自由贸易，包括对华贸易政策；桑德斯主张要反对腐败的竞选资金筹集行为、不公平的经济现状以及运作失灵的刑事司法体系。桑德斯声称"一个国家中0.1%的上层拥有相当于下层90%的财富，是不道德、不正确的"。每次演讲桑德斯都会对资本主义的贪婪无耻大加痛斥："我们的竞选要告诉那些亿万富翁们，他们不可能继续这样呼风唤雨，他们的贪婪正在毁灭我们的国家。"桑德斯的言论赢得了大量平民阶层的支持。2016年2月，桑德斯募得4200万美元的资金，创下所有总统参选人单月募集资金的最高纪录。

在很多美国人看来，桑德斯的政策主张就是社会主义主张，桑德斯是一个社会主义者。从政策内容上看，桑德斯并不是学理意义上的社会主义者，而应该被称为民主社会主义者，桑德斯希望引入国家干预，迫使垄断资本集团对底层民众做出一定的让步，限制和规范资本的权力，促进社会公正。桑德斯所设想的所谓社会主义主张既不同于苏联的政府高度集权，政治上只允许一个政党存在，对社会、经济进行全面的计划，也不同于委内瑞拉的查韦斯、马杜罗的社会主义，政治上采取选举政治，经济上国家通过控制经济命脉，从而影响国家经济结构，推行中央政府政策。从政治和社会形态上看，桑德斯所谓的政策主旨更类似北欧的高福利政治经济模式：国家通过高税收进行社会经济结构调整。桑德斯现象的持续存在并非全新事物，只是传统追求社会公平主张在当前社会经济条件下的回潮。其竞选对手共和党参选人特朗普将桑德斯称为是一个完全的"共产主义者"，希望能将桑德斯和共产主义挂上钩，勾起民众对"共产主义"不好的历史情愫，削弱桑德斯的民众基础。但令人意外的是，缺少冷战经历的美国年轻一代所持的开放态度为桑德斯的政策主张提供了宽松的社会环境。

桑德斯的政策主张也被支持者认为积极可行。根据美国有线新闻网报道，美国经济学家、马萨诸塞大学杰拉德·弗里德曼教授对桑德斯政策主张做了深入而全面的测算，认为如果能够真的得到全面实施，美国经济增长率将从2.1%提高至5.3%；美国家庭中位收入将大幅度提高22000美元；增加2600万个新的工作机会；失业率将降低至3.8%，贫困率从13.9%降至6%；13000亿美元的巨额财政赤字将变为财政盈余。

（二）桑德斯现象的政治含义

桑德斯的竞选之路虽然最后止步于初选，但他留下了自己的"政治遗产"。

2016年7月25日民主党在宾夕法尼亚的费城举行的代表大会正式召开。当晚的焦点本应是希拉里被提名为民主党总统候选人。诸多民主党籍参、众议员政要、社会名流等相继登场演讲，支持希拉里，将现场气氛不断推向高潮。但实际上重头戏却是佛蒙特州参议员、希拉里的唯一竞争对手桑德斯的演讲。

桑德斯走上演讲台，全场观众报以热烈的掌声和欢呼。桑德斯几次张口都被观众的掌声淹没，只得欲言又止。在近3分钟的掌声和欢呼声结束后，桑德斯发表了30分钟的谢幕演讲。演讲中，桑德斯15次提到希拉里，呼吁支持者们给希拉里投票。

桑德斯在演讲中呼吁团结，称只有全党团结，竭诚支持希拉里，才能打败特朗普，"希拉里一定要成为美国的下一届总统"，"希拉里会成为一名杰出的总统，我非常荣幸在今晚能同她站在一起"。当桑德斯宣布支持希拉里参选时，包括前总统克林顿在内的民主党大佬们纷纷起立鼓掌。为推动自己的支持者和希拉里的支持者团结一致，桑德斯在演讲中将特朗普描绘成民主党乃至美国的敌人，必须同仇敌忾。对桑德斯的演讲，台下支持者高举写着"伯尼"的标语，高喊"伯尼、伯尼"和"我们要伯尼"，许多支持者泪流满面。场外，桑德斯支持者高喊"不要希拉里"、"要么选伯尼，要么11月败选"等口号。

事后分析起来，桑德斯竞选落败的原因主要有：

原因一：桑德斯的中下层选民路线未能赢得精英阶层的支持。桑德斯的竞选走的是中下层选民的路线，他的很多主张触碰到华尔街和大企业主的利益。与希拉里更加重视大财团、大企业、重要人物不同，桑德斯更加重视草根、弱势群体等社会底层民众。希拉里的竞选经费绝大部分来自于大财团的支持，而桑德斯的经费主要来自于平民阶层20~50美元的"买菜钱"。2015年10月公布的大选财政报告显示，桑德斯筹得的2000万美元政治捐款中200美元以下的捐款占总款项的77%，而希拉里的选举中的大部分来自于大额捐款。希拉里仅从小额捐款中筹得520万美元，仅占她当季筹款的17%。

桑德斯提出要对华尔街实行严格监管，推动联邦最低工资额从每小时7.25美金提高到15美金，要求美国大学免除学生学费，扩大医保范围，为更多的低收入家庭提供医疗服务，支持LGBT（指男女同性恋、双性恋和跨性别人群），提高美国的基础教育水平，给美国的孩子们提供更好的教育环境和资源。桑德斯的上述主张迎合了草根大众的呼声，却动了富人们的奶酪。例如，提高最低工资、扩大医保，给美国产业工人加薪、让工人获得更大范围的医疗保障，但这提高了雇主的成本，挤压雇主的利润空间，从一开始桑德斯在民主党内的竞选之路注定要比希拉里艰难。

在目前美国的选举制度下，只赢得大众选民的支持是无法保证赢得选举的。因为美国的选举制度并非直选、普选，而是由选举人代表全体选民进行投票。这一制度设计的初衷是为了防止政客向选民虚假承诺骗取选票，由选举人间接选总统，有其合理性，但也有弊端。

与较为感性的大众选民们相比，来自精英阶层的选举人收入通常较高，且受过较好教育，更为理性，他们对候选人的选择往往与草根大众选民有所不同；在他们看来，桑德斯是民主党的"特朗普"，代表的是党内的民粹主义情绪，他的很多主张其实根本无法实现。

桑德斯提出要对富人征收70%的超额累进税，给大学生免除学费，建立欧洲式的医疗福利体系，给大众选民描绘了伊甸园式的未来幸福生活，但上述主张在美国的现实情况下可操作性很低。桑德斯和希拉里获得的政治捐款反映出了精英阶层选举人偏好。据统计，截至2016年5月31日，桑德斯竞选团队共获得2.26亿美元捐款，希拉里竞选团队获得捐款为2.32亿美元，希拉里比桑德斯多610万美元。桑德斯虽然赢得了大众草根的支持，却难闯过选举人这一关。

原因二：桑德斯过于注重国内事务，对国际事务较少涉及。与桑德斯相比，希拉里显得较为全面。希拉里当过第一夫人，担任过纽约州参议员，干过国务卿。丰富的履历让人们相信，希拉里一上任就能胜任美国面临的极端复杂的国内外事务。2016年7月20日，《纽约时报》"结语"专栏的大选预测模型做出的第一轮预测认为，希拉里有可能凭借其丰富从政经验以76%的概率击败特朗普。

原因三：竞选加分点丧失。初选中，由于希拉里是否应对班加西事件负责、希拉里用私人邮箱处理公务是否泄密等问题一直未有定论，这些成为希拉里竞选过程中面临的最大潜在威胁，也成为桑德斯竞选的加分点。一旦希拉里面临有罪指控，桑德斯自然成为民主党的唯一总统候选人。但随着调查结果的逐渐明朗，希拉里成为总统候选人的障碍逐一被扫除。2016年6月29日，众议院班加西事件委员会发表结论报告称，委员会没有发现新的证据显示希拉里在此事中有过失或不法行为。7月5日，联邦调查局局长科米宣布，希拉里在担任国务卿时使用私人电子邮件服务器的行为不应面临刑事起诉。科米对希拉里使用私人邮件处理机密信息的做法只是轻描淡写地认为是"极为粗心"的做法，没有证据证明希拉里有这么做的故意，因此没有进行刑事指控的基础。官方给出的无责认定，让希拉里终于卸下包袱，但也让桑德斯的所有加分点全部消失。尽管本次"维基解密"公布了泄露的大量电邮，它们显示民主党国家委员会部分大佬在整个竞选前期策划了支持希拉里以及压制桑德斯的行动，但这只是党内恩怨，桑德斯已无力回天。

原因四：希拉里的竞选主张吸收了桑德斯的很多主张，削弱桑德斯的选举优势。例如，希拉里最初主张联邦最低工资提高到每小时12美元，后来也和桑德斯一样，也主张应增加到15美元。7月28日，民主党代表大会最后一晚，希拉里在被民主党选为总统候选人后发表的演讲中专门停了一下，对着桑德斯的支持者们说："你们的诉求我听见了，我会为你们而战斗。"

需要指出的是，桑德斯的自身政策主张也有不少内在缺项和硬伤。例如，桑德斯一直反对自由贸易，这一立场与社会长期发展趋势不符。反对自由贸易并非社会主义或民主社会主义构成要素，桑德斯反对自由贸易带有其个人主观特征。在其过去25年的立法履历上，桑德斯反对北美自由贸易协定、中美洲自由贸易协定、给予中国最惠国待遇、给予总统贸易促进授权等等。对于奥巴马总统力推的《跨太平洋经济伙伴关系协定》桑德斯持强烈反对立场。

桑德斯的竞选之路虽然已经止步，但他留下了自己的"政治遗产"。其正面意义在于桑德斯现象的持续发酵引发了美国国内对美国自身问题的关注，总统参选人们都对上述问题进行了认真思考，提出各自的解决方案，无论谁最终赢得大选，都会在未来的执政过程中做出政策调整。从这一层意义上说，桑德斯现象或桑德斯参选所蕴含的社会思潮意义就已经实现了。

在美国当今的政治格局下，桑德斯完成了美国左翼的任务，既成功影响了民主党的竞选议题和政策立场，使民主党的政纲向左得到了修正，也成功影响了共和党总统候选人特朗普的竞选立场，使得其从极右向中右移动。如希拉里已经从"跨太平洋伙伴关系协定"（TPP）的支持者转变成反对者；更加注重工人权益的摇摆派；从支持反恐战争，到承认自己也许犯下一些错误。共和党此前在对外自由贸易议程上持积极立场，但为了迎合社会民意，共和党总统候选人特朗普在竞选中一再许诺，他一旦胜选，入主白宫后的第一天就将废除TPP。

桑德斯还唤醒了美国草根大众的抗争精神。虽然在宣布支持希拉里成为总统竞选人时，桑德斯呼吁自己的支持者保持团结，支持希拉里，击败共和党，但是从现场的嘘声和沉默看出，相当数量的桑德斯支持者不愿支持希拉里。在他们看来，桑德斯是他们的唯一选择，他们不愿为党派利益牺牲个人理想信念。

特朗普胜选

继2008年奥巴马作为一匹黑马击败了建制派赢得总统大选后，2016年美国总统大选再次爆冷,特朗普成为黑马。特朗普代表的民粹主义思潮和运动,冲破两党建制派、自由派主流媒体、民主党支持群体的反对和束缚,从一种特朗普现象上升为塑造甚至决定美国内政外交走向的政治力量,反映出全球秩序正经历深刻变迁,并暴露美国政治、经济和社会等诸多领域的深层矛盾。

首先,民众对执政党执政不满,求变心切。以奥巴马医改为例,尽管奥巴马医改扩大了社会福利范围,确实提高了一部分人的生活质量,但反对医改法案的人数不断上升,到2016年反对者人数已经超过支持者。有研究援引盖洛普民调数据显示,2014年7月有53%的人反对医改,37%的人赞成;随后反对者人数占比有所下降,到2016年4月降为49%,但赞成者仅占38%。深入分析受访对象结构可以发现,低收入群体赞成医改的比例高于中高收入群体,女性赞成者占比高于男性。这些数据充分反映出该法案对低收入阶层更为有利,有业内人士甚至评价奥巴马医改是"牺牲大众的效率换取'无保族'小众的公平"。正因如此,占美国社会结构主体的中产阶级成为医改法案的最大反对群体。

在过去6年中,奥巴马医改实施过程中暴露出来的最主要问题是医疗费用的起付线和个人分担的比例都在增加。一些个人和家庭的保费在改革后大幅上涨,享受的医保待遇却有所下降。人们的直观感觉是医改推高了保险费,获得的保障收益却没有那么多。另外,向低收入者倾斜的医改政策会滋生对福利的依赖。一些人为了获得医疗救助,故意把收入维持在门槛线以下。由于医保覆盖了近90%的人口,各项医保支出持续增加,但真正的缴费主体增加不多,中产阶级担心未来还要承受额外税收负担。

针对这些问题,奥巴马医改法案试图控制医药费用并提高医疗服务体系效率,但收效甚微。在改革之初,奥巴马医改小组聘请了麻省理工学院的一位经济学家,采用复杂的模拟技术进行了论证,得出每个家庭每年节省医保费用最高可达2500美元的结论。没想到法案通过之后却引出很大麻烦,原因是这位经济学家直率地告诉媒体,不是所有的家庭医保费用都会下降,法案没有披露所有细节,一些细节选民不可能懂。民主党对此非常震惊,共和党抓到了把柄,民众更是感到愤怒。后来的事实也证明,医保改革带来的医药消费增长并未像预期的那样得到有效控制。2014年美国健康总支出占GDP比重高达17.1%。而在实行全民医保体系的英国,2014年健康支出占GDP比重仅为9.1%,并且英国人的预期寿命比美国人还要高。加拿大政府为每个国民投入的健康费用约为美国的四分之三，但加拿大人的心血管疾病、糖尿病等慢性病的发病率远低于美国人，加拿大人平均寿命也要比美国人长2.5岁。据统计，美国每年人均医药费用为8600美元，是其他经合组织国家的两倍左右。

其次，民主党内斗，大伤元气，给了特朗普机会。电邮门等丑闻严重冲击了希拉里的选情。在2016年8月份更衣室谈话（Locker room talk）丑闻发生后，其未能抓住这一机会扩大自己的领先优势。全国广播公司的调查显示，特朗普与希拉里的差距只有8个点，差距并不大。排除掉民调误差，希拉里即使在特朗普严重犯错的情况下，也没有保持对特朗普的竞选优势。据媒体披露，截至目前，2012年曾为民主党总统奥巴马竞选慷慨解囊的金主们大约还有三分之一仍未给希拉里捐款，对希拉里还保持观望态度。在已捐款的金主中，有一半左右的人的捐款额还不及四年前的5%，他们对希拉里的能力和品质仍表示怀疑。面对这样的竞选局面，站在特朗普的角度看，他没有理由主动放弃。

最后，最为主要的是，特朗普依形势变化及时调整了竞选策略。更衣室谈话丑闻爆出后，此时距离大选只剩下3个月时间，这对特朗普非常不利。甚至有美国媒体爆料，部分共和党大佬们串联，召开秘密会议讨论是否应该废掉特朗普共和党总统候选人的资格。此时特朗普紧急对选举策略进行了调整：

一是通过向瑞恩等共和党大佬屈服示好，争取他们的背书和支持，稳定党内基本盘。在不断遭受来自党内外的连环抨击后，特朗普2016年8月5日在威斯康星州宣布，支持众议院议长、前共和党副总统候选人瑞恩和参议院军事委员会主席、前共和党总统候选人麦凯恩8月份各自的连任竞选。2016年8月8日，在底特律特朗普将自己的经济主张向国会共和党靠拢，尤其是其税收计划开始和国会共和党主张保持一致。

将自己与共和党死死捆绑在一起，逼迫共和党不得不支持他，"宁输选举，也不输党"。共和党代表大会已经召开，大会将特朗普选为共和党总统候选人，特朗普也"欣然"接受。此时若废掉特朗普，不仅会让共和党代表大会这样一个"团结的大会"、"胜利的大会"颜面扫地，更将加剧共和党党内选举人和共和党普通选民的对立。会前，共和党各派别之间、选举人和普通选民在是否提名特朗普的问题上一直存在严重分歧，但最终还是在提名特朗普为共和党总统候选人问题上达成一致，表现出党内"加强团结、一致对外"

的政治决心。此时，废掉特朗普将导致共和党大厦坍塌，共和党只能硬着头皮往前冲，宁愿让特朗普辜负共和党，共和党也不能抛弃特朗普。

二是讨好华尔街和大企业金主，保住"钱袋子"。在8月8日在底特律的竞选集会上，特朗普呼吁美国总统奥巴马暂停所有加强银行监管的新规，并声称他若当选，将立刻废除《多德—弗兰卡法案》，暂停所有增加银行成本的规定。同时，严格控制大企业的所得税，将其控制在15%以下。华尔街"肥猫"对特朗普的上述主张颇为满意。

三是提出更多吸引普通中产阶层选民的政策主张。如在8月8日的底特律竞选集会上，特朗普就提出他若当选将允许家庭将用于看护子女的费用进行抵扣，降低遗产税等税赋。

四是将自己的所谓的"错误"、极端立场归咎为媒体的恶意扭曲和摸黑、错误理解其真实意图，加大对媒体的公关力度。特朗普曾和美国福克斯新闻台当家女主播梅根·凯莉爆发口水仗，激烈对骂。但随后特朗普主动向凯莉示好，进行了一次成功的媒体公关。特朗普在纽约的特朗普大厦接受了凯莉长达一个小时的独家专访。节目播出后为福克斯新闻台带来了前所未有的超高收视率。随后凯莉表示他们已经"消除误会"。

五是进一步加大对希拉里的攻击力度，这样可将民众不满的注意力转移到希拉里身上。通过将希拉里描绘成"烂得不能再烂的"总统候选人，让自己成为选民事实上的唯一选择。特朗普在艾奥瓦和威斯康星两地的竞选集会上多次提出，希拉里政治生涯的唯一成绩就是逃脱了本该受到法律指控的罪行。同时，特朗普将希拉里描绘成继承奥巴马衣钵的体制内人士，将选民对奥巴马政府的不满也延续到希拉里身上。如果希拉里越支持奥巴马，越肯定奥巴马的政绩，就越引发民众的不满，越正中特朗普的"下怀"。

从随后的选情发展看，上述策略帮助特朗普扭转了民调过快下滑，助其渡过了难关。

第二章　特朗普兑现承诺将带来什么

特朗普入主白宫后，虽然大选期间承诺未能在其第一个百天内全面展开，尤其是需要国会配合的税制改革、基础设施建设尚未启动，但在能源、扭转贸易失衡、去金融监管三个方面相较往届政府取得了明显的进展。特朗普在能源和扭转贸易失衡两大领域施政积极。百日内，已兑现承诺，废除了奥巴马的《清洁能源法案》，后又放行了遭奥巴马搁置的北部能源管线建设，批准了近海油气资源的开发，为扩大传统能源使用松绑。为扭转贸易失衡，特朗普发布多项行政令，责令财政部加紧研究贸易对象汇率操纵事宜，指派商务部、贸易代表办公室等部门共同找出贸易失衡的原因，加强贸易执法，限期相关部门将"购美国货，雇美国人"行政令分解细化、拿出具体实施方案。同时，特朗普积极推动去监管，要求研究废除《多德—弗兰克法案》的替代方案，特朗普的上述措施总体上赢得美国商界的好评。

特朗普上任百日，核心决策团队屡遭挫折。国家安全顾问弗林任职24天就因"通俄门"事件而被迫辞职。对媒体来说，核心决策团队政见不合、勾心斗角、政令推行不顺都是最好的新闻，也正是在媒体的铺天盖地报道下，特朗普执政似乎到处碰壁，一无是处，但事实并非如此。

如果特朗普真的将其经济方面的竞选承诺付诸实施，对美国经济总体上可能是好事，但对现行国际经济秩序却并非如此。

从哪开始兑现？

2017年3月31日特朗普一次签署两项行政令：《要求提交巨额贸易赤字综合报告》和《加强对违反贸易关税法案的"双反"执法》，要求彻查美国巨额贸易赤字原因，欲发力削减美国贸易赤字。4月18日，特朗普在威斯康星州又签署新行政令《购美国货，雇美国人》，在扭转经贸失衡、封闭国内市场上继续加码。

上述两项行政令很大程度上透露了特朗普政府未来在经济领域的施政重点和趋势。特朗普表示，贸易问题已经严重影响美国，巨大的贸易逆差已使大量工作和财富外流，大批工厂倒闭。这种情况将在本届政府内终结。他表示，要把制造业重新带回美国。

《要求提交巨额贸易赤字综合报告》行政令主要针对的是美国巨额贸易逆差、贸易伙伴违反美国贸易规则的行为，指派商务部负主要责任、其他部门配合，拿出全面评估审查报告。

据美国"揭秘贸易"网站透露，该报告将主要评估美国贸易赤字是否由下列因素引发：贸易伙伴"欺骗或不合适"的贸易行为；双边贸易协定未达到预期效果；美国缺乏政策执行力；上届政府的贸易决策效果；与美元的"汇率偏差"；世贸组织规则对美国政策的约束，尤其是税收政策；系统性的产能过剩；不对称的贸易壁垒。

针对贸易赤字问题，美国拟评估对象为：中国、日本、德国、墨西哥、爱尔兰、越南、意大利、韩国、马来西亚、印度、泰国、法国、瑞士、印尼、加拿大。

美国商务部长罗斯表示，报告不仅分析找出问题，而且要成为未来贸易决策的"依据和基础"。

《加强对违反贸易关税法案的"双反"执法》行政令的主要内容有两项：一项是授权国土安全部，在咨询商务部、财政部、美国贸易代表后，强化执法，对相关产品征收"双反"关税，90天内列出违法进口商名单及制定具体政策，将尤其关注那些"间接进口商"；另一项是加大对知识产权（IP）的保护，对盗版和制假售假行为加大打击力度。

《购美国货，雇美国人》行政令要求在美国各级政府采购和财政转移支付过程中，尽可能使用"美国造"产品。主要内容有：一是在150天内，政府部门和机构负责人需要评估本单位履行《购买美国货法》情况，拿出尽可能购买本国产品的具体政策。二是在60天内，商务部长、白宫管理与预算办公室（OMB）主任会同国务卿、劳工部长、贸易代表、联邦并购管理委员会制定"操作指南"，引导各单位的评估工作。三是150天内，各政府部门和机构负责人需向商务部长、OMB主任提交有关评估报告。2018~2020年，每年11月15日提交年度报告。四是在220天内，商务部长会同OMB主任、贸易代表，向总统提交购买美国货的最终评估报告。此后，每年1月15日提交年度报告。《购美国货，雇美国人》行政令还要求对外国工人入美进行严格审查管理，实现"雇美国人"。指派国务卿、司法部长、劳工部长和国土安全部长制定新的移民"规则与指引"，增强美国移民体系的完整性，阻止移民准入过程中的"欺诈和滥用"行为，保护美国工人利益；同时，要求上述四部门主管改革H-1B签证程序，提高对外国技术工人要求，确保H-1B签证授予高技能、高薪酬申请人。

国际经济秩序将受冲击

当前世界经济秩序是战后美国主导下建立的，其核心特征是：以市场经济为基本原则，以全球化为主要表现形式，鼓励资本、劳动力要素在全球配置的一套规则机制。上述经济秩序对战后世界经济重建和发展发挥了重要作用。

特朗普的经济政策主张却从多个方面对上述经济秩序造成冲击，未来世界经济秩序可能会发生变化。

首先，导致修复市场机制缺陷的努力流产。特朗普推行带有非常明显国家保护主义特征的经济政策，这将令国际社会联手修复市场机制缺陷的努力付之东流。

市场机制一个非常大的内在缺陷在于：无法对公共物品给出合理定价。

公共物品由于具有非竞争性和非排他性，即部分群体对公共物品的消费，既不影响公共物品对其他群体的价值，也无法阻止其他群体也来消费，由于上述特性的存在，市场机制固有缺陷是无法对公共物品给出合理定价，这就导致了国际社会对国际公共资源的滥用。

以应对气候变化为例，在1997年《京都议定书》签署之前，各国均无减排意识。随着极端天气事件发生的频度不断上升和危害增大，各国认识到需要团结起来共同应对气候变化问题。在国际社会的共同努力下，经过艰难谈判，最终达成2015年《巴黎气候协定》，中美两国同时减排的表率作用对其达成至关重要。

但特朗普从一开始就认为气候变化是个伪命题，是桎梏美国经济的枷锁。因此其上台后，就颁布行政令，废除奥巴马《清洁能源计划》，鼓励传统能源开采和使用。特朗普在应对气候变化问题上"开倒车"的做法，为国际社会合作应对气候变化的前景蒙上阴影，严重挫伤各国共同应对气候变化的积极性。据英国《金融时报》2017年4月12日的报道，由于美国消极，国际社会在2015年《巴黎气候协定》中承诺的应对资金还有400亿美元的缺口，目前仅到位60%。

其次，令全球化进程减速。特朗普"美国优先"的经济政策带有明显的保护主义、单边主义和实用主义的特征，将迟滞全球化进程。其在就职演说和首次国会演讲中提出在"美国第一"的新时代，将把"购美国货，雇美国人"作为任内两大政策原则，特朗普的直接政策目标是要把大部分增长红利留在美国国内。

美国贸易代表办公室2017年3月1日提交给国会的《2017贸易政策议程及2016年度报告：美国总统贸易协定规划》中就明确提出，美国将采取一些非传统的贸易措施，并声称贸易政策要"维护美国国家主权"，若WTO争端解决机制的裁决损害美国利益，美国将不会遵守WTO的规则。

这种自利的政策倾向或许表明，美国的国家政策基调在未来一段时间会有一个方向性的调整。可以预料，步伐已经放缓的全球化将继续减速，国家间的摩擦将进一步增加。据世贸组织统计，2016年世界贸易增速仅为1.7%，不及预期的2.2%，为2009年以来最低值。特朗普的贸易政策变化将令世界贸易更加萎靡。

再次，为全球统一治理前景蒙上阴影。过去20年，世界经济合作的一个重要进步就是多边合作的兴起。越来越多的利益相关者被纳入同一合作框架，虽然谈判的效率和政策落地的效率有所降低，但是合作体现了多元化的特征，照顾到了不同合作方的利益诉求。但是，特朗普多边转双边的政策调整破坏加强全球统一治理努力。

特朗普入主白宫后，2017年1月23日即签署行政令宣布美国退出"跨太平洋伙伴关系协定"（TPP）。此前，奥巴马总统积极推动的"跨大西洋贸易与投资伙伴协定"（TTIP）谈判也被特朗普搁置。

从特朗普随后的讲话中可以看出，特朗普想做的就是重回双边谈判架构，与主要贸易对象进行"一对一""事对事"的谈判。这样做的确可以提高谈判的效率，有针对性地解决存在的问题，但是由于其是在双边框架下达成的，无法大面积推广，效用有限，还容易给外界造成小集团、小圈子的印象和感觉。

最后，为他国树立了一个"坏榜样"。其他国家可能效仿美国，无视现有多边贸易规则，公开违反WTO多边贸易框架和规则，更加看重从双边层面推进贸易谈判。

作为世界秩序的领导者，需要有气度和胸襟。战后，美国主动降低贸易壁垒，对外提供援助，对各国多予少取，至少是形式上的分权让利，推动了各国间经济的融合。战后，虽然历任美国国总统经济政策的原点都是美国自身的经济，也有很多带有保守主义色彩的讲话，出台了一些保护本国市场的措施，但是都没有像特朗普如此极端。

特朗普在竞选中及入主白宫后，一直坚持要求美国贸易政策的原则将是"追求更加公平，更加自由"的贸易，认为其他国家都对美国有亏欠，认为国际合作是"零和博弈"，不加遮掩、理直气壮地要求其他国家承担更多责任，现在展现在我们面前的是一个自私自利的美国。国际货币基金（IMF）总裁拉加德与其他多边贸易组织领袖对特朗普政府保护主义进行过批评，美国商务部长罗斯在接受英国《金融时报》专访时，则公开回应称相关批评都是"胡扯"，摆出这么一副对骂的架势。

如果美国气象学家爱德华·罗伦兹描述的蝴蝶效应确实存在，一只蝴蝶在热带轻轻扇动翅膀就能在遥远的国度造成一场飓风，那么特朗普政策的落地给世界经济秩序带来的冲击将超出人们的想象。

第三章　欧洲的反思和政策调整

一百年前欧洲强大的军事实力和政治影响力随着美国和新兴经济体的崛起，已从绚烂归于平淡，但欧洲重振昔日欧洲大陆雄风的梦从未泯灭。本想借美国金融危机削弱美国之机，乘势再次崛起。但不曾想到，百年不遇的金融危机发端于美国，却在欧洲形成重灾区。美国外交学会会长理查德·哈斯称，欧洲作为21世纪一支重要国际势力的时刻"尚未开始就宣告结束了"。法国作家让·弗朗索瓦·勒韦尔在《反美困扰》中写道："现在，欧洲不仅失去了在世界范围内独断专行的能力，而且成员国也因所面临问题的不同而处境各异，始终处于美国影响的阴影下，难以重返大国行列。"金融危机中"中美共治"呼声震耳发聩，更是深深刺痛欧洲的自尊心，打击了欧洲文明的优越感。为尽快走出危机，防止国际地位的进一步边缘化，欧洲开始了战后最大规模、最为深刻的反思和自我救赎。

欧债危机吵醒了"欧洲统一梦"

欧盟2007年12月13日签署了具有"欧盟宪法"之称的《里斯本条约》，这一条约经各国批准于2009年12月生效，其一度被认为是欧盟在政治一体化方面迈出了人类历史上具有里程碑意义的一步，欧盟对外用一个声音说话的能力增强，"欧洲统一梦"正在成为现实，但一场主权债务危机让欧洲从梦中醒来。

2009年10月，刚刚主政16天的希腊新政府出人意料地宣布前任政府统计数据造假。爆出严重债务问题的也并非只有希腊一家，在当时欧盟27个成员国中，24个赤字水平超标，只有爱沙尼亚、瑞典和卢森堡达到欧盟赤字占GDP比例不得超过3%的规定。由于担心希腊无力偿债，美国三大评级机构随后多次下调希腊主权债务评级，由此拉开欧洲债务危机大幕。

希腊的债务问题不仅引发了外界对欧洲主权债务的普遍担忧，更引发了对"欧盟何处去"和"欧元是否会崩溃"的深深忧虑。随后爆发的爱尔兰债务危机再次让刚刚走出次贷危机泥潭的欧盟陷入前所未有的发展困境。

无论是从债务总量还是从"问题"成员国经济总量上来看，欧洲主权债务危机都不应发展成危机，但之所以最终还是演变成危机，主要原因是之前欧盟内部缺乏应对危机的政治意愿，没有在应对危机问题上形成合力。欧元、欧元区甚至是欧盟本身就是一个政治过程。没有政治意愿的支持，欧元不可能走到今天。同样缺乏前进和统一政治意愿的欧洲，也不可能走出危机，更不可能防范新的危机。

欧洲一直被认为是一个"怪胎"，虽然拥有世界第一的经济实力，但却不具备与其相匹配的政治影响力，所以欧洲常被视为和日本一样，是经济上的巨人、政治上的矮子。这在一定程度上与欧盟的过快扩大有关。欧盟委员会前主席德洛尔坚持认为，欧盟过快扩大是导致目前诸多问题的根本内因，在于未彻底消化上次扩大成果时便又急于吸纳新成员国，破坏了欧盟的稳定基础，削弱了欧盟向外投射影响力的能力。

但更深层次的原因在于欧洲领导人缺乏战略眼光。对于欧盟理事会主席范龙佩和欧盟对外关系高级代表阿什顿的工作能力，相当数量的欧洲人持有异议，认为他们之所以能够当选，完全是由于欧洲主要大国不想让欧盟新机构妨碍手脚。而英、法、德等新一代领导人则又缺乏老一辈领导人那样的政治气魄和宏图大略，过于迎合选民的意见，将国家利益置于欧盟之上。有报道称，在救援计划出台前，法国总统萨科齐和德国总理默克尔之间曾爆发过激烈争吵。德国不想再当欧洲的"提款机"，而萨科齐则以退出欧元区相威胁，逼迫德国尽快同意出资救助。尽管欧盟最终推出巨额救助计划，但其在是否救助问题上的犹豫和迟疑重挫了市场信心，给投机者做空以时间和空间。正因如此，前欧盟委员会对外关系委员克里斯·帕顿将现在的欧洲领导人称为是"一群缺乏远见的领导人"。

欧洲债务危机的持续发酵，最终让欧洲领导人意识到统一政治意愿的重要性。2010年5月16日，欧盟理事会主席范龙佩首次明确提到，捍卫欧元地位和保持欧盟经济稳定需要欧盟27国共同的"政治意愿"，希望用统一的政治意愿去击破市场传言。6月2日，范龙佩在世界投资会议上呼吁成立"欧盟经济政府"，希望用这样一个"政府机制"来将欧洲凌乱的政治意愿统一起来。只有当欧盟真正能够凝聚起政治意愿，形成统一的欧盟内部政策时，欧盟才能制定出更加有效的内政外交政策。

"笨猪四国"拖累欧洲

南欧的葡萄牙（Portugal）、意大利（Italy）、希腊（Greece）和西班牙（Spain）一直是国际旅游者的心仪之地。虽然四国风景如画，气候宜人，但经济发展却十分羸弱，增长缓慢，失业率居高不下，财政赤字高企。鉴于情况近似，有财经人士取四国英文首字母形成一个词"Pigs"，并仿照金砖四国"Brics"的叫法，贬称这四国为"笨猪四国"。《新闻周刊》的专栏作家尤利亚尼早在2008年7月7日《为什么猪不能飞》中就已提出该称谓，但直到希腊债务危机全面爆发才广为使用。

外界一直在猜测谁是下一个在金融危机中摔倒的倒霉国家，巴基斯坦、拉脱维亚甚至爱尔兰等都曾被预计可能是下一张倒下去的多米诺骨牌，但谁也没料到，在金融风暴掠过中东迪拜后，会直奔南欧而来。"笨猪四国"自己也没想到，即使有了欧元区的保护伞，厄运仍会降临。

"笨猪四国"之所以会出现在欧洲主权债务危机风暴的中心有其内在逻辑。

四国经济发展严重依赖外资，为应对年年见涨的公共开支和福利补贴，常采取拆东墙补西墙的举债方式来解决。在"东家"不差钱的时候，以国家信用作担保低利借债，甚至拖欠一定的到期债务，倒也玩得转。但金融危机发生后，情况发生了变化。一方面，四国为避免深陷危机，巨额财政刺激计划令这些国家状况更加恶化，国家信用大打折扣；另一方面，债权国纷纷收紧信贷，民众勒紧腰包，流向这些国家的资金开始枯竭。据统计，2009年希腊财政赤字高达GDP的12.5%（后修订为13.6%），为2008年的3倍，政府负债占GDP比重达112.6%；2010年2月份，希腊的债务总额激增到2940亿欧元。按希腊人口1100万人计算，每个希腊人肩负2.67万欧元（约合人民币24万元）的债务。对希腊这样一个欧元区小国来说，负担是绝对的沉重，而且在法律上也严重违反了欧元区《稳定与增长公约》对财政赤字和公共债务比例的规定。

无力举债，自然引发市场对债务违约的担心，再加上华尔街金融大鳄和评级机构黑手在背后的捣鼓，这些国家就变成了一只只还不起债的"猪"。华尔街金融大鳄和美国的评级机构在"关键时刻"伸出"黑手"，本已千疮百孔的希腊债务大厦应声倒地，并由此引发了持续至今的欧洲主权债务危机。在2009年10月4日希腊新政府宣布前任政府财政数字造假后，美国三大评级机构惠誉、穆迪、标普便相继多次下调希腊主权债务评级。随后，葡萄牙、西班牙的主权债务评级也惨遭下调。希腊主权债务评级已经降为BB，而根据欧洲央行现行抵押贷款政策，抵押债券的最低评级要求为BBB。因此，若欧洲央行坚持有关信贷政策，则美国评级机构等于堵死了希腊通过抵押贷款融资这条路。此外，高盛等公司纷纷在市场散布看空消息，并联合做空，四国外汇市场、股票市场、债券市场全线下挫。受其拖累，欧元兑美元的汇率，自危机爆发以来已跌去10%，逼近15个月来的低点。一时间华尔街大佬们和"笨猪四国"成为欧洲人口诛笔伐的"罪人"。本来欧洲经济复苏就十分乏力，"笨猪四国"债务危机更是让欧洲各国在十分拮据的情况下，为到底是否应该出手援助，若援助那么援助资金又该如何分配而大伤脑筋。

往深里看，经济结构不合理、周边欧元区国家对资金、技术及人才等要素的吸附导致的欧元区内部发展失衡是导致四国变"笨猪"的根本原因。欧元区在发展中逐渐形成以法国、德国、荷兰等为中心，包括"笨猪四国"在内的诸多国家为外围的"圈层式"发展模式（参见附录1"荷兰印象"）。南欧国家的产业经济结构单一，支撑经济发展的主要是旅游和房地产业，在传统的造船、汽车等工业已日渐萧条之下，新兴产业却几乎是白纸一张，缺乏能从根本上长期推动这些国家发展的支柱性产业，"笨猪四国"政府也未能采取有效措施及时调整经济结构。在这样一种畸形的发展模式下，希腊、爱尔兰、西班牙、葡萄牙等外围成员国在欧元区内竞争力只会不断地被削弱。面对德、法等国强大的竞争力，"笨猪四国"只能沦为产品市场和消费度假之地。

欧洲主权债务危机之所以会最终发生，欧元区监管的疏失也难辞其咎。1997年通过的《稳定与增长公约》规定，预算赤字和公共债务分别不得超过GDP的3%和60%，而此后欧元区"金主"德国却成为第一个违规的国家。2002~2005年，德国预算赤字连续4年超过3%上限，但未受任何惩罚。随后法国违约同样未遭处分。

希腊债务危机爆出，希腊政府为了掩盖债务危机的严重程度而捏造统计数据丑闻，让人们看到了欧盟穷国为加入欧元区道德沦丧的一面，也不禁让人们产生这样的疑问：欧盟监管者哪里去了？事实上，欧洲统计局2004年底就发觉希腊公布的预算赤字与事实不符，但不知出于何种原因，欧盟对此并未予以重视，未采取任何行动。

此外，由于欧元区缺乏退出机制，这易使区内经济较弱国家由于相信会被救助而更倾向于采取不负责任的政策。加入欧元区的标准长期以来也被外界批评为过于宽松，许多与该联盟"不合拍"的国家也加入进来。欧洲主权债务危机的发生在一定程度上可以说是欧洲人为轻视自己制定的规则而受到惩罚。

欧债危机令欧元区陷入自建立以来最艰难的时刻，但纵观欧盟和欧元一路走来的历程就会发现，每一次危机都是发展的契机。这次希腊债务危机或许可能成为欧元区"强身健体"的一次历练。

欧洲债务危机暴露欧盟发展困境

希腊、爱尔兰债务危机，甚至所谓的欧洲主权债务危机深层次根源在于欧盟的结构性失衡和难以为继的高福利制度以及成员国之间政治意愿的不统一。经济形势好时，这些问题被表面的繁荣掩盖起来，但其久拖不决，不仅将削弱欧盟整体的"抗危机"能力，还将制约欧盟的长期发展。

欧盟结构性失衡既是希腊、爱尔兰爆发债务危机的深层原因，也是欧盟发展的根本障碍。欧盟结构性失衡表现在两大方面：一是区域发展失衡；二是"二元"政策体制。欧盟在发展中已经逐渐形成以法国、德国、荷兰等为核心，包括"笨猪四国"在内的中南欧国家为外围的"圈层式"发展模式。德国、法国等"核心"国家具有较强的经济竞争力，拥有支撑经济可持续发展的支柱性实体产业。"笨猪四国"产业经济结构单一，缺乏能从根本上长期推动这些国家发展的支柱性产业。"笨猪四国"政府也未能采取有效措施及时调整经济结构。在这样一种畸形的发展模式下，希腊、爱尔兰、西班牙、葡萄牙等"外围"国家必然逐渐沦为"核心"国家的附庸，经济发展缺乏内生增长动力，主要依靠外来资金和通过凝聚基金、发展援助项目等从"核心"国家获得"转移支付"来求得发展。在德国、法国强大的竞争力面前，"笨猪四国"只能沦为产品市场和消费度假之地。这不仅加重了欧盟"核心"国家自身的发展负担，更破坏了欧盟作为一个整体对风险的"免疫力"。

欧盟的过快扩大不仅未能缓解欧盟发展结构性失衡问题，反而更加剧了失衡。欧盟成员国从创始时的6个增加到12个，花费了38年的时间。成员国从12个增加到27个，只用了不足15年。新入盟的东欧新成员国经济社会发展情况各异，与西部老成员国的差距明显，客观上造就了"双速"甚至是"多速"欧洲，影响了欧洲的一体化进程。以欧盟委员会前主席德洛尔为代表的相当一部人就认为，现在出现诸多问题的根本原因在于：未彻底消化上次扩大成果时，便又急于吸纳新成员国，这不仅破坏了欧盟的稳定基础，还削弱了欧盟向外投射影响力的能力。德洛尔认为"欧洲在几年内将在生存下去还是走向衰退两者之间做出抉择"。欧洲智库"欧洲与全球经济研究所"负责人让·皮萨尼—费里认为，如果成员国间竞争力差距不缩小，债务问题无法根本解决，势必成为影响货币联盟稳定的"定时炸弹"。

欧盟结构性失衡还表现在"二元"政策体制方面。虽然《马斯特里赫特条约》将欧元区的货币政策行使权收归欧洲中央银行体系，但成员国仍牢牢掌握财政、工资和社会福利政策权。在制定国内政策时，成员国往往出于"利己"目的，不与他国协调。当外围国家相信，当出现财政风险时"核心"国家必将出手相助，便更倾向于"不负责任地"实施大规模财政刺激计划来拉动本国经济复苏。"二元"的经济政策体制给经济羸弱的外围国家留下了实施赤字财政的漏洞，易于引发"道德风险"。事实也的确如此。另外，欧洲的金融监管一直是由各成员国进行，各国监管标准存在较大差异，欧盟缺乏统一的跨国监管机制。这大大削弱了欧盟对债务数字造假、信用违约掉期买卖及做空欧元行为发出早期预警的能力。此外，在当前经济政策体制下，欧盟缺乏健全的危机管理机制，这让欧盟错过了第一时间应对希腊债务危机的良机。希腊是欧元区成员国，希腊债务危机的持续发酵，直接重挫了市场对欧元的信心，不到半年时间，跌幅一度超过20%。欧元是欧盟发展至今最重要的成果，也一直被视为改革美元金融霸权、扩大欧洲影响力的重要工具，欧元的快速大幅贬值影响到外界对欧盟作为一支重要国际力量的信心。

欧盟发展不仅面临结构性失衡这道"槛"，还面临着日益沉重的高福利包袱。欧洲一直以"社会市场经济"自诩，认为其既用市场维持了一个有活力的经济，同时用高福利避免了社会的动荡。但臃肿的公务员体系、人浮于事的工作效率以及日渐增多的老龄人口，让经济增长不断下滑的欧洲负担日渐沉重，高福利制度的弊端也不断暴露。据估算，目前欧盟平均社会福利开支现已接近GDP的30%，远高于美国（16%）和日本（19%）。一些经济发展较为滞后的成员国为讨好选民，甚至超经济发展水平举债提高福利水平，让本国财政负担异常沉重。据欧盟委员会统计，希腊每年仅老龄化负担一项就占到GDP的16%，财政压力非常巨大。高福利支出还挤占了科研、教育等投入，造成创新乏力、经济增长缓慢。过于优厚的福利待遇消磨了欧洲企业和民众的创新进取精神，助长了官僚主义和工作倦怠（参见附录1"法国的不幸"）。目前欧洲20~64岁人口的就业率仅为69%，低于世界平均水平。据测算，自1980年以来欧元区人均GDP就一直比美国低30%，这一差距一直未能缩小。如何在维持当前高福利支出的同时，增加创新投入，增强欧盟竞争力，已成为亟待解决的难题。

此外，欧盟成员国的不团结更让欧盟发展陷入了空前的政治困境。欧元、欧元区，甚至是欧盟本质上都是统一的政治意愿的产物。没有团结一致的政治意愿支持，欧盟不可能走到今天。同样，缺乏强烈政治意愿的欧盟不可能变危机为发展契机。但在希腊债务危机中，成员国之间的巨大分歧、欧盟内部围绕欧洲理事会常任主席、欧盟外交和安全政策高级代表、新一届欧委会、欧盟对外行动署的权力和人事纷争暴露出，当前欧盟正遭遇罕见的政治分裂，希腊债务危机已不仅仅是一场经济危机，更是一场政治危机。希腊债务危机发生后，希腊等南欧国家一度呼吁德法尽快出资救助，不但遭到拒绝，还被指责"政府腐败"、"国民懒惰"，南欧媒体则谩骂德国为"敌人"，欧盟内部"南北矛盾"陡增。各成员国囿于自身利益，缺乏欧盟整体利益的大局观。

英、法、德等欧盟重要成员国的新一代领导人出于党派选举利益考虑，过于迎合选民的意见，没有发挥传统"欧洲优先"的"团结精神"，不愿为欧元及欧盟发展牺牲本国利益。正是欧洲领导人在救援问题上的分歧、犹豫和迟缓让"金融大鳄们"看透了当代欧洲领导人缺乏合作的政治意愿，所以才敢对欧元大举"猎杀"，让希腊债务危机愈演愈烈（参见附录3"欧元前世今生"）。牛津大学名誉校长、前欧盟委员会对外关系委员彭定康因此讥讽现在的欧洲领导人为"一群缺乏远见的人"。

经济之危，政治之机？

著名经济学家伍迪·艾伦甚至认为，遭遇希腊债务危机的欧洲正处在一个十字路口：一条道路通向完全没有任何希望和彻底的绝望，另一条则通向彻底灭亡，人们只能希望欧洲人有智慧做出正确的选择。

欧盟为走出债务危机困境，采取了多项中长期举措以求自救。短期首要目标是走出危机。欧盟一方面要求成员国重塑财政纪律，另一方面加强金融监管。在欧盟看来这是"保卫国家、保卫欧盟"必须之举。财政赤字过高是引发此次希腊债务危机的直接原因。为重塑财政纪律，消除类似危机隐患，欧盟及成员国勒紧裤腰带，推出大规模紧缩计划。英国宣布在2010财年削减政府预算60亿英镑，并在5年内将财政赤字降至1%。德国宣布从2011年至2016年削减800多亿欧元政府开支。爱尔兰、匈牙利、罗马尼亚则宣布了冻结公务员工资、削减公务员人数等减少公共开支的紧缩措施。为了增强欧元区经济大法《稳定与增长公约》的权威性，在2010年6月17日举行的欧盟峰会上，欧盟及成员国领导人同意今后加强对成员国的预算监督，从2011年开始，成员国的预算方案应接受欧盟委员会的评议，对违反欧盟财政纪律的成员国将实施惩罚。为防止成员国在财政赤字（以下简称财赤）和公债数据上造假，还将赋予欧盟统计局对成员国统计数据的审计权。

为防范投机资金的再次冲击，欧盟积极从内外两个方面推动金融改革。一是从内部建立隔绝外部风险的防火墙。欧盟成员国领导人2010年6月19日推出一项雄心勃勃的金融监管改革计划，旨在打破成员国在金融监管领域各自为政的现有格局，实现欧盟层面上的统一监管。该计划希望通过新设立两套机构，分别加强宏观和微观层面上的金融监管。在宏观层面上，一个主要由成员国中央银行行长组成的"欧洲系统性风险监管委员会"将负责监测整个欧盟金融市场上可能出现的系统性风险，及时发出预警并在必要情况下提出建议，这将开创欧盟层面宏观金融监管的先河。在微观层面上，由成员国相关监管部门组成的三个监管局将分别负责欧盟银行业、保险业和证券业的监管协调，确保成员国执行统一的监管规则，并加强对跨国金融机构的监管。2010年年底前，欧盟将针对境内所有跨国金融机构设立由其母国及相关成员国监管部门代表组成的联席监管机构。二是积极构建外部安全网。欧盟积极推动在国际层面建立起更加具有一致性和系统性的跨国合作，希望能创立国际社会一致认可的高标准监管框架。在2010年多伦多G20峰会上，法国总统萨科齐和德国总理默克尔力推在全球范围内征收银行税和金融交易税，并强硬表态，如果G20不能就此达成一致意见，欧盟将单独推行，希望以此发挥"示范作用"。法国现已明确将国际货币体系改革列为2011年G20会议重要议题，并希望借重中国等新兴经济体来推动其改革主张。

此外，为了能从长期提高欧盟的"抗危机"能力，经过数月讨论修改，欧盟峰会2010年通过了未来10年经济发展战略"欧盟2020战略"。欧洲理事会常任主席范龙佩在会后举行的新闻发布会上称，2020战略为欧盟推进结构性改革，重新迈上可持续增长的道路和创造就业明确了目标。根据这份指导欧盟经济未来10年发展的纲领性文件，欧盟经济将实现以知识和创新为基础的"灵巧增长"，以提高资源效应、提倡"绿色"、强化竞争力为内容的"可持续增长"，以扩大就业、促进社会融合的"包容性增长"。为此，欧盟领导人在创造就业、增加科研投入、减少温室气体排放、提高教育普及率和消除贫困等5个方面提出了明确的量化指标。上述5个方面的指标之间相互关联，互相促进，力图达到全面综合的经济结构调整与治理的目的。与2000年出台的欧盟第一个十年发展规划"里斯本战略"多达数百个量化目标相比，"欧盟2020战略"更加重点突出，目标明确，对跟踪和检验完成目标的进展和效果具有更好的可操作性特点。针对欧盟成员国之间存在着的不同国情，欧盟委员会建议各成员国结合本国实际情况进行灵活调整，在实现共性目标的前提下，将之转化为符合成员国国情的政策目标和实施办法。

"欧盟2020战略"在欧盟各国经济遭受国际金融危机重创、希腊主权债务危机蔓延、社会不满情绪积聚的情况下正式出台，寄托了欧盟对未来走出危机阴影、全面提高欧盟自身的以及国际的经济竞争力的重大期望,更反映出欧盟针对当前环境的新思考和未来发展的新动向。一是更加务实。由于接受了"里斯本战略"失败的教训和考虑到推动欧盟经济发展、增加就业的艰巨性,"欧盟2020战略"不再提"超越",而是改提"保持",更多着眼于遏制衰退势头。二是强调政府干预。"欧盟2020战略"延续了"里斯本战略"增长优先的特征,但同时强调应加强政府干预,希望"有形的手"的力量能在经济复苏中发挥更大作用。2000年欧盟制定"里斯本战略"时,当时美国自由市场模式取得巨大成功,因此,欧盟也效仿美国主张经济自由化。但次贷危机和希腊债务危机发生后,欧盟开始意识到美国"大市场、小政府"模式同样存在严重弊端。三是通过抢占绿色经济"制高点"和坚持理念和模式增强"软实力"。欧盟早已看到绿色经济将成为未来发展必然方向,也深谙绿色经济中蕴藏的巨大商机。因此,"欧盟2020战略"将支持欧盟未来发展的三大核心支柱之一。占据绿色经济的制高点,不仅将为欧盟经济复苏和未来可持续发展提供主引擎,还将让欧盟拥有引领世界发展的道义优势。此外,欧盟已深感新兴国家的快速崛起和"中国模式"带来的制度性挑战,这种感觉在后危机时代更加强烈。因此,为增强欧盟对外的制度性影响力,"欧盟2020战略"提出,只有通过"管理和引领全球化",在世界范围内坚持和推广欧盟的价值观,才能有效应对外部挑战。

前景仍危机重重

法国《费加罗报》认为,"欧元危机是欧洲的机会",因为危机一定程度上减少了欧盟进行改革的阻力。但经济学家伍迪·艾伦对欧盟的政策效果却表示非常悲观,认为遭遇希腊债务危机的欧洲正处在一个十字路口:一条道路通向完全没有任何希望和绝望,另一条则通向彻底灭亡,人们只能希望欧洲人有智慧做出正确的选择。艾伦的判断可能过于悲观,但欧盟为走出发展困境所进行的改革的确困难重重。

脆弱复苏很难保证紧缩计划有效实施,重塑财政纪律面临不小阻力。虽然英法德等欧盟大国已经开始缓慢复苏,但其他一些欧盟国家仍在为摆脱金融危机而苦苦挣扎,希腊、西班牙等国则深受债务危机困扰。2014年一季度,欧盟和欧元区经济仅增长0.2%，远低于同期美国、日本复苏势头。虽然欧委会预测称，2014年全年欧盟经济可能实现1.5%的增长，但其主要拉动力是国际经济普遍复苏和对新兴市场国家的出口，而非欧洲自己的内需，且复苏更加依赖德国这一单一"引擎"（2014年二季度德国经济增长对欧盟经济复苏的贡献率达到67%）。这种失衡的复苏模式很容易受到外部经济环境变化的影响而放缓，同时，德国经济的"一枝独秀"将不仅不会缩小欧洲内部发展的不平衡，反而会加剧欧洲内部失衡问题。此外，正如国际货币基金组织预测报告所说的那样，欧盟和欧元区经济在2014年全球经济中的走势将最为疲弱，在这样一个仍需实施宽松经济政策的时期，欧洲较美、日之先实施紧缩计划，打击了欧洲复苏苗头，还引发了民众不满。增加税收和冻结工资等紧缩措施导致国内需求萎缩，储蓄意愿增强。各国经济危机背景下出台的新能源、高科技等重点发展产业将因"缺氧"而进展缓慢。作为欧洲经济发动机，德国的大规模紧缩计划更将使欧洲经济复苏乏力。在欧洲，一直以来就有"谁改革福利制度，谁就下台"的"政治诅咒"，触碰福利制度必然会激起社会矛盾。西班牙在推出近30年来数额最大的财政紧缩计划后，首相萨帕特罗领导的社会党支持率暴跌至33.7%的低点。希腊政府因接受欧元区国家及IMF的援助条件，准备继续削减工资福利，导致国内罢工游行此起彼伏，并造成流血冲突甚至人员伤亡。2010年6月8日，代表西班牙医生、街头清洁工人的近300万公务人员举行大罢工，抗议政府宣布在今后两年内削减150亿欧元开支的计划。6月12日德国数万人示威抗议政府新预算计划是"劫贫济富"。德国一项民调显示，受访者中不赞成新财政缩减预算案的比例已高达79%。欧盟委员会曾表示有意将退休年龄提至70岁，但受到来自西班牙、希腊等国民众的强烈反对。法国的退休制度改革引发了法国百万人旷日持久的大罢工。习惯了高福利的欧洲人难以接受"由奢入俭"的现实。目前，紧缩政策已导致多国官民对立加剧，激进势力抬头和政局不稳，社会不稳定因素大幅增加。

能否如愿推动改革，前景不容乐观。伦敦经济学院经济学家伊科诺米季斯认为，欧洲虽然改革态度积极，但不会产生实质变化。在当前欧洲国家民族意识普遍抬头的大环境下，欧盟成员国很难交出金融监管权和财政政策制定权。欧盟曾在2009年底就提出加强金融改革法案，但各方分歧巨大，议而不决。欧盟成员国不愿将本国金融监管权让渡给欧盟层面的金融监管机构，反对新的泛欧金融监管机构在与各国监管当局发生冲突时拥有最终仲裁权，这些主张与欧委会提出的改革方案难以协调一致。其中，英国的态度最为强硬，它一直对成立泛欧金融监管机构持保留意见，认为由这样一个机构来行驶超越国家的权力是对一国财政主权的侵犯。甚至在英国看来，加强金融监管是法国和德国打压英国金融城竞争力的"阴谋"。一些批评家怀疑法、德积极推动金融改革只是为了争夺对欧洲金融的主导权，而非真心想借机推动欧盟发展。由于英国等成员国的强烈反对，欧洲议会2010年7月6日被迫决定将加强泛欧金融监管的法案审议推迟到当年9月。2010年7月15日，美国国会率先通过了"美版的金融监管法案"，抢占了国际金融改革的主动权。此后数月，欧盟各方在巨大压力下，经过艰苦谈判，最终才推出自己的金融改革方案，但其时效性和约束力已大大削弱。

欧盟改革除面临内部压力外，还面临来自外部美国的压力。欧盟的一些改革措施由于牵涉美国利益，正遭遇来自美国的阻力，而美国一直在欧洲发展中发挥重要的影响力。在紧缩经济刺激政策问题上，美国反对欧洲过快实施财政紧缩计划。在2010年6月底的多伦多G20峰会前夕，美国总统奥巴马专门致信欧洲领导人，批评欧洲国家过快紧缩开支。据英国《金融时报》披露，在欧盟讨论加强金融监管法案过程中，负责内部市场和服务的委员米歇尔·巴尼耶还就此事专门收到了美国财长盖特纳的来信。盖特纳在写给巴尼耶的信中指责欧盟尚未通过的立法将会对美国对冲基金构成歧视，影响它们今后在欧洲市场上开展业务。盖特纳5月26日又严厉地谴责了德国刚刚颁布的禁止"裸卖空"措施。德国和欧委会急欲仿照国际货币基金组织（IMF）成立自己的欧洲货币基金组织（EMF）。虽然欧委会一再强调EMF仅关注欧元区，不会同IMF相竞争，但美国却仍持反对态度。IMF前首席经济学家西蒙·约翰逊称，美国之所以对欧洲的提议恼火，是因为美国认为欧洲是想重构国际金融体系，削弱美国的权力基础。

欧盟的十年发展大计"欧盟2020战略"能否实现同样仍待观察。根据现行欧盟制度，"欧盟2020战略"虽然有一定的约束力，但其具体实施成效有赖于成员国的具体分解落实。而执行力差是欧盟"老大难"问题。正是由于这一原因，"里斯本战略"所期望解决的问题至今仍然存在。欧盟重要智库"欧洲政策中心"首席经济学家法比安·祖利格认为，"欧盟2020战略"面临"里斯本战略"相同的执行问题，新战略依然完全取决于成员国的政治意愿，从目前看，各国的反应并不积极。另外，"欧盟2020战略"规划的是未来十年的发展规划，其执行需要两届欧委会来共同完成。欧委会经济理念的变化和人事变动将会使"欧盟2020战略"实施的力度和实效打折扣。所以，欧洲媒体并不看好"欧盟2020战略"，称其将是"里斯本战略的翻版，缺少可行性"。德国总理默克尔曾专门致函巴罗佐，称德国对"欧盟2020战略"的目标能否真正实现表示怀疑。

此外，特别需要指出的是，迄今为止，欧盟虽然已经出台多项政策，但至今仍未拿出令人信服的校正欧盟发展失衡和欧元区财政、货币政策不匹配的有效措施，而欧盟未来的稳定发展有赖于这两大根本问题的解决。爱尔兰债务危机再次表明，如果欧盟不能从根本上解决发展失衡和欧元制度缺陷，则欧洲将难以避免债务危机在葡萄牙、西班牙、意大利、匈牙利、拉脱维亚等国的再次发生，欧盟将陷入"按下葫芦，浮起了瓢"的发展困境（参见附录1"金瑞郎，能解瑞士经济之困？"）。

第四章　欧洲"退出"成风

希腊"被退出"

2011年5月6日，德国《明镜》周刊发表了一篇未引述消息来源的报道，称希腊接受1100亿欧元救助后经济危机并未缓解，债务负担已发展到无以复加的严重地步，因此该国正考虑退出欧元区，重新启用本国货币，并进行债务重组。消息一出，一片哗然。虽然希腊政府和欧元区高层都对该消息给予了坚决否认，欧元集团主席容克甚至称这种猜测"很愚蠢"，"我们永远不会考虑"。即便如此，市场还是出现了大量恐慌性抛盘。6日当天欧元兑美元大幅下滑200点。9日标准普尔再次下调希腊长期主权信用评级，从BB-调为B，经济前景负面，希腊已成为欧洲主权信用评级最低的国家。

客观分析，短期内希腊主动退出和被"踢出"欧元区的可能性都不大。如果主动退出欧元区，希腊难以承受由此付出的沉重代价。退出欧元区意味着，希腊将需要重新启用本国货币，并将本国金融体系与欧元区系统相分离。这不仅会严重干扰贸易流通，也使得企业成本变动更加难以预测，希腊对外资吸引力全无，并可能引发民众挤兑风潮。在希腊这样一个具有举行游行示威传统的国家，如果通胀和大幅削减公共开支的政策继续推行，希腊只会再次爆发更加严重的骚乱。更为重要的是，希腊所欠债务并不会因"退出"而有所减少。据德国财政部估算，希腊退出欧元区将导致希腊本国货币兑欧元的汇率贬值50%，国债收益率将急速上升，债务占GDP的比重将由现在的1.4倍升至2.2倍。

如果希腊被欧元区其他国家"踢出"欧元区，其他国家将因此蒙受巨大损失。德国的态度一直在如何施救希腊问题上发挥非常关键的作用。德国银行是希腊债务的最大利益攸关者，希腊债务危机让德国大约2000亿欧元的资产面临风险。因此，虽然德国非常不情愿继续向希腊提供救助，但也绝不会袖手旁观。同样，考虑到欧盟和IMF向希腊提供的1100亿欧元援助已有半数到位，此外，欧洲央行购买了至少400亿欧元的希腊国债，欧盟也不会轻易让希腊"一退了之"。

有理由相信，短期内欧元区和欧盟将会尽一切可能避免希腊退出，就是最终允许希腊主动退出或是将希腊"踢出"欧元区，也会等到希腊完成债务重组之后。

显然，希腊"被退出"更多的是一种媒体炒作和市场忧虑情绪的过度反应。2011年5月外界对欧债关注有所降低，随后便爆出希腊"被退出"，有四种可能的解释：一种是有关希腊可能退出欧元区的传言不过是该国为修改救助协议的一种策略，是其为找到谈判筹码而进行的自我炒作。2011年3月召开的欧盟峰会已经同意，延长希腊援助贷款的期限，但希腊政府希望能将该期限延得更长。另一种是希腊"被退出"是德国等有意放出的负面消息，为的是增大希腊的市场压力，从而迫使其接受德国等提出的改革计划。第三种是为了扭转欧元兑美元汇率持续升值而故意散布的做空消息。2016年以来，欧元兑美元汇率升幅已接近9%。欧元币值的走强，其背后的原因并非欧债危机已经结束，欧洲经济基本面全面走好，而是美元的更加疲弱。欧元大幅升值虽然有助于提振市场对欧元币值的信心，但其会显著威胁到欧元区的经济复苏，尤其对葡萄牙、爱尔兰等严重依赖出口提振的外围国家的影响更大。欧元亟须找到一个合适的理由来扭转其继续升值的趋势。第四种是从正面积极角度去解读，爆出希腊"被退出"的目的是为了推动欧盟和欧元区将应对债务危机的重心由提供紧急援助向帮助受援助国提高偿债能力转移，更加关注已接受救助国国内经济状况。因为援助资金并非无偿使用，受援国必须支付利息和偿还本金。如果受援国无法提升偿债能力，必然会再次爆发违约或债务重组。未来，如果希腊真的退出了欧元区，对欧元和欧元区来说可能未必是件坏事，可被视为是欧元区对自身机制的一次强制性修复和调整，将"劣币"从"良币"体现中驱逐出去，无疑将有助于在长期内保证欧元的"含金量"。

苏格兰不计代价要退出

2014年2月7日，英国首相卡梅伦在伦敦奥林匹克公园发表讲话，号召整个大不列颠及北爱尔兰联合王国的民众为留住苏格兰贡献一份力量。卡梅伦无比悲凉地称公投"关乎英国命运"。卡梅伦发表如此煽情的讲话，是因为当年9月18日苏格兰将就是否脱离英国独立举行全民公投。

1707年，英格兰与苏格兰合并，形成了今天的大不列颠及北爱尔兰联合王国，但在过去400多年中，苏格兰要求独立的呼声却一直未曾间断。2012年10月，英国中央政府与苏格兰地方政府签署《爱丁堡协议》。英国议会授权苏格兰议会进行立法，在2014年9月18日前就苏格兰独立问题组织公投。最终约55%的苏格兰选民投票反对独立。在英国脱欧公投后，苏格兰2017年3月31日再次签署申请函，向英国政府提出独立公投请求。苏格兰政府首席大臣、执政党苏格兰民族党领袖斯特金计划在2018年秋季和2019年春季期间举行公投。

分析预测苏格兰能否最终独立的一种理性分析模式是算算独立给苏格兰带来的得与失。2013年11月26日，苏格兰地方政府首席部长萨蒙德推出了名为《苏格兰的未来》白皮书，全书共600多页、17万字。白皮书"饱含着对独立的憧憬"，计算了独立后的经济、社会和民主账。英国政府苏格兰事务大臣对这个白皮书评价却很糟糕，称白皮书幻想着脱离英国但还继续保留现在享有的一切好处，没有全面反映独立后的情况，仅说了有利于他们独立的那部分，是"一本充斥着虚假谎言和无谓承诺的小说"。

算经济账绕不开这样几个问题：首先，独立给苏格兰带来的收益有多大。苏格兰和英格兰政府各有各的算法。《白皮书》称，苏格兰人均GDP高出英国人均水平10%，苏格兰独立比作为英国一部分更好。苏格兰财政大臣约翰·斯温尼声称，苏格兰一直承受着繁重的税收负担，在过去32年中，苏格兰人均纳税额高于英国平均水平。2011~2012年，苏格兰人均纳税额为1.07万英镑，而英国平均水平为9000英镑。支持独立的苏格兰民族党认为，独立后苏格兰不用每年再向伦敦缴税，然后可怜巴巴地等着伦敦切"一小块蛋糕"返还给爱丁堡。英格兰政府则坚称苏格兰是现在格局的最大受益者，既受到英国的财政偏向又拥有了相当大的自主权利。英国智库"经济与社会"研究所的研究报告称，苏格兰老龄人口比重远高于英国其他地区，一旦苏格兰独立，沉重的老龄人口包袱不仅将大幅加重苏格兰政府的财政负担，更令国家缺乏长期增长潜力。为应对面临大量债务和上升的支出，苏格兰独立后将会课以重税，这对苏格兰民众来说并不意味着好日子，企业为了避税可能前往英格兰。英国《卫报》分析指出，独立后的苏格兰可能将被英国政府要求偿还金融危机期间对苏格兰皇家银行提供的巨额救助款，苏格兰皇家银行在金融危机时几近破产，当时有将近2000亿英镑的不良资产，英国政府投入455亿美元救助，持有81%的股权，如果苏格兰独立，英国政府势必会要求与苏格兰皇家银行进行债务和股权分割。

北海油气资源的归属问题。北海油田对英国成为欧洲第三大产油国做出了重要贡献。根据英国石油天然气研究机构的数据，未开发的潜力还有120亿~240亿桶，价值可达1.5万亿英镑，约合英国一整年的GDP产出。目前，北海石油资源分布有相当一部分位于苏格兰水域。苏格兰认为，如果按现在的渔业分界线划分，独立之后将能获得95%的海上油田和60%的气田。《白皮书》声称，独立后苏格兰将获得英国所有油气资源的98.8%，北海油气资源带来的巨额收益，即便减去独立要面临的庞大军事、外交等开支，依然不菲。这是苏格兰人要求独立的底气。但英格兰认为，这完全是苏格兰的一厢情愿的分法。除了按地理位置划分外，其他任何一种分法对苏格兰都没有利。如果按人口数量分，目前苏格兰人口为530万人，英国总人口6339.5万，苏格兰人口稀少，仅能分得8.4%。

苏格兰独立后使用何种货币。苏格兰希望独立后能继续使用英镑，从而避免独立初期可能因使用新货币而造成的经济混乱。苏格兰首席副部长尼克拉·斯图尔金表示，如果独立公投通过的话，希望能留在货币联盟里继续使用英镑，但苏格兰在此问题上的反对立场鲜明。2014年，作为威胁苏格兰不要独立的理由，时任英国首相卡梅伦表示，若苏格兰独立，英国将不会与苏格兰组成货币联盟。时任英国财长奥斯本更是不留情面地指出，苏格兰希望通过继续使用英镑，让英格兰承担英国全部债务的想法不会实现，"离开英国就会失去你们用了逾3个世纪的英镑"。

不管经济账怎么算，苏格兰不断发起独立公投请求暴露出来的一个惊人的现实是今天的英国政府已无能力再去控制民族主义情绪的上升，昔日大英帝国的荣耀和影响力已经烟消云散。

英国脱欧是福是祸？

（一）欧盟、英国矛盾由来已久

英国有"反欧"的传统，被外界批评是一只手拿着欧盟的好处，另一只手高举"疑欧"大旗。2008年欧盟委员会的一项民意调查显示，受访的52%的欧盟民众认为加入欧盟有利，而在英国只有30%，仅比拉脱维亚高1个百分点。54%的欧盟民众认为其国家已从加入欧盟中受益，仅36%的英国民众持有此看法。当问到是否信任欧盟机构的问题时，欧盟平均47%的人表示对欧盟委员会信任，在英国这一比例最低，仅有24%的人表示信任，比倒数第二位的拉脱维亚低13个百分点。此外，欧盟平均52%的人表示信任欧洲议会，而在英国这一比例仅为27%。至今仍有许多英国人相信加入欧盟并不会使跨国投资和贸易更加便利，欧盟只是红头文件的制造者，如果英国游离于欧盟之外、不受布鲁塞尔的条条框框的制约，英国作为国际贸易和投资中心仍将繁荣下去。

在1997年较为亲欧的英国工党击败"疑欧"的保守党主政之后，英国"疑欧"的调门暂时降低了，但英国工党相对亲欧的姿态一直让英国政界、媒体、工会等许多人士心怀不满。2010年4月的英国议会"骗补门"事件和在英国地方选举、欧洲议会选举中的惨败，使得工党的布朗政府"摇摇欲坠"。英国保守党借机扩大政治版图，民意支持率领先工党。外界虽然对工党的腐败不满，但也担心"疑欧"的保守党上台后推行"疑欧"政策。

早在黑格时期（1997~2001），保守党影子内阁就达成协议，两届议会内不支持英国加入欧元区；对《欧盟宪法条约》，时任保守党领袖的霍华德

(2003~2005)不仅表示反对,而且承诺任何涉及国家权力让渡的条约都要经过全民公决。保守党领袖、首相竞选人卡梅隆誓言要对保守党进行"革古更新",要给英国带来一种"现代的、充满激情的、适于这个时代和这个国家的保守主义"。

保守党的"疑欧"立场也在一定程度上反映了大部分英国民众对欧洲一体化的疑虑。在多数欧盟国家,讨厌欧盟的人主要是那些穷人、教育水平较低者,他们担心自己的饭碗,也很少出国旅行,为其代言的政客不是极左便是极右,但大多数成员国的主流政党都是亲欧的。而英国是个例外。

在英国,精英阶层中相当一部分人不是反法、反德,就是反布鲁塞尔。即使那些政治立场温和、聪明绝顶的人,也时常说出对法国人、德国人不敬的话。这些话如果用来描述其他族群,从社会和谐角度看绝对是难以接受的。而英国保守党的突出特点之一便是敌视欧盟及其机构。虽然之前的工党政府23名内阁成员中,仅有4到5个人可以称得上是亲欧的,但保守党影子内阁的情况更糟。英国领导阶层中的"疑欧"态度导致他们不愿向英国大众宣传加入欧盟的益处。在政界、媒界和商界,也很少有领袖和精英挺身而出,告诉英国人他们从欧盟得到的好处。在英国政界流传着这样的"潜规则":如果你想在英国的政界和媒业上取得成功,一定不要对欧洲知道得太多;如果你知道得太多,你就可能被绝大多数的英国人鄙视,而被孤立。

此外,英国有着独特的颇具影响力的持"疑欧论"的大众媒体。与欧盟其他国家相比,传统媒体在英国发挥着非常重要的影响力,网络依然没有改变这种格局。英国全国性的报刊的发行量为1100万份,远高于法国的250万份。英国的传统媒体主要集中在四大报业集团,这四大报业集团占到了英国每天报纸销量的75%。基于这些报业集团的"疑欧"立场和报业间的激烈竞争,记者们为了吸引读者,经常撰写惊世骇俗的批驳欧盟的文章,那些对欧盟持客观公允态度的文章则很难发表。每天3000万英国民众中的3/4的人们所读报纸对欧盟都是持消极态度,其余1/4报纸即使亲欧盟,也刊登了大量批评欧盟的文章。英国权威智库"欧洲改革中心"主任查尔斯·格兰特就曾做过研究,结果发现:英国多家全国性日报的政治类编辑中仅有一个人还能称得上是十分熟悉欧洲;在英国媒体上撰写政治评论的20多位最有影响力的评论家中,仅有3个人算得上对欧盟有深度了解,其他人对欧盟知之甚少;英国《泰晤士报》和《每日电讯报》这两家报纸就几乎未刊登过一篇对欧盟持支持态度的评论文章。自20世纪80年代起，经年累月的"疑欧"宣传已经对英国的政治生态和公众舆论产生了相当的影响：英国变得更加疑欧了。英国的政治人物也常向媒体透露他们正与欧盟委员会和其他欧盟国家作斗争，他们希望由此而被媒体报道成"为了英国的国家利益而与欧盟和其他国家不断抗争的人物"。

（二）疑欧新首相入主白金汉宫

英国大选随着工党首相布朗"英雄式"辞职落下帷幕，谁主英伦终于2010年5月6日见分晓。

虽然保守党获胜，获得306席，但未能取得过半数议席，被迫组成联合政府。二战后，英国联合政府并不多见，而且，保守党和自民党在移民、税收、对欧盟立场上存在分歧，因此，引发外界对英国政局未来走向的种种猜测，对新联合政府能否拿出治国良策忧虑重重。

卡梅伦保守党政府政策的"变与不变"：

首先，求变，但更求稳。英国大选史上首次举行电视辩论、198年来最年轻的首相、1974年以来首次选前和选后没有明确赢家的大选、36年来首次无多数议会的出现、"一战"后保守党和工党两党交替执政的终结等都为本次大选带来了一股"变革"之风，但过度模仿奥巴马的竞选口号和策略、早已为外界所熟悉的电视辩论及联合政府又让人觉得缺乏新意。

虽然选前保守党的呼声很高，英国大选的投票率也由2005年的61.4%升至65.2%，表明选民希望用手中的选票来促使英国政治有所改变，但投票结果表明英国选民既未用手中的选票奖赏保守党，也未彻底抛弃工党，而是在求变和求稳之中摇摆。这固然与英国现行选举制度有关，因为英国实行的是选区选举制，而非按照选民的比例来分配议席，这就可能出现"叫好不叫座"的尴尬局面。但从选战中三党始终胶着的状态看，英国民众对保守党竞选中所承诺的种种变革更多是持"审慎"态度，或者说并未寄予厚望。更何况，在竞选中各党派相互攫取政策主张，左翼党派"不左"，右翼党派"不右"已是趋势。虽然保守党最终携手自民党组成联合政府，但一直习惯一党主政的英国政治生态能否在今后5年内维持联合政府的稳定，改革和推行新政是否将一马平川仍值得怀疑。20世纪70年代，工党和自民党的短命联合政府更是为新联合政府投下阴影。

其次，走出危机是首要政策目标。其实不管英国三党最终以何种形式组阁，上台后面临的首要问题都将是尽快摆脱金融危机困扰。虽然保守党抨击工党，称其13年的执政将国家引向了"错误的方向"，造成经济衰退、生活困苦、社会问题成堆，虽然保守党在竞选时承诺将上调银行税收、改革金融监管体系、削减60亿英镑的政府开支，但面对2009年1670亿英镑的财政赤字（创下二战以来最高财政赤字记录，已与希腊相当），及250多万"嗷嗷待哺"的失业者（为近14年来最高水平），任何一个政党上台都很难妙手回春。更何况，工党在应对金融危机过程中很多地方还是可圈可点的。因此有理由相信，未来英国新联合政府在一段时间内仍将维持工党的经济刺激、增加就业政策不变，"布朗遗产"仍将长期存在。新联合政府只会在一些不涉及根本问题的方面做边际调整，如赋予公民更大的参政议政权，对议员赋予更大的监督权。

再次，疑欧立场或将影响对欧政策。2010年英国大选的背景与以往有很大的不同，除了金融危机之外，2009年12月具有欧盟宪法性质的《里斯本条约》（以下简称《里约》）正式生效，欧盟在政治一体化方面迈出了里程碑式的一步。作为欧盟中重要的一员，英国应该学会按照新规矩生活。包括布朗在内的四任工党政府以"重归欧洲为中心"为己任，但具有很强"疑欧"色彩的保守党上台后，英国对欧盟的态度可能在一定程度上发生了改变。保守党一贯的立场是反对欧盟权力的集中，并认为《里斯本条约》将导致欧盟内部机构间的职权冲突。欧盟应将注意力集中到全球竞争力、世界贫困和气候变化等问题上，运用其集体力量来解决一些实际问题，如对俄关系，而非欧盟内部政治一体化。由保守党牵头的联合政府无疑将对欧盟首任"总统"范龙佩如何在欧盟框架下"驾驭"卡梅隆提出了更高要求。

但也应看到，虽然卡梅隆一直主张绝不把重要的权利让渡给欧盟，并将争取从欧盟收回部分权力，但事实上很难做到这一点，因为《里约》没有规定可以讨论任何特殊条件，除非退出欧盟。此外，由于在新联合政府中保守党受到"亲欧"自民党的"挟制"，因此，英国整体对欧立场即使有所调整，但回调空间将会有限。

最后，英国现行对外政策仍将继续。鉴于中国、俄罗斯等新兴大国的迅速崛起，未来英国新政府无疑仍将延续工党政府时的外交政策，致力于与新兴国家建立有效和牢固的关系。虽然保守党仍主张在人权问题上不能退缩，但鉴于在核不扩散、气候变化、伊朗核问题等问题上亟须与中国密切合作，因此，相信保守党上台后仍将继续推动与中国的对话与合作。

虽然保守党一直主张美欧之间应该是"坚定但不盲从"的关系，强调在发展跨大西洋关系中保持相对独立性，但加强与美的紧密盟友关系依然对英利益重大，因此新联合政府上台后，仍会全力支持奥巴马政府的外交政策，继续与美加强合作。

此外，特别需要注意的是，未来重新重视英联邦国家间的合作将成为新联合政府加强与欧洲、北美之外盟友合作的亮点。竞选中保守党明确提出将英联邦作为重启互信对话、防范冲突发生的工具。英联邦是由遍及5大洲的53个国家组成的非常独特的网络，人口占世界的30%。英联邦在解决津巴布韦政局混乱中就发挥了重要作用。但现任工党政府却未给予应有的重视，这的确是工党的一大败笔。

（三）欧盟排欧预算加剧英国抵触情绪

欧洲媒体2013年1月报道，欧盟官员透露，为推动成员国就未来7年的欧盟预算案达成一致，欧盟正考虑制定一项排除英国的预算。消息一出，英国举国愤怒。

如果该报道属实，哪怕只是一种谈判技巧，这种想法对欧盟团结来说都是灾难性的。在当前欧盟及成员国分裂情绪弥漫的情境下，欧盟官员公开表达"撇开成员国单干"的念头是非常危险的。

欧盟是包含27成员国的超国家联合体，这种有意将英国排除在外的做法，无形中将欧盟从内部分裂为"26+1"。欧盟作为一个超国家的主权机构，应该对成员国的民族情绪有充分的包容性。抛开任何一个国家达成的协议，从政治意识上说都是非欧盟的。撇开了英国的欧盟预算案已经算不上欧盟的预算案了。此外，考虑到瑞典、荷兰等国支持英国的部分主张，欧盟这种做法可能引发其他成员国不满，加剧内部分裂。

如果允许欧盟在此预算案上开创撇开成员国的先例，未来在更多事务上，欧盟都可能会撇下某个或某些成员国，这将是欧盟一体化的严重倒退。欧盟的软硬实力均未强大到可以承受英国的离开。更何况，当下的欧盟对外投射影响力的能力已大大削弱。一个例证是，2012年11月12日欧盟委员会公开宣布推迟一年实施扩大航空碳排放交易税。危机前，欧盟曾一直是国际碳减排方面的领头羊，并在扩大航空碳排放交易问题上立场强硬，为此不惜与美国、中国和印度等国交恶。欧盟主动暂缓征收航空碳税暴露出欧盟已经严重虚化，无力维护和推行自己的主张。虚弱的欧盟越来越难吸引成员国团结在自己的周围。

撇开英国即意味着欧盟内部传统的"英—法—德"轴心不复存在，德国凭借其强大的经济实力将主导欧盟的发展方向。德国目前针对欧债所开出的药方都是近10年来自身改革政策的翻版。一旦德国接过欧盟的指挥棒，德国将在欧盟推行德意志化，建立以德国为核心的欧元区经济政府，加强财政和经济政策的协调，统一各成员国的财政体制，推进欧洲联邦国家政体。德国治下的欧盟可能再次复兴，但其能否为大西洋主义者，乃至世界所接受，仍待观察。

英国《观察家报》网站2012年11月17日报道称，民调显示，56%的英国人表示，如果举行全民公投，他们很有可能或一定会投票支持英国离开欧盟。68%的保守党人士、44%的工党人士、39%的自由民主党人士支持退出欧盟。民调结果给首相卡梅伦在欧盟预算谈判上带来巨大压力。卡梅伦在预算案辩论中试图通过展现强硬立场来平息国内和党内对欧洲政策的批评。此刻，如果欧盟撇下英国，势必会激起英国国内对欧盟的不满。疑欧论者将会非常愤怒地指责，是欧盟抛弃了英国，而不是英国离开了欧盟。卡梅伦只能选择继续对欧盟强硬。

因此，欧盟应尽快打消制定排英预算案这种危险的念头。欧盟制定预算案不能绕开英国，欧盟应该努力让英国相信，英国是欧盟不可或缺的一部分，欧盟是英国的利益所在，"处在欧洲边缘的日子将是寒冷的"。在预算案问题上，欧盟可以考虑推出替代方案。方案一：选择折中方案，小幅增加欧盟预算，既照顾到欧盟的颜面，也考虑到英国等收紧预算的要求。方案二：根据《里斯本条约》的新规，1年期的预算案无需一致通过，只需经过有效多数表决即可。因此，欧盟可考虑出台一个短期的预算案。方案三：将该预算案延期到下一年进行表决，避开当前欧洲日趋高涨的反欧盟情绪。

（四）英国脱欧公投诸多启示

2016年6月23日英国举行脱离欧盟公投，结果脱欧派以52%对48%的比例赢得公投，英国脱离欧盟进程启动。这场情感战胜理智的民主事件带给人们以下几点启示：

数字27或为超国家行为体的所能容纳的最大民族国家数。欧盟是战后人类进行的最大规模的民主实验。若干民族国家让渡部分国家主权形成一个超国家行为体。国家数量越多，超国家行为体的运行就愈加困难。在欧盟这场超国家的主权实验上，我们看到了要想让28个主权国家形成一致将是一件非常困难的事情。28可能是未来一段时间人类发展过程中超国家行为体所能容纳的最大国家数。

传统的民调方法需要改变。在此次公投前，大量民调结果传递出的信息是脱欧和留欧两派力量相当，留欧派稍占上风，虽然民众对欧盟不满，但最后仍会选择留在其中。导致公投前的民调与实际结果不一致的一种可能解释是，由于公投议题敏感，许多持脱欧立场的民众在受访时有意掩盖自己真实意愿。博彩公司的赔率也显示，"留欧"派获胜的几率明显占优。2016年6月20日，威廉·希尔公司开出的"留欧"获胜几率为86%~87%。但此前的民调结果却产生了误导作用，错误民调结果让留欧派放松警惕。在未来的民调中，设计出更好的调查问卷和更加科学的方法已经成为亟须解决的问题。否则，未来民调数据的价值将大幅降低。

普通民众的情绪开始对精英政治产生越来越大的影响力。普通民众用手中的选票战胜了所谓政治和经济精英。之前媒体舆论、金融机构、博彩公司都认为脱欧成本太大。英国财政大臣奥斯本称，脱欧将使得英国每个家庭短期内遭受3400英镑的损失，而且还会有中长期的负面影响。向来在公共政策上保持低调的英国中央银行英格兰银行行长卡尼也罕见地站出来反对脱欧。但出人意料的是，移民、难民、恐怖袭击等问题导致底层英国老百姓的脱欧情绪比精英们预想的要强烈得多，让民众在理智和感性之间做出选择时，最终民众选择的是听从感性，不计成本地要求摆脱欧盟，情感战胜了理智。

国际社会干预对西方发达民主国家的影响力有限。在公投前，"留欧"阵营获得了国际社会许多重要人物和组织的支持。美国总统奥巴马2016年4月访英时明确呼吁英国人不要离开欧洲。他甚至直言不讳地表示，如果"脱欧"，英国再跟美国谈贸易协定时将"在后面排队"。除奥巴马之外，德国总理默克尔、法国总统奥朗德也都呼吁英国留在欧盟里。欧洲最大的商业组织"欧洲企业家圆桌"甚至集合会员写了一封公开信发表在德国期刊上，呼吁英国留下。金融大鳄乔治·索罗斯警告，一旦英国"脱欧"，英镑兑美元汇率将重挫，英格兰银行对于金融市场震荡的干预手段将十分有限，"'脱欧'将会让投机者大赚特赚，而英国人则会变得更穷"。结果，外部施压得到的却是相反结果。独立党的法拉奇对此表态大为不满，指责美国总统干涉英国内政。英国民众的逆反心理巨大。

脱欧公投为英镑币值回归合理均值提供了机会。按照目前英国的经济发展状况，英镑已属于世界上币值高估的货币之一。索罗斯在英国《卫报》2016年6月20日的评论文章中指出，若英国退欧，英镑将至少挫跌15%，甚至可能跌逾20%，从目前的约1.46美元跌至1.15美元下方。英镑币值的持续高估对英国经济未必是好事。2015年初年国际货币基金组织表示，英镑被高估5%至15%之间。此次英镑下跌，可能是在回归合理水平。

公投可能成为西方国家解决棘手问题的一种新方式。面对来自民众的不满，在选举政治下，执政党为了争取选民支持，可能会将更多议题通过公投方式进行。2012年，英国首相卡梅伦和苏格兰地方政府首席部长萨蒙德签署了《爱丁堡协议》，将棘手的苏格兰独立问题交由公投决定。在这一问题上，卡梅伦很幸运，苏格兰民众自愿选择留下。在是否脱欧问题上，卡梅隆本想再搏一次，但这次却闯关失败。

在人口老龄化的社会，应重视争取年龄偏大选民的支持。从此次英国民众投票结果看，按照年龄划分的英国民众，18~24岁支持"脱欧"的比例为27%，而55~65岁人群的比例为57%，65岁以上为60%。年龄越大的英国民众越支持脱欧，他们的立场最终决定公投结果。年龄大的英国人因为经历过那段为英国独立命运而抗争过的历史，所以他们争取独立性的情结更加强烈。

（五）英国脱欧将让美英特殊关系更加特殊

2016年6月23日，英国举行脱欧公投。在公投过程中，英国民众中的反欧盟情绪起主导作用，认为欧盟剥夺了英国普通公民对自己命运的控制权，脱欧派将"脱欧"上升到维护基本人权的高度。

对公投紧张的不仅仅只有主张留欧的英国精英群体，在他们看来，公投结果将对未来十年英国内政外交走向带来深远影响。与英国保持特殊关系的美国也心情复杂，担心未来美英关系受到影响。

文化传统和历史渊源令美英保持着超越一般盟友意义上的"特殊关系"。

历任美国总统也高度肯定美英关系。奥巴马总统对英国进行国事访问时表示，美英关系不仅特殊，同时对两国及世界都极为关键，当美英站在一起时，世界将变得更加安全和繁荣。英国在一系列重大国际事务上对美国持"无原则的"支持立场。

英国脱欧后，美英关系特殊性的基础将发生变化。此前，英国在欧盟内部时，美英关系特殊的一个重要基础是英国是美国对欧盟政策的"传声筒"。小布什政府时期的国务院高级官员、希拉里·克林顿总统竞选团队担任顾问的尼古拉斯·伯恩斯称，"英国在美国和欧盟之间，扮演了一个务实桥梁作用。英国退欧后，这种作用将基本消失。"

从符合美国战略利益出发，美国支持一个更加强大、更加开放的英国。美国希望能与一个强大的英国为伴。一个强大的英国能够为美国分担战略压力，一个开放积极参与地区和国际事务的英国，能为美国提供战略上的支持。1973年1月1日英国正式加入欧盟前身欧共体时，美国当时就持非常积极的立场。在美国看来，英国加入欧共体，可能使美国增大对欧共体的影响力，弱化法国和德国（当时是德意志联邦共和国）对欧共体的领导力。

脱欧后，英国对美国的战略支持价值会大幅减弱。正因为看到了这一点，在此次脱欧公投问题上，美国持明确反对立场。奥巴马总统2016年4月21日访问期间，明确表示希望英国能留在欧盟内部。亨利·保尔森、蒂莫西·盖特纳等8位美国前财长也在英国《泰晤士报》联名发表公开信呼吁英国留在欧盟，声称英国留欧对英国、欧洲和全球经济都是最佳选择。美国的商界主流亦反对英国脱欧，担心英国脱欧触发"脱欧"多米诺骨牌效应，打击欧盟的财政和金融，重创欧洲统一大市场，损害美国在欧商业利益。

但最终英国民众没有按精英们设计的路线走，选择了"脱欧"之路。沿着这条路往下走，美英特殊关系将更加特殊。

首先，从脱欧的进程上看，英国可能还需2年左右的时间完成所有脱欧程序，期间英国还将经历一段由脱欧带来的不适和波动调整期，期间英国将非常脆弱。此前，有人担心英国退欧后，英国的孤立主义和排外情绪可能会阻碍英国发展对外关系。但这种担心，对具有悠久文化传统和历史渊源的英美关系则并不构成威胁。相反，为在战略、安全和经贸上寻求依靠，英国可能会加大对美国的战略倚重，"无底线"支持美对外政策，美英关系的"特殊性"可能进一步增强，虽然这种更特殊的美英关系可能并非是美国想要的。

其次,完成脱欧进程后,英国可能会以维护自身国防安全为由,扩大国防开支。作为北约的一个关键成员,加大国防投入,这符合美国的一贯主张,是美国希望看到的。增加国防预算将有助于维持英国在美国全球战略中重要地位。英国目前是满足北约国防开支占GDP2%目标的仅有的五个国家之一。英国国防预算位列北约国家第二、欧盟成员国第一。2015年夏天的预算文件中,英国政府承诺到2021年每年将以高于通货膨胀0.5%的速度增加国防开支,并在接下来的十年内继续满足北约成员国国防开支占GDP2%的目标。如果北约的欧盟成员国能在英国的带动下扩大国防开支,将大幅减轻美国的压力。

最后,美英将直接加强双边经济联系。脱欧前,在经贸关系上,美国是把英国作为欧盟的一个部分来整体考虑,英国脱欧后,为防止英国"漂移",美国可能会很快启动与英国自贸谈判。虽然奥巴马总统在2016年4月访英时阻止英国脱欧,警告英国脱离欧盟后,英国不可能在短期内单独与美国达成贸易协议。奥巴马当时给出的理由是短期内美国的重点是跟欧盟这个大型组织达成贸易协定。但在公投结果公布后,奥巴马在讲话中缓和了语气,称"英国仍然是美国经济、外交、安全政策的基石之一"。在英国完成所有脱欧手续后,美英之间展开自贸谈判的可能性是很大的,尤其是目前美国—欧盟之间的TTIP谈判推进缓慢,其能否在奥巴马总统离任后继续推进存在相当大的不确定性,美国是不可能让英国长期"孤悬在外"即在其主导的自由贸易进程之外的。美国国内经济界已出现强烈的呼声,要求美国政府尽快启动美英双边自贸谈判。

第五章　欧洲的应对

对美关系：坚定但不盲从

笃信美国模式曾给欧洲带来二战后长达 60 年的繁荣。但发端于美国的次贷危机暴露出来美式自由资本主义模式的诸多弊端。美国金融机构通过新型金融工具掩盖希腊债务真实状况，支持和唆使希腊大举借债，为希腊爆发危机埋下了祸根。危机发生后，华尔街金融大鳄们肆意冲击欧元，美国政府对华尔街金融大鳄们的行为包庇甚至是纵容，在危机重创欧洲之际，美国对欧洲表现出非常明显的轻蔑，让欧洲深深意识到，只有欧洲还在傻傻死守"欧美特殊关系"，认为美国会拼死相救，其实美欧早已是同床异梦。

2012 年 11 月，四年一次的美国大选如期而至。但与四年前的"奥巴马热"相比，与美国隔大西洋相望的欧洲这次则表现出异常的平静。两位总统候选人奥巴马和罗姆尼在选战中似乎也有意冷落欧洲，很少提及欧洲议题，中东和亚洲成为双方政策关注的重点。欧美相互反应冷淡反映出双方对彼此期待的有限。

虽然从民调结果来看，欧洲人似乎更喜欢奥巴马，但这并不意味着"奥巴马热"会在欧洲重燃。相对于罗姆尼欧洲人对奥巴马更加熟悉。若罗姆尼当选，欧洲之前对奥巴马的认知将全部归零，需要从应对债务危机中抽出更多时间去和一位新人打交道。

美欧之间种种不快也令欧洲对美心态发生变化。美国纵容评级机构不断在欧债危机上火上浇油，令欧洲懊恼不已。众所周知，美国自身的债务问题程度上比欧洲严重，并且短期同样无解，欧洲主权信用评级被降级，如果合理的话，调降美国主权债务评级也说得过去。

但奥巴马政府允许华尔街评级机构三番五次调降欧洲主权信用评级，却要求评级机构对其采取双重标准。在评级机构标普低美国信用评级后，美国政府和联储反应强烈，动用行政、司法等多种手段阻止评级机构再次调降美国评级，之后美国评级未再被降级。

美国政府有能力对评级机构的行为施加影响，但却在评级机构轮番调降其欧洲"兄弟"的主权信用评级做法上"不作为"，原因在于欧债危机的动荡不安有助于打压欧元上升势头，加速国际资本回流美国，转移外界对美债问题的关注，这其实暴露出，美国虽嘴上将欧洲称为"兄弟"，但心底并未将欧洲当"自家人"。

美国在纾困欧债问题上"口惠而实不至"。亚洲国家虽然不像美国那样和欧洲称兄道弟，但却拿出真金白银力挺欧洲。据德国之声报道，美国救助欧元的实际行动"非常不积极"。欧洲金融稳定基金（EFSF）发行的债券中，美国买入的债券仅为6%，而亚洲国家，特别是中国，购买债券的态度积极，购买了25%左右的债券。

为防范国际投机资本冲击欧洲，缓解欧债疫情，欧盟积极推动G20在全球范围内加强金融监管，其中一项重要举措是征收金融交易税，但遭到美国带头抵制和打压。在碳排放交易问题上，欧洲希望以此推动哥本哈根气候变化大会前进，并占据碳交易领导者的地位，但同样遭到美国的强烈的反对。相反，不顾欧洲等国家的反对，美国推出多轮量化宽松货币政策，向市场投放超过2万亿美元的流动性。巨额流动性拉低了美国长期国债的收益率，却也令欧洲国债价格下跌，令继续融资的欧洲国家发行国债陷入困境。

为推动IMF改革，欧洲虽不情愿但同意让出部分投票权，并呼吁美国拿出勇气推进改革。但美国却裹步不前，采取拖延策略，甚至拿大选做借口，阻挠IMF改革事宜。

奥巴马下令关闭关塔那摩湾的战俘营，却施压欧洲盟友，要求他们接受部分嫌犯。对此德国表示坚决反对，德国人不能理解，为什么美国以危害自身安全为由拒绝接收，却以"维护人权"为由逼迫欧洲盟友接收。欧洲急于从阿富汗脱身，甚至连英国都认为阿富汗战争是一场"不可能打赢的战争"，但奥巴马却要求欧洲增兵，甚至主张将战火扩大到巴基斯坦。欧洲主张控制北约扩张速度，与俄罗斯加强经济联系，但奥巴马坚持要求北约继续东扩，军事上若有困难，就先从政治、经济上做起。欧盟有意在经济上吸纳乌克兰，最终逼迫俄罗斯出手，吞并克里米亚，挑唆乌东分裂。美国一直要求欧洲能支持其战略重心东移，填补美国撤出后留下的权力空白，而欧洲当前的政策首要目标是克服危机，尽快实现经济复苏。美国出于自身利益的考虑，关心的重点是伊拉克形势及伊朗、朝鲜核问题，而欧洲最为担忧的则是中东和平进程，因为在欧洲看来以巴冲突几乎与西方目前所面临的反恐战争、石油紧缺、难民、民族等问题都密切关联。

基于上述考虑，欧洲在对外政策方面适度收缩，在扩张外交空间方面非常谨慎，不愿在战略上对美提供支持，招致美国不满。2009年，奥巴马总统曾一度面临是去参加东盟的会议还是出席柏林墙倒塌20周年纪念的选择，最终选择去了亚洲。在当年华盛顿举行的欧美峰会上，奥巴马也仅仅停留了一个半小时。在哥本哈根气候变化大会上，美国撇开"气候变化积极推动者"欧洲，直接同中国、印度等新兴国家谈判。2010年5月，奥巴马一度愤而取消了年初的欧美峰会，而这一峰会机制自1990年开始已经坚持了快20年。上任134天的美国总统奥巴马在对沙特和埃及进行所谓的"和解之旅"后，随后借参加法国诺曼底登陆65周年之机走马观花式访问了欧洲。奥巴马此次参加的是二战相关主题的纪念仪式，应该首先到访欧盟总部布鲁塞尔。作为二战主战场之一的欧洲，为反法西斯战争浴血奋战的不光有法国人、德国人、英国人，还其他几十个国家的人民。只有到访欧盟总部布鲁塞尔，奥巴马才能充分表达对逝者和前辈的敬意。但是，此次访问奥巴马并未去布鲁塞尔，访问的却是法国和德国，传递出非常明显的对欧盟统一身份的不认同。行程设计上人为留下不合理之处就是意在向欧洲传递"打脸"信号。

美国种种忽视欧洲的行为让2008年美国大选中出现的"奥巴马狂热"在欧洲迅速降温。欧洲人开始拷问自己：美国是否还值得期待？欧洲人的主流回答是：必须面对事实，必须依靠自己。法国媒体评论认为，欧美关系正日渐疏远。

欧洲开始尝试大声说出自己的不同看法，有限度地与美进行"切割"。法、德、意等欧洲大国已经纷纷站出来抨击美国金融独霸、要求改革现行国际金融体系、加强与新兴国家的合作。法国总统萨科齐3月访问美国时，直言不讳地批评美国试图"独霸世界"，要求美国实施经济改革。卡梅伦领导的英国新政府强调在发展跨大西洋关系中保持相对独立性。卡梅伦担任英国首相后，亲访欧洲大陆，却派外交大臣黑格赴美，保守党刻意希望树立对美政策独立的形象。

但是，相信无人会否认欧美之间是最天然的"兄弟"，哪怕欧美之间没有什么"全面战略合作伙伴关系"。英国新任外长黑格出访美国时，称英国是美国"毫无疑问的头号盟友"，公开表示支持美国在伊朗核问题和阿富汗战争上的政策。因此，未来对美政策无疑仍将位居欧盟外交政策首位，继续与美加强合作仍将是长期趋势，但同时将会更加强调欧美之间应该是"坚定但不盲从"的关系（参见附录2"美欧自贸区谈判前景"）。

对新兴国家有期待，但心态复杂

金融危机对国际格局冲击的结果是以中国为代表的新兴国家的迅速崛起，新兴国家话语权的提高使得欧洲开始对其给予更多的关注。著名经济学家、英国《金融时报》首席经济评论员马丁·沃尔夫认为，全球经济的出路一定在中国、印度这样的新兴国家市场。高盛全球经济研究部负责人吉姆·奥尼尔2011年预测未来世界70%的增长将来自金砖四国。美国总统奥巴马已在其首份《国家安全战略》中明确提出将摒弃单边主义，强调通过国际合作解决问题，尤其是与新兴力量的合作。这也将更加促使欧洲重视同新兴国家的关系。

在发展同新兴国家的关系问题上，欧洲国家其实和美国一样抱有矛盾的心态。欧洲已经认识到新兴国家的发展正是欧洲的机遇。在诸多重大国际问题上，如全球经济复苏、国际货币体系改革、加强金融监管、伊朗核问题、中东和平进程、应对气候变化等，利用国际双边和多边合作机制，加强同新兴国家的关系将有助于提升欧洲的国际地位和影响力。当世界都在关注新兴国家的时候，"娴熟"驾驭同新兴国家的关系必将为欧洲赢得一片喝彩，同时，也有助于平衡对美关系。但受自尊心和利益驱使，在诸多问题上欧洲仍有与美联手共同打压新兴国家的现实动力。德国联盟党议会党团2007年10月通过的"亚洲战略"中就认为中国的崛起是"欧洲以外地区对德国和欧盟秩序政策模式的挑战"。与中国从冷战后国际形势的客观发展提出的"和谐世界外交"的理念不同，欧洲人的"价值观"包含着某些"欧洲中心论"的心态，与欧洲所奉行的"尊重多样性"的政策主张背道而驰。

对俄罗斯：既合作又斗争

德国《世界报》曾撰文指出，希腊危机让欧盟元气大伤，中国已成为仅次于美国的世界第二强权国家。欧洲要想与中美同等，则必须重视俄罗斯的作用。发展同俄罗斯的关系在欧盟发展同新兴国家关系中具有特殊性。俄罗斯是主要新兴大国中唯一与欧洲直接相邻的国家，俄罗斯不仅对欧盟具有很强的地缘战略意义，而且具有非常强的能源安全意义，对俄罗斯能源的高度依赖引发欧洲对俄能源大棒的恐惧。二战以来对苏联的灰色记忆和中东欧国家难以抹去的"疑俄"情绪，使得欧洲对俄政策一直以来呈警惕和防御之势。

但奥巴马上台后，俄罗斯—美国关系的回暖也迫使欧俄关系升温。斯摩棱斯克飞机坠毁事件不但未加深俄罗斯与波兰的民族仇恨，反而成为俄罗斯同波兰关系迅速升温的契机。2010年5月23日美国首批爱国者导弹运抵波兰并开始部署，曾一度反应强烈的俄罗斯此次却未表现出激烈反对。由于波兰是中东欧国家"疑俄"的"旗手"，俄罗斯同波兰关系的改善也随之带动欧盟对俄态度的转变。2010年6月1日，欧盟与俄罗斯第25届峰会在俄罗斯闭幕。以往峰会双方都是针锋相对，会议往往也是无果而终，但本届峰会却在前所未有的"和谐"气氛中进行。双方会后宣布开启"现代化伙伴合作计划"，表示在四个"空间"展开全面合作，包括经济空间、内部安全—司法空间、外部安全空间和科教空间。如果欧盟的"现代化进程"能够收到实效，甚至是最终将俄罗斯纳入西方阵营，相信欧盟的国际影响力将会再次得到提升，因此未来欧盟有必要向对俄关系投入更大精力。

然而，改善对俄关系将是一个漫长的过程，而且很多欧盟国家对俄仍存疑虑，俄罗斯常驻欧盟代表弗拉基米·奇诺夫称，欧盟新成员国对俄心怀恐惧，这使欧盟对俄行动迟缓。因此，在新的时代背景下，既合作又斗争关系将是未来欧俄关系发展的长期态势。

第六章 新兴经济体崛起

新多边主义时代到来

从金融危机的扩散和各国应对危机及其成效来看，战后形成的国际多边架构已不能适应21世纪的国际现实，时代呼吁"新多边主义"。正如时任世界银行行长佐利克所主张的，应建立一种包容发达国家、新兴经济体和发展中国家，非一种固定或单一的、灵活而又高效的"新多边主义"。因为当前存在的许多问题，诸如金融、经济危机、全球气候变暖、恐怖主义等，并不囿于国界的限制，需要发达国家、新兴经济体和发展中国家等利益攸关方的共同合作才能得以解决。新的国际多边框架应该是一个针对问题特性，强调智慧、政策和政治意愿的重要性，尊重国家主权，有利于各利益攸关方化解分歧促进合作的灵活有效组织。G20机制获得青睐正是这一趋势的明确信号和佐证，面对全球性问题，来自制度各异、经济发展水平不同的众多国家和组织联手寻求应对之策。

如果金融危机发生前，一些国家出于对自身利益的考量，对改革国际经济金融体系还存在诸多质疑和抵触，那么金融危机则让全世界认识到改革的必要性和紧迫性。在

2009年伦敦G20峰会召开前，瑞士达沃斯论坛、G7罗马会议、欧盟柏林金融峰会、欧盟27国财长布鲁塞尔会议、G20霍舍姆会议等峰会的密集商讨和协调显示出，在战后形成的国际经济秩序正在让步给21世纪植根于现实的新秩序。未来国际金融新秩序，包括国际货币新格局，必将是通过各经济体之间的合作博弈而产生，这种合作博弈的均衡点将主导未来国际金融新秩序和国际货币新格局的方向。

新兴经济体作用得到肯定

10年前七国集团（G7）的GDP占世界的80%，而今八国集团也只占世界的一半，它们已经不能完全代表世界了。新兴市场GDP现已占到全球的50%，贸易量的40%，外汇储备的70%。高盛公司的吉姆·奥尼尔最早在2001年提出"金砖四国"的概念，并预测2050年全球六大经济体将变成中国、美国、印度、日本、巴西和俄罗斯。但是他没想到的是，这些国家这么快就将经济前景转化为地缘政治力量了。随着金融危机爆发，西方发达经济体纷纷进入衰退期，世界重心开始向新兴经济体转移。

随着经济区域化与全球化发展步伐加快，包括中国在内的新兴市场经济体快速发展，对地区乃至世界经济的贡献愈来愈大。危机期间新兴经济体的财政扩张政策为防止世界经济进一步衰退发挥了关键作用。时任美国总统奥巴马的经济顾问劳伦斯·萨默斯表示美国已拿出巨额刺激计划，其赤字已达国内生产总值的10%，美国不能再做出更大努力。时任英国财政大臣阿利斯泰尔·达林也声称英国的赤字达到国内生产总值的8%，英国也不能做出更大努力。因此，走出衰退的中坚力量是新兴经济体。IMF预测，虽然新兴市场国家受金融危机影响，经济增长率减缓到2008年的6.6%和2009年的5.1%，但仍高于过去30年4.5%的平均水平。虽然全球实体经济遭遇了金融危机的严重冲击，发达经济体也悉数陷入衰退，但相对于20世纪二三十年代的大萧条来说，世界经济降幅有限，这背后的关键是新兴国家在拉动全球经济增长上发挥了重要作用。2005~2009年，新兴市场与发展中国家对世界经济增长的贡献率超过60%。

新兴经济体经济实力增强带来的是政治影响力的上升，并要求国际经济治理结构对此做出反映。以前国际关系上常用的一个描述美国巨大影响力的比喻是,"美国说一句话,世界都会停下来倾听"。如今,抱成团的"金砖五国"影响力同样引人关注。金砖国家人口目前占到世界总人口的42%,国土总面积约占世界的30%,国内生产总值占全球总量的18%,贸易额占全球贸易额的15%,外汇储备占全球的75%,对世界经济增长的贡献已超过50%。这样一支重要的国际力量理应在国际组织最高领导人任职方面得到反映。2011年4月14日,金砖国家领导人第三次会晤在三亚举行,南非首次受邀与会。五国领导人商讨了如何协调应对重大国际问题,如何深化和扩大彼此间合作,如何加强金砖国家合作机制等问题。2011年5月24日,"金砖五国"国际货币基金组织董事首次就国际结构改革发表联合声明,呼吁国际货币基金组织新总裁人选遴选过程应真正秉承透明、择优及竞争的原则,应摒弃国际货币基金组织总裁来自欧洲的不成文陈规。这是"金砖五国"第一次就国际经济组织"一把手"人选这样一个重要职位大声说出不同意见。虽然"金砖五国"间存在较大的差异,如何求同存异,更紧密地抱团,还有很多工作要做,但联合声明表明,五国协调机制已经开始发挥作用。

中国影响力彰显

面对当前纷繁复杂的国内外经济形势,中国政府一再强调做好自己的事情就是对世界经济和全球金融稳定的最大贡献。中国在这场应对危机的行动中一个基本的出发点是:不一定追求成为国际秩序的主导者,但必须展现出作为一个崛起中大国所具有的责任感和领导素质。时任世界银行行长的佐利克对中国政府在此次危机中的积极作用给予了高度评价,称中国经济保持快速增长、中国金融稳定对当前世界经济作出了重要贡献。英国《经济学家》杂志称中国已经占到了世界舞台的中央,中国正不断发出更加自信的声音。对于伦敦峰会期间的"胡奥会",西方媒体称其使G20峰会"黯然失色",这次峰会不再是"G20",而是"G2"。

在应对金融危机的斗争中,世界对中国寄予极高的期盼,中国也的确发挥了重要作用。中国强大的外汇储备,占GDP 1%的财政盈余,超过GDP 10%的经常账户顺差,中国有能力适时采取积极的财政政策,加强基础设施、环境、社保、教育、医疗等建设，启动内需，提升出口档次。2008年11月，中国公布了扩大内需的十项措施和近两年中实施4万亿元人民币的投资计划。中国国家总理温家宝在全球经济一片低迷中充满信心地喊话：中国已经准备了应对更大困难的方案，并且储备了充足的"弹药"，随时都可以提出新的刺激经济的政策，2009年中国经济增长仍将努力实现8%的目标。这些积极举措除了释放出此次危机冲击的凶险程度超过以往的信号之外，更表明了中国虽然还是发展中国家，但是中国愿意和其他国家一起共同应对危机、承担救市责任的诚心和战胜危机的信心。英国《泰晤士报》就此发文称："强大的美国经济出现下滑，一度如此优越的欧洲也步履蹒跚，以亚洲为首的新兴国家将取代发达世界的富裕国家，成为全球经济增长最重要的集体引擎，而中国自19世纪初以来将第一次成为世界经济增长的最大贡献国。"美国前国务卿基辛格也指出，中国在未来国际新秩序中的作用是关键性的。未来的国际经济新秩序将很大程度上取决于未来几年中美双方如何打交道。正是在此背景下，基辛格提出了中美关系"命运共同体"的概念，将中美关系提升到类似战后美国与欧洲关系的高度。

第二部分
美欧经济进入"新常态"

2008年全球金融危机后,美欧经济出现分化,经济结构发生深刻变化的同时,新的风险也在累积,这是近代世界经济史上没有发生过的新现象,它不仅给观察者提供了研究分析的丰富和生动的对象,也给美欧经济观察者和研究者提出了挑战。

第七章　全球化进入新阶段

2008年那场世纪金融危机引发了大众对盎格鲁—萨克逊式资本主义模式的反思。由于这种模式倡导建立金融贸易自由开放的世界体系，因此也引发了民众对全球化的批判。与全球化特征明显的"离岸"一词相对应的"向岸"一时间成为热词。

自2008年以来，美国对全球化的反思和批判可以大概打折分成两个阶段。第一个阶段是2008~2010年，各国尤其是发达国家民众基于自身福利的考虑而自发进行的以游行示威、学术探讨为主要特征的逆全球化潮流。第二阶段是2011年以后，这一阶段以各国政府出于维护本国利益而推行各种保护性壁垒政策为特征。一些国家政府甚至推出了一些明显违背全球化精神的排外政策。伦敦经济政策研究中心的《全球贸易预警报告》称，金融危机以来，G20国家共推出了3500多项新的保护主义政策，这些政策中的81%现仍在执行。

区域一体化陷入尴尬境地。一方面成为拒止域外经济体的工具，如美国积极推动的"跨太平洋伙伴关系协定"（TPP）和"跨大西洋贸易与投资伙伴协定"（TTIP）谈判，谈判国希望借此将域外国家拒之门外。另一方面现有的区域经济一体化安排成为个别国家利益受损和不满情绪上升的"替罪羊"。2010年欧债危机爆发后,欧洲五国深陷泥潭不能自拔。欧元区在是否救助问题上迟疑不决,不仅严重伤害了部分欧洲国家民众的感情,也让外界质疑其有效性和存在的意义,区域化组织形象大打折扣。此外,目前欧洲面临的日益严峻的难民问题也让欧洲民众反感区域一体化。区域一体化对各国吸引力已经大不如前,英国甚至上演了一出脱欧闹剧。右翼势力在很多国家有明显抬头倾向,阻止全球化进程。有些人据此断言全球化进程已经停止,逆全球化将成为今后主流趋势。然而,事实果真如此吗?

数据证明全球化仍在继续

上述逆全球化的种种外在表象的确会让人产生误解,但是大量经济数据让我们看到另一番景象,即全球化趋势并未停止,现在就得出结论说全球化发生逆转为时尚早。让我们看看以下指标:

人口流动。1960年全球人口流动规模不到7200万人,2015年这一数值攀升到了2.4亿人,增长超过3倍。根据世行数据,2014年世界各国的国际旅游占各国进口总额比重较2013年都有所增加。2014年国际旅游收入占出口比重为5.998%,高于2013年的5.885%,2011年以来的升势得到保持。这说明,各国国民的国际旅游规模在上升,各国人民的交流在增加。国际私人转移与雇员报酬持续增加。1970年该指标为19.29亿美元,2014年为5520.5亿美元,2015年为5537亿美元。从1970年到2015年这45年间,该指标增加了286倍。

能源消费。BP能源统计数据显示,2015年,全球日均进出口原油总量达6122.3万桶,较2014年的5818.2万桶增加5.2%。2015年原油进出口量在消费量中的比重比2014年上升了近两个百分点。天然气贸易方面,2015年管道天然气进出口总额与液化天然气进出口总额分别比2014年增加270亿立方米和60亿立方米,增幅分别达到4%和1.8%。2015年天然气进出口总量在消费量中的比重比2014年上升了0.5个百分点。上述各项指标与2008年相比更是有了显著提高。2015年全球日均进出口原油总量、管道天然气进出口总额与液化天然气进出口总额分别比2008年增加659.7万桶、1168.4亿立方米和1117.9亿立方米,增幅分别达到12.1%、19.9%和49.4%。

国际资金流动。2008年金融危机以来，虽然有些年份FDI增速出现了一些回落，但自1970年以来FDI的上升趋势仍然没有发生根本性改变。2015年，全球FDI净流入较上年增加18.5%，1970年以来年均增长率为12.9%。OECD数据显示，2015年全球FDI流入较2008年提高20.4%。全球FDI流出头寸方面，2015年比2008年上升56.5%；全球FDI流入头寸2015年比2008年提高72.3%。

科技出口。世界银行数据显示，2014年全球高科技出口规模达到2.147万亿美元，比2013年的1.842万亿美元增加了17%。2014年技术合作捐助规模比1960年增加超过82倍，年均增长8.5%。2015年世界知识产权使用费为3165.78亿美元，而2008年该指标为2339.75亿美元，七年时间增加了35.3%。

虽然货物和服务进出口占GDP占比2015年同比2014年有轻微下降，但是该指标依然保持1960年以来的上升趋势，1960~2014年间年均增长6.33%，不能就此得出全球化逆转的结论。因为在全球贸易占GDP比重下降的同时，贸易流转效率提高了。贸易流转效率近十年来一直在加快。2014年世界出口周转时间中值为2.636天，较2007年缩短1.413天。进口周转时间中值为3.103天，较2007年的5.497天，缩短了43.6%。2014年世界物流绩效指数为2.894，显著高于2007年的2.74。

可见，尽管有些指标的增长近年来出现了一些反复，全球化趋势整体上没有出现根本性改变。

但全球化将展现新特征

全球化对国家经济主权产生了一定程度的冲击，这种冲击是一些国家尤其是小国不愿面对的。但全球化是经济发展的必然趋势，是对资源进行有效配置的高级手段。全球化这一事物本身并没有错，错的是全球化的管理和治理方式以及由此产生的利益分配格局。

作为对全球化中暴露出来的种种问题的回应，全球化趋势将会以一种新的特征继续深入下去，这种新特征将主要表现为如何能在加强全球化的同时，注意进行公平分配，国家将会立足本国实际，在主权与经济发展之间重新做出权衡。

全球化新特征，首先表现为国家将更加强调立足本国实际，在主权与经济发展之间重新作出权衡。事实证明，牺牲主权换不来经济发展，希腊在交出货币主权后也没有换来自身经济大发展。各国已经认识到这一点，纷纷强调主权的重要性。

强调公平贸易。只有本国民众从全球化中受益，才会支持全球化。因此，各国将更加重视国民福利的投入，不再为了加入全球化潮流而刻意迎合跨国公司等。对原来达成的经贸便利化条款进行修改或升级，使其更加公平合理将是未来一段时间的趋势。

形成统一的国际经济、金融政策。美国次贷危机和欧洲主权债务危机暴露出国家间经济政策缺乏协调的弊端。为了避免短期内局部最优经济政策给全局带来的负面冲击，各国必须加强货币、财政、税收等政策的协调。

加强职业技术培训教育。全球化的背后是技术要素的全球性流动。为了提高劳动力对技术的掌控能力，必须加强职业技术培训，不断提高他们的生存和工作技能，否则他们必然会因为不能适应新工作岗位的技能要求而被边缘化。

对于未来世界经济全球化，中国正在贡献越来越大的正能量。致力于改革开放的中国从全球化中受益，创造了中国经济的世界奇迹。同时，中国也以开放的心态，让世界分享中国的发展红利。目前，中国已经成长成为世界第二大经济体，中国对世界经济的影响已经得到全世界公认，亚投行、"一带一路"倡议等国际公共产品的提供，表明中国正从全球化的积极参与者和受益者成长为推动全球化、防止全球化倒退的关键力量。

2016年9月二十国集团中国杭州峰会通过的《G20全球贸易增长战略》、《G20全球投资指导原则》等文件确立了反对跨境投资保护主义，营造开放、非歧视、透明和可预见的投资政策环境，加强投资保护，确保政策制定透明度，推动投资促进可持续发展以及投资者企业责任等原则，其将在一定程度上为防止全球化倒退提供制度性参考。

第八章　美国经济新常态

在奥巴马政府强力干预之下,美国经济在次贷危机爆发后的9个月,2009年第二季度便摆脱危机,重拾增长步伐。但此轮复苏与以往不同,其表现出的四大特征或四对看似矛盾并存的独特"景象",为近半个世纪以来美国历次危机后复苏进程所罕见。从中长期看,这种非传统形态的复苏可能成为美国经济的"新常态"。

互斥特征同时出现

美国经济2009年第二季度重拾增长步伐,但此轮复苏表现出了诸多与以往不同的特征。从中长期看,这种非传统形态的复苏可能成为美国经济的"新常态"。

首先,以制造业为代表实体经济开始扩张,但经济总体增速温和。

2008年金融危机暴露出美国经济过度虚化的问题。为给经济结构"纠偏",美国政府大力推动经济实体化,其中一项重要举措是推出"制造业振兴战略"。美国政府希望通过该战略达到"一石数鸟"的效果:短期刺激经济复苏、缓解严重失业、缓和社会矛盾;中期实现结构调整,培育新的增长动力,促进经济再平衡;长期抓住新一轮产业革命之机,谋划战略主导权,重塑国家竞争优势。美国制造业在上述政策的提振下,出现明显振兴势头:一是制造业产值显著增加。2010~2013年制造业产值年均增幅达到4%,高于同期GDP增幅。2015年5月产能利用率达到78.1%,创2008年2月以来最高位。二是制造业较其他行业竞争力明显增强。2010~2013年制造业人均产值平均增幅为3.9%,大大高于同期全行业人均产值平均增幅(1.9%)。三是制造业生产率较其他国家明显提高。2010~2011年全球制造业增加值占全球GDP比重下降了0.99%,而美国增加了2.19%,好于中国、墨西哥和英国。四是海外企业开始回流美国。麻省理工学院调查108家拥有跨国经营业务的美国制造企业后发现,约有14%的美国公司已在准备将生产工厂迁回美国,有1/3的企业正在考虑之中。美国波士顿咨询公司2013年9月发布的研究报告称,对200多家美国企业的民调显示,愿意回流美国的企业比重已从2012年2月的37%升至54%。五是美国内生产活动与生产外包同步增加。彼得森国际经济研究所研究表明,美国制造企业海外销售额增加10%,将带动国内研发投入增加8.2%,国内销售额增加2.5%,就业增加2.2%,美国对外出口增加2.6%。危机过后,美国企业的外包活动回升明显,对美国国内经济产生了积极的拉动作用。

但美国经济增速总体较为温和。自2009年以来,美国经济复苏速度一直低于危机前3%~4%的增长水平,远差于1950~1960年和1995~2001年的两次复苏。2014年第一季度美国经济因极端恶劣天气影响,甚至出现了2.1%的负增长,随后在第二三季度分别实现了高速扩张,分别达到4.6%和5.0%。2015年第一季度,受严冬恶劣天气和美元升值等因素影响,美国经济增速再次放慢。2015年7月30日,美国商务部将第一季度GDP增长率向上修正,从-0.2%修正为0.6%,同时公布了第二季度GDP增长率初值为2.3%,表明2015年前6个月经济增速较为温和。国际货币基金组织、美联储相继将2015年经济增长预期从此前3.1%和2.3%~2.7%下调至2.5%和1.8%~2%。经济的大起大落在某种程度上表明美国经济存在一定的脆弱性,也让美联储在危机后何时进行首次加息上犹豫不决,可供选择的加息时点一再推迟,从2015年3月,推迟到6月,又再次推迟到9月,并同时采取一些做法更加隐蔽、对投资者刺激较小的手段从市场回收流动性,如固定利率隔夜逆回购协议(ON RRP)、提高超额存款准备金率(IOER)等。

其次，货币政策宽松，但通货膨胀（以下简称通胀）并未突起。

为应对危机，美联储相继推出三轮大规模量化宽松，资产负债表膨胀至4.45万亿美元，在2014年年中油价大幅下跌之前，美国国内物价水平一直在2%的警戒线以下徘徊，外界一度担心美国会出现通缩风险。国际油价下跌进一步削弱美国国内通胀动力。美联储非常看重的通胀指标"核心物价指数"在2015年4月仅同比增长0.1%，创2009年10月以来最低值。从2015年6月26日美联储意外泄露的涉密文件中可以看出，美联储内部研究人员认为美将持续面临紧缩压力，通胀率在2020年底之前都将低于美联储设定的2%的目标。2015年7月15日，美联储发布的《经济褐皮书》称，通货膨胀的迹象依然微弱，只有少量的工资上涨压力。美联储用来测定投资者对2020~2025年通货膨胀率预期的长期通胀指标"5年期盈亏平衡利率"2015年已降至1.51%，甚至可能面临通缩风险。在经济止跌回升、流动性闸门大开、货币政策极为宽松的环境下，通胀仍不温不火，这在美国经济史上并不多见。

再次，失业率下降，但劳动参与率亦疲弱。

经济增长通常会创造新就业岗位，提高劳动者就业积极性。目前，美国国内失业率已从2009年10月的10%高点降至2017年10月的4.1%，为10年来的低点。美联储此前预计，到2017年底才又能将失业率最多降至4.9%。

但在失业率不断下降的同时，劳动力市场结构性失衡问题也不断暴露。一是长期失业问题严重。目前约有660万美国人从事的是兼职工作，因为其无法获得全职工作。美国失业总人口2015年2月降至869.8万人，但其中失业时间超过半年的长期失业者高达270.9万人，占总失业人数的31.1%。衡量在职和求职人口总数占劳动年龄人口的劳动参与率在2017年4月仅为62.8%，为30多年来的低点，这说明目前仍有相当多有劳动能力的劳动者不愿申请工作，主动退出劳动力市场。这也是美联储主席耶伦一再强调美国劳动力市场存在较大闲置度的原因，其令美联储在加息问题上顾虑重重。二是就业机会分配不平等。美国"移民研究中心"（Centre for Immigration Studies）的研究显示，在过去的15年中，美国国内就业增加的岗位主要被移民和非法劳工获得，在美国本土出生的美国人并未从就业机会增加中获得好处。三是劳动者生活状况未能从就业机会增加中受益。美国皮尤研究中心的民调称，由于物价上涨等因素，近2500万中产阶级沦为"月光族"（每月薪资全部用光，无储蓄），美国中产阶级状况堪忧。四是低薪工作增加可能成为"新常态"。美国劳工问题智库及维权组织"全国就业法协会"（National Employment Law Project）的报告指出，劳动者生活状况未能与就业同步增加的主要原因是，目前创造的工作大多数是低薪工作，经济衰退期间损失的低薪工作占22%，但后来增加的低薪工作却占44%；高薪工作在经济衰退期损失41%，但在增加的工作中只占30%。

最后，社会总财富增长，但贫富差距加速拉大。

美联储2015年3月12日公布的统计数据显示，2014年美国家庭和非营利机构的总资产已达到149.6万亿美元，净资产为8.29万亿美元，创历史新高。但美国人口统计局2014年9月公布的数据显示，2013年美国家庭收入中位数为5.19万美元，比2009年奥巴马上任时的5.4万美元下降了约4%。美国皮尤研究中心的民调显示，2013年美国高收入家庭财富中位数为63.9万美元，是中等收入家庭（9.65万美元）的6.6倍，是低收入家庭（9300美元）的近70倍，差距达美国人口统计局1967年开始监测以来的最大值，美国因此成为发达国家中最不平等的国家。在1971~2013年间，中产阶级家庭的比重从61%降至44%，在总收入中所占的份额从1970年的62%降至2010年的45%。此外，2014年仅有44%的美国民众认为自己属于中产阶级，低于2008年调查时的53%。奥巴马总统曾坦言，美国最富有的10%的人口不再是拿走全部收入的1/3，而是拿走了一半。过去，首席执行官的平均薪资水平大约是普通工人的20~30倍，如今已高达273倍。美国华盛顿大学圣路易分校贫困问题专家马克·兰克（Mark Rank）和美国康奈尔大学社会学教授托马斯·赫希尔（Thomas Hirschl）在其共同撰写的新书《追寻美国梦：了解自己的命运》（牛津大学出版社2014年出版）中指出，目前美国收入不平等问题已达到过去40年中最高水平，并预测，未来美国将有24.9%的人口会面临5年以上的贫困期，11.4%的人口可能经历超过5年的极度贫困期。特别是年轻人、非白种人、女性、单身者、受教育年限不足12年的人等，更容易出现上述情况。

美国经济正处于两期叠加阶段

造成美国经济进入"新常态"，亦即在复苏和增长阶段同时存在上述四大特征的根本原因，是目前美国经济处于"结构转型期"与"技术创新积聚期"两期叠加的新阶段。

推动经济结构转型调整有助于夯实美国经济的实体基础，但短期内也会带来阵痛，加剧结构性失业，挫伤劳动者就业积极性。此轮美国经济复苏和增长的一个重大背景，或者说奥巴马政府应对危机政策的最大潜台词，是美国政府再次重拾国家干预政策，大力推动经济"去杠杆化"，着力发展制造业等实体经济。奥巴马政府通过加强金融监管、支持新能源开发、救助受困企业、出资建立创新中心、鼓励海外制造企业回流美国等方式，推动经济结构调整。人工智能、新能源汽车、移动互联技术、生物制药等高端制造业在政府扶持下迅猛发展。加利福尼亚、马萨诸塞、芝加哥等地正逐渐成为先进制造业中心。转型是一个较为漫长的过程，技术创新的潜在生产能力发挥还需时间，经济结构转型对经济增长的推动作用是"涓滴式"的，但其对失业，尤其是结构性失业的影响却是直接和显性的。一方面，危机造成的较长时间失业，已对失业者造成了永久性的损害，很多就业岗位空缺，却苦于招不到合适人选。美联储高度关注的"非加速通胀失业率"（NAIRU）指标大致相当于自然失业率，目前已超过5%，2025年第四季度仍将高达5.16%。美国劳工部2015年6月9日公布的数据显示，美国4月职位空缺数和劳工流动调查报告（JOLTS）公布的职位空缺从3月的499.4万个增加至537.6万个，远超预期的504.4万个。另一方面，由于工作技术不匹配，大量失业工人选择放弃就业，甚至完全退出就业市场，造成了大量失业及隐性失业，这也是为何出现失业率与劳动参与率同步下降的根本原因所在。

美国已在部分技术领域积聚起较大技术优势，处于蓄势待发阶段。美国正在酝酿新一轮的科技革命。2015年2月3日，美国布鲁金斯学会发布报告《美国先进产业手册》，称美国已在部分技术领域积聚起较大技术优势，处于爆发新科技革命的前夜。布鲁金斯学会将"先进产业"定义为：人均研发投入超过450美元，员工具备的科学、数学、工程技术和专业水平超过平均人群，并认为目前美国在航天产品、导航和测控设备、能源开发、电力传送设备制造、通讯、数据处理等50个领域已具备相当优势，开始对美国经济形成拉动力。2013年，上述50项先进产业共创造1230万个工作岗位，占到美国总就业的9%，带动相关就业1430万个就业岗位；雇佣全美80%的工程师；每年创造2.7万亿美元产值，占美国GDP的17%，远超医疗、金融和房地产同期在美国经济中所占比重；每年出口高达1.1万亿美元的商品和服务，占美国每年出口总额的60%；在研发方面的投入占私营部门总投入的90%，每年获批的专利占新批准专利总数的85%；从业员工人均薪酬总额在2013年达到了9万美元，是其他产业雇员平均薪酬的两倍。环顾世界，美国同时具备拥有尖端技术、市场需求、人才和企业家精神等重要条件，是最有可能爆发所谓第三次工业革命的国家。

在技术创新积聚期，极少数技术创新的引领者和附着在技术创新之上的金融资本家攫取了大部分创新和增长红利，令社会分化进一步加剧。英国《经济学人》杂志称，以"数字化生产"、新材料、新处理程式、智能件和网络等为特征的"第三次工业革命"正在美国发轫，将极大改变传统制造业的面貌和生产方式。虽然技术进步最终能惠及普通民众，但在技术不断升级、跃进的阶段，极少数技术创新的引领者和附着在技术创新之上的金融资本家获利更大。目前，美国大部分中产阶级家庭60%的财富是以自有房产形式存在，企业股权、金融证券等投资仅占家庭财富的12%，而家庭财富排在前1%的最富有阶层47%的财富来自企业股权收益和其他房产投资，27%的财富来自股票、信托、共同基金等金融资产，自有住房仅占9%。2010~2013年，美国股价平均上涨39%，令金融资产占家庭财富主体的富裕阶层受益颇丰，而同期房价平均仅上涨8%，大部分中产阶级家庭资产未有明显改观。奥巴马总统曾坦言，美国最富有的10%的人口不再是拿走全部收入的1/3，而是拿走了一半。过去，首席执行官的平均薪资水平大约是普通工人的20~30倍，如今已高达273倍。经济学家们也一直因美国中产阶级工资停滞不前、富人财富暴涨的问题进行激烈讨论。他们普遍担忧，消费能力差距使得美国低产及中产阶级无力提高其生活水平，而股市中80%的财富由占美国人口10%的富人掌控。要想扭转目前美国社会出现的社会贫富差距拉大问题，打通美国民众从底层走向顶层的通道，增强社会流动性，需要对美国的分配、福利、移民、医疗等制度进行重大改革。美国《赫芬顿邮报》在一篇评论文章指出，"美国社会不公平现象并非自然产生，美国政府需通过一系列政策举措，改变将资源更多地分配给经济精英或富裕阶层的状况。"奥巴马总统在2015年1月20日的国情咨文中坦言，美国已"彻底走出经济危机阴影"，现在到了采取更多政策帮助中产阶级家庭的时候，誓言要重建中产阶级，扭转经济上两极分化的趋势。2015年2月2日，奥巴马向国会提交总额约4万亿美元的

2016 财年预算案也体现了"中产阶级经济学"的执政思路。但在当前民主共和两党党争激烈、府院恩怨难绝的政治背景下,对于当前只剩下不足 2 年任期且跛脚严重的奥巴马总统来说,成功推动任何实质性社会改革的可能性微乎其微,更何况社会分配领域的改革往往涉及制度层面的调整,改革的阻力相当大。

多重因素削弱通胀上涨动力。页岩油气的大规模开采、大量失业及隐性失业人口压低工人工资、技术进步和数字化生产压低了生产成本。美国政府一直未放开能源出口限制,美国本土源源不断生产出来的油气资源在美国积聚,压低了国内能源价格。2015 年以来,美油价格与布伦特原油价格的差值已收窄至 3.18 美元。美国国内天然气价格从 2005 年的 9 美元/百万英制热量单位降至 2012 年的 2 美元/百万英制热量单位,这一价格仅相当于英国的 1/3 和亚洲平均水平的 1/5。天然气价格下降带动了发电成本的下降,预计 2035 年美国平均电价将比现在低 10%。美联储在 2014 年的一项评估中测算,页岩气革命将拉大美欧天然气价差,自 2006 年以来,这种价格差异使得美国制造商的产出扩大 3%,投资增长 10%,就业增加 2%,具体的能源行业影响更大。廉价气使美国尿素生产的毛利率达 40% 左右,盈利水平超过了中东的初级能源加工业,而同期欧洲、亚洲的大宗基础化学品几乎全行业亏损。能源供给的充裕大幅降低了国内能源成本,降低了制造业等实体经济成本。根据美国劳工部 2013 年 8 月发布的《制造业成本比较》报告,2012 年美国制造业每小时为工人支付的成本总额为 35.67 美元,低于德国、加拿大和法国。在 2000~2012 年的 12 年间,美国制造业每小时为工人支付的成本总额增幅为 43%,远低于巴西(158%)、韩国(115%)、意大利(105%)和加拿大(100%)。美国波士顿咨询集团研究报告称,美国在劳动生产率、供应链、后勤保障方面存在优势,加上其他有利因素,到 2015 年许多产品在美国生产会比在中国生产成本更低;2020 年前,美国从中国进口产品中的 10%~30% 将由美国生产。未来,随着美联储持续收紧银根,压缩资产负债表和持续加息,以及国际油价长期保持低位,美国国内通胀更难有上升动力。对油价未来走势,国际能源机构(IEA)、美孚、英国石油等大型石油公司以及华尔街投资机构及沙特等石油主产国普遍认为,由于生产惯性,美国油气产量将在 2014~2015 年达到峰值,油价出现"V"形大幅反弹的可能性较小,短期油价回升到 2014 年早期的 100 美元/桶水平是"不可能完成的任务",未来 2~3 年国际油价可能保持在50~70美元水平。美联储用来测定投资者对2020~2025年通货膨胀率预期的长期通胀指标"5年期盈亏平衡利率"在2015年3月31日已降至1.51%,甚至可能面临通缩风险。

"新常态"受多个变量影响

历史经验表明,劳动生产率跃升和经济周期变化背后的最根本动力是技术进步。未来打破美国经济"新常态"的最大不确定因素在于美国是否会出现重大的科技革命。美国著名经济学家、时任白宫顾问委员会主席的福尔曼(Jason Furman)2015年3月30日在哈佛大学肯尼迪政府学院的演讲中称对美国经济未来保持谨慎乐观,谨慎的主要原因是技术创新的不确定性。

在奥巴马政府的制造业振兴战略扶持下,部分制鞋、包装等低端制造企业复活,但其生命力和活力有限,不可能对经济提供长期的支撑力。美国经济从"新常态"跃进到更高一级的发展状态的关键推动力是美国成为新一轮科技革命的引领者。2014年,为抢占智能制造这一未来产业的竞争制高点,美国提出了"工业互联网"战略,即美国版的"工业4.0"。美国通用电气公司发布的《工业互联网研究报告》称,美国"工业互联网"战略的成功实施将为美创造15万亿美元的产值,相当于再造一个美国。但科技创新和进步迄今仍未引发新一轮科技革命,主要是因为以下几个方面还未给科技革命集聚起足够的能量。未来,美国能否引领新一轮科技革命,关键在于以下三个方面:

科技创新和研发能否继续获得政策和资金支持?奥巴马政府高度重视推动科技创新,出台了一系列政策鼓励创新。2011年2月,奥巴马政府发布《美国创新战略:推动可持续增长和高质量就业》,提出四大政府倡议,把发展先进制造业、生物技术、清洁能源等作为国家优先突破的领域。6月,奥巴马推出"高端制造合作伙伴"计划,重点关注关系国家安全的关键制造产业、新一代机器人、创新型的节能制造工艺及先进材料等领域的发展。奥巴马在2012年的《国情咨文》中提出,要通过税收优惠"夺回制造业",并为高科技制造商加倍减税。在2013年的《国情咨文》中宣布,政府将新建3个制造业创新中心,同时,他呼吁国会迅速行动,在全国创设15个制造业创新中心,确保由美国来孕育下一场制造业革命。在2014年的《国情咨文》中,奥巴马提出将再增设6个高科技制造业中心,强调要借发展先进制造业来增强美国的竞争优势。2013年4月,奥巴马政府公布《2014财年预算案》,称将投入29亿美元用于先进制造研发,支持创新制造工艺,先进工业材料和机器人技术,将美国打造成制造业"磁石"。2014年3月出台的《2015财年预算案》,鼓励中小企业创新,发展制造业和清洁能源,提出未来10年将建立45家先进的制造业中心。美联储的多轮量宽政策营造了低利率的融资环境。路易斯联邦储备银行估计,得益于量宽政策,美国企业2011年支付的利息较2007年减少1.5万亿美元。然而,随着赤字财政的收缩和量宽政策的逐步退出,2016年美国政府面临换届选举,奥巴马政府推行的国家强干预能否在2016年大选之后继续存有一定变数。国内政治左右"极化"的趋势并无好转,两党相互攻讦、相互掣肘、相互否决,严重制约了经济革新与社会进步。如果奥巴马总统8年任期结束后共和党上台,新一届美国政府调整国家强干预政策,有可能回摆到自由放任的经济政策(共和党政策的核心理念),美国经济结构的调整和科技创新急需的政府人力、物力和财力投入可能会因此减弱。

  能否为科技创新拓展更加广阔的国际国内市场?需求是创新的重要拉动力。金融危机对美国国内的消费和投资需求造成较大冲击。随着美国经济形势的好转,失业率的下降,股市和楼市的再度繁荣,消费信心和实际支出开始恢复。奥巴马政府意识到与激活国内需求同样重要的是拓展外部需求。因此,奥巴马政府明显加快了推进"跨太平洋伙伴关系协定"(TPP)、"跨大西洋贸易与投资伙伴协定"(TTIP)、美国2012版双边投资协定(BIT)范本、新的服务贸易协定(TISA)等新贸易规则的谈判,其根本目的是按照美国的价值观和理念构建符合美国发展利益的规则体系,让美国在全球产业价值链中继续处于有利位置,继续维持全球和地区规则的主导权和话语权。但从谈判进程的艰难和反复过程看,其他谈判国对美国的谈判要求还是抱有较大疑虑的,担忧国内产业和对外贸易会受到冲击,担心国内产业升级和技术创新在缺乏政府保护的情况下陷入发展陷阱。美国重塑国际经贸版图的努力可能会遭到新兴经济体的抵制和反对。金融危机爆发后,为保护本国制造业,美国出台了一些保护举措,如美国《复兴与再投资法》规定,由该法案出资的公共建筑和公共工程中要使用美国生产的钢材、铁和制成品,政府部门必须采购美国生产的纺织品和服装等,这些引起了中国等主要贸易伙伴国的广泛批评。

能否继续"心无旁骛"地发展国内经济？金融危机以来，美国经济之所以能较快恢复，与全面收缩对外战略，集中力量振兴国内经济有关。奥巴马政府上台后，抛弃小布什的新保守主义，推崇"巧实力"外交，改战略扩张为战略收缩，鼓励盟邦承担更多的国际责任，大力推动价值观外交。这虽然是金融危机发生后面对美国内外困境的无奈之举，但客观上确实有利于美国政府将政策重心聚焦于国内，推动国内经济结构调整。但随着美国经济形势的好转和不断整固，美国的战略自信心再次膨胀，美国战略界已开始喊出"美国又回来了"的口号，呼吁美国更加积极地参与全球事务。美国战略与国际问题研究中心在其发布的研究报告中称，美国经济复苏后，需在亚洲发挥更大的经济和政治领导作用，制定新时期的欧亚大战略，为制衡中国在外交上咄咄逼人的态势扮演好"离岸平衡手"角色。但再度加大对日益复杂的国际事务的干涉力度，势必会分散美国政府解决国内经济难题和推动创新的精力，在客观上延长"结构转型期"与"技术创新积聚期"持续的时间。这也是为何《华尔街日报》和美国全国广播公司2014年共同进行的一项民调结果显示的：近半数受访美国民众希望美国将政策聚焦于国内问题，推动经济结构调整，降低其在国际舞台上的活跃度的主要原因。受访者中呼吁美国降低在国际事务中活跃度的占47%，明显高于2001年、1997年和1995年同类民调结果。

警惕美国经济"新常态"带来的全球风险

美国经济"新常态"的主要特征是"温和增长、低通胀、低劳动参与率、社会分化拉大"。这种"新常态"保证了世界经济前进的发动机不会熄火，给世界带来了发展的机遇，但在世界经济增长疲弱的大背景下，这种"新常态"也带来诸多风险。这些风险主要由"新常态"的两大特征导致，一是美国经济的温和增长，二是美国经济在增长中出现的低通胀、低劳动参与率和社会分化拉大问题。

美国经济温和增长的本质是美国经济正处于向形态更高级、分工更复杂、结构更合理的结构升级阶段，这与世界经济陷入"平庸增长"，新兴经济体增速大幅放缓，形成鲜明对比。

在2001~2010年的十年间，世界经济格局的一个重大变化是出现了"双循环"的经济结构。一个循环是新兴经济体与美欧发达国家的传统经济循环，另一个循环是新兴经济体与亚非拉国家通过贸易、投资、产业转移形成的新经济循环。中国处于这两大循环"铰链处"。WTO的加入使中国从这两大"双循环"同时运转中获益，中国可同时利用发达国家和发展中国家两个市场。但美国经济"新常态"可能令上述"双循环"形成速度放慢，甚至致其停滞，本可在新循环中进行的贸易和投资转而流向传统循环，美国成为吸引国际资本和贸易的"黑洞"。目前上述负面影响已经显现。

首先，美国经济温和增长的背后是美国对内加紧振兴实体经济，对外调整经济战略布局，这使得美国经济增长红利越来越多地被固化在国内，美国经济增长产生的外溢效应明显减弱，表现出明显的"自私性"。美国商务部经济分析局2015年9月3日公布的数据显示，美国经济自2009年第二季度复苏以来，其对外货物贸易账户逆差和服务贸易账户逆差基本保持稳定。2015年第二季度美国经济增幅高达3.7%，上述账户的逆差状况也未见明显变化。这与以往美国经济复苏后，通过货物和服务贸易逆差来拉动世界经济明显不同。不仅如此，美国还加大了对外出口。以美国对外货物贸易进出口为例，出口总额由2009年4月的825.8亿美元，增加到2015年7月的1281.6亿美元，增幅为55.1%，同期，货物进口贸易总额由1541亿美元增加到1896.1亿美元，增幅为23%。美国出口表现明显好于进口。美国对外出口增速亦高于同期世界总体水平。按照国际货币基金组织最新发布的世界经济展望报告公布的数据显示，2009~2014年世界货物贸易出口增幅为20%。

其次，美国经济的温和增长与世界经济的疲弱形成的"落差"令美国经济对世界经济产生强大的"虹吸效应"，吸引国际资本向美国聚集，美元资产再度受到追捧。美国财政部2015年7月公布的数据显示，2014年6月至2015年5月国际资本净流入美国565亿美元。国际货币基金组织（IMF）2015年9月发布的"官方外汇储备货币构成（COFER）"数据显示，全球央行正在增持美元，2014年第四季度美元在全球货币储备的占比增至62.88%，2015年进一步增加至64.12%，2014年第四季度欧元比重缩至22.2%，2015年第一季度又进一步降至20.72%。在资本向美国集中的同时，新兴经济体却在经历近6年最大资本外流。2014年第三四两个季度，从最大的15个新兴经济体流出的资本总量高达3924亿美元，2015年第一季度，新兴经济体资本外逃有加速态势，预计将达到2500亿美元，此前三个季度外资共流出6424亿美元，超过 2008~2009 年金融危机最严重的三个季度，当时新兴市场共流出 5459 亿美元。摩根大通 2015 年 7 月发布报告称，过去 5 个季度，中国资本外流达到 5200 亿美元，抹去了 2011 年以来吸收的全部外来资本；仅 2015 年第二季度，投资者就从中国撤出 1420 亿美元。资本的持续外流令部分新兴市场货币加速贬值，2015 年 6~7 月，巴西货币雷亚尔对美元累计贬值超过 34%。从 2014 年 7 月 15 日至 2015 年 7 月 15 日的一年时间内土耳其里拉兑美元汇率从 2.12:1 贬值到 2.64:1，贬值幅度达到 24.5%。

再次，美国经济温和增长决定了美联储的升息之路必然是小幅渐进的，美元将经历一段较长时间的升值之路。渣打银行研究报告称，美元一轮长期升势通常会持续 5~7 年，升幅在 40%~70%。发展中国家因此将面临较长时间的资本流出的压力。从历史上看，每次美元大牛市都伴随着一些地区的衰落。1978~1985 年期间拉美步入衰落，1992~2001 年间亚洲的黄金岁月终结。美元升值将加重发展中国家的债务负担，资本外流引发流动性危机。

最后，美国经济温和增长有助于美国战略自信心的恢复。经济增长虽然温和，但总体还是向好，持续增长将是未来一段时间的主基调，这为美国重拾对外干涉主义提供了经济基础。现在我们也的确听到美国战略界越来越多地喊出"美国又回来了"的口号，呼吁美国更加积极地参与全球事务。当美国更多地插手或参与国际和地区性事务后，地缘博弈和政治风险势必会再次上升，全球经济增长环境将面临更加复杂的政治环境。

美国经济"新常态"可能引发的世界经济风险的其他"致病"因素还包括低通胀、低劳动参与率和社会分化拉大。世界其他国家往往将对美出口视为拉动本国经济的一大"马车"，但是美国低通胀环境将让这些国家从对美出口中获益减少。为提高对美出口收益，需要扩大出口规模，各国将因此展开激烈的市场竞争，产品价格在竞争中被竞相降价将是必然结果，各国对美贸易条件进一步恶化。美国目前国内出现的低劳动参与率和社会分化问题将使美国在开放国内市场、产业外包、就业岗位流失等问题上尤为敏感。奥巴马总统之所以会在推动 TPP 问题上遭到党内强烈抵制，一个很重要的原因就是很多民主党议员担心 TPP 达成后，会导致国内就业岗位流失。马萨诸塞州资深民主党参议员伊丽莎白·沃伦和另外几名民主党议员担心，TPP 将会减少美国国内就业岗位，并加剧收入不平等。美国已进入"大选季"，美国国内对上述问题敏感度的上升或逼迫美国政府对内外政策做出调整。

第九章　奥巴马的制造业振兴战略

次贷危机令美国深切感受到过度依赖虚拟经济的"切肤之痛",在危机中上台的奥巴马政府通过对"去工业化"的反思,更加关注制造业,并相继推出一系列做实实体经济的经济政策与举措,形成"制造业振兴战略"。

重振制造业成政策中心

奥巴马政府将重振制造业作为经济政策的主要着力点,并相继推出了一系列政策措施,主要内容有:

鼓励投资制造业,推动制造业回流。奥巴马政府一再强调制造业对美国的重要性,甚至将重振制造业、发展先进制造业提高到事关国家安全的战略高度。2009年4月,奥巴马在乔治敦大学演讲首次提出将重振制造业作为美国经济长远发展的重要战略。同年9月美国政府推出《美国创新战略:促进可持续增长和提供优良工作机会》,提出了美国发展创新型经济的完整框架。12月发布《重振美国制造业框架》,详细分析了美国重振制造业的理论基础、优势与挑战。为推动制造业回流,奥巴马在2010年1月的《国情咨文》中提出,工作岗位转移到美国以外地区的企业将被取消税收优惠，这些优惠将提供给为美国人创造就业岗位的公司。同年8月，美国出台《制造业促进法案》，降低部分进口商品关税，以减少需要进口零部件进行生产的企业的成本。2012年2月~2013年3月奥巴马政府再次推出企业税改革方案，重点对创造本国就业的美国本土制造商加大减税幅度，鼓励在美国本土的投资，同时相应减少甚至终止对海外投资企业的税收优惠。奥巴马还在第二任期之初召集了14家大型企业负责人，在白宫举行主题为"内包美国就业机会"的圆桌会议，敦促企业将更多海外岗位带回美国本土，推动经济增长和降低失业率。

加大对先进制造业的投入，推动制造业转型升级。奥巴马表示，不希望能够带来巨大就业机会的技术进步出自德国、中国或日本，而应该出自美国。2011年2月，奥巴马政府发布《美国创新战略：推动可持续增长和高质量就业》，提出四大政府倡议，把发展先进制造业、生物技术、清洁能源等作为国家优先突破的领域。6月，奥巴马推出"高端制造合作伙伴"计划，重点关注关系国家安全的关键制造产业、新一代机器人、创新型的节能制造工艺及先进材料等领域的发展。奥巴马在2012年的《国情咨文》中提出，要通过税收优惠"夺回制造业"，并为高科技制造商加倍减税；在2013年的《国情咨文》中宣布，政府将新建3个制造业创新中心，同时，他呼吁国会迅速行动，在全国创设15个制造业创新中心，确保由美国来孕育下一场制造业革命。在2014年的《国情咨文》中，奥巴马提出将再增设6个高科技制造业中心，强调要借发展先进制造业来增强美国的竞争优势。2013年4月，奥巴马政府公布《2014财年预算案》，称将投入29亿美元用于先进制造业研发，支持创新制造工艺、先进工业材料和机器人技术，将美国打造成制造业"磁石"。2014年3月出台的《2015财年预算案》，鼓励中小企业创新，发展制造业和清洁能源，提出未来10年将建立45家先进的制造业中心。

促进出口，同时加大贸易保护力度。奥巴马认为，美国制造业的不断衰落是导致美国出现货物贸易逆差的重要原因，因此，要改变美国的贸易逆差国地位，就必须振兴制造业，扩大货物出口。2010年1月，奥巴马在《国情咨文》中提出5年内使美国的货物出口量翻一番的"出口倍增"计划。在贸易政策上，奥巴马政府一方面改革出口管制政策，积极为美国企业拓展海外市场；另一方面，推出一系列贸易保护政策以保护国内制造业。2010年8月，奥巴马宣布对出口管制政策进行改革，除一些美国"独有的，高度敏感的"

军用技术及其产品仍需重点保护外,许多原本在管制清单之列的军事技术和产品将被解除控制。比如,美军现役主战坦克M1A1的刹车板,就完全可以当成"民用产品"直接出口,不再需要事先申请许可证。2014年2月19日,奥巴马签署行政命令,提出一系列举措简化美国企业进出口流程,并要求2016年12月前建成国际贸易数据系统,以缩短美国企业出口的处理和审批时间。为给"美国制造"拓展更大的海外市场,2013年12月,美国在WTO第九次部长级会议上转变立场,支持并达成了WTO成立以来首份全球性贸易协定——"巴厘一揽子协定"(即多哈回合"早期收获"协议),打破了多哈回合谈判12年的僵局。美国还与韩国、哥伦比亚和巴拿马相继签署双边自由贸易协定,启动"跨太平洋伙伴关系协定"(TPP)和"跨大西洋贸易与投资伙伴协定"(TTIP)谈判。2012年2月,奥巴马政府成立"跨部门贸易执法中心",统筹协调美国贸易代表办公室与各联邦政府机构的贸易执法行动,加强对主要贸易伙伴(尤其是长期对美贸易顺差的中国)"针对美国的不公平贸易行为"的审查和监督。2012年3月13日,奥巴马签字批准《1930年关税法案》修订案,赋予美国贸易执法部门对来自非市场经济国家商品征收反倾销或反补贴关税的权力,并可追溯到2006年,追认此前调查的合法性。

加大对中小企业的扶植。奥巴马政府把中小企业作为制造业振兴的主要载体和中坚力量,专门划拨款项解决小企业贷款难问题,协助小企业渡过信贷紧缩难关;对"问题资产救助计划"进行修正,放宽施加给小企业贷款机构的薪资限制及其他限制。为便利小企业融资,奥巴马政府还要求小企业管理局加强对中小企业的服务职能,并敦促美国银行为那些有可能增加就业机会的小企业提供更多贷款。

加大基础设施投资。奥巴马政府加大了对高速铁路、道路桥梁、智能电网、清洁城市基础设施以及下一代航空管理系统的投资。2010年9月奥巴马公布了一项金额高达500亿美元的投资计划,用于道路、铁路和机场跑道的重修与维护。奥巴马还计划6年内(2011~2016年)共斥资300亿美元建立"国家基础设施银行",支持和保障基础设施建设,包括修建铁路、桥梁、航空、公共交通系统,投资建设清洁城市,构建高铁网络,发展新一代航空管理系统(将现有的基于地面的雷达监测系统发展成为更精确的基于卫星的监测系统),研发下一代信息通信技术。

注重人才培养,加强职业培训。奥巴马政府每年在劳动力开发项目上投人数十亿美元,实施"科学、技术、工程和数学教育计划",加大对理工科人才的培养。通过"美国毕业计划"和"美国未来技能"计划,加强对社区大学的投入,推动社区大学和行业间建立合作伙伴关系,鼓励企业、基金与学校合作提高劳动者素质和技能,为美国发展先进制造业培养高素质的就业者。奥巴马在 2014 年《国情咨文》中提出,应当为未来的劳动力做准备,让每个孩子享有世界一流的教育,美国政府将在全国范围内与各州和各社会团体协力投资学前教育,力争上游,未来两年内争取让超过 1.5 万所学校和 2000 多万学生用上宽带。

振兴战略取得实效

对于美国制造业振兴战略成效的评估,基于不同的经济指标,会得出不同的结论。这里不对美国政府官方公布的数据的真实性提出质疑,默认数据真实可信,按照主流的评价标准,笔者得出的研究结论是,奥巴马政府制造业振兴战略取得了成效(见表 9-1)。

表 9-1 美国制造业产值、占 GDP 比重、就业人数、占总就业人数比重

类别	1980 年	2000 年	2007 年	2008 年	2009 年	2010 年	2011 年	2012 年	2013 年
名义 GDP(10 亿美元)	2769	9899	14011	14369	14119	14958	15534	16245	16798
制造业产值(10 亿美元)	584	1543	1756	1788	1779	1836	1943	2128	2335
制造业产值占 GDP 比重(%)	21.1	15.6	12.5	12.4	11.9	12.2	12.4	13.1	13.9
总就业人数(万人)	9373	13179	14605	14536	13987	13906	13987	14247	14425
制造业就业人数(万人)	2029	1726	1388	1341	1188	1159	1180	1196	1226
制造业就业人数占总就业人数比重	21.6	13.1	9.5	9.3	8.5	8.3	8.4	8.4	8.5

资料来源:U. S. Department of Commerce(http://www.census.gov)、U. S. Department of Labor(http://www.bls.gov);United Nations Industrial Development Organization,Statistical Databases,http://www.unido.org/en/resources/statistics/statistical-databases.html(上网时间:2014 年 3 月 24 日)。

首先，制造业在美国经济中比重持续下降的颓势得到了逆转，对实体经济与虚拟经济、进口与出口、消费与投资这三大失衡关系起到了一定的纠偏作用。表现之一是制造业产值占GDP比重和贡献度上升。根据联合国工业发展组织的统计，美国制造业产值占GDP比重从20世纪50年代的近30%降至危机前的约12%，美国制造业增加值占世界制造业增加值的比重从2000年的26.72%降低到2007年的23.85%，而同期金融和房地产服务业（不含建筑业）占GDP的比重则由10%升至约22%，占美国企业利润总额的40%以上；制造业就业人数占美国总就业人数的比重从1980年的21.6%下降到2009年的8.5%。仅在过去13年间，美国国内制造业就减少了500万个就业岗位。美国制造业振兴战略推出后，上述趋势有所逆转。2013年制造业产值占GDP比重达13.9%，较2009年上升2个百分点。2012年和2013年美国GDP增幅分别为2.8%和1.9%，其中制造业的贡献分别为0.77%和0.84%，高于同期服务业对GDP的贡献。表现之二是带动就业增加。危机爆发前，美国制造业的工作岗位数量大约以每年4%的速度下降，随后该趋势得到逆转。据美国劳工部统计，2010年第一季度至2013年第二季度，制造业净增51万个就业岗位，超过"七国集团"其余6国制造业新增就业岗位之和。截至2013年底，制造业在美国国内创造的工作岗位较2010年增加67万个。从美国劳工部2014年1月公布的数据看，制造业领域的失业问题好于农业、建筑业、批发零售、交通运输等行业（见表9-2）。表现之三是促进出口增长明显。2013年美国制造业出口总额较2009年增加了49%。2009~2013年美国际收支状况因此改善，贸易逆差缩小（见表9-3）。此外，促进了部分海外制造业回流。通用电气、卡特彼勒、波音、苹果等公司已着手将部分生产线回迁美国。普华永道会计事务所最新预测称，随着美国汽车市场需求的持续攀升，德国车企2014~2015两年预计将在美国扩产，2014年德系车企在美的汽车整体产量将超过70万辆，同比上升12%，2015年增幅有望进一步达到30%。麻省理工学院对108家拥有跨国经营业务的美国制造企业调查后发现，约有14%的美国公司已经准备将生产工厂迁回美国，有1/3的企业正在积极考虑回迁问题。在华投资的美国企业也表现出明显的回美设厂意愿。美国波士顿咨询集团2013年9月发布的研究报告称，在对200多家在华美国企业的民调显示，愿意回流美国的企业比重已从2012年2月的37%升至54%。

表9-2　美国各行业失业率　　　　　　　　单位:%

行业类别	2017年4月	2014年1月	2013年1月
农业及相关产业	6.9	13.0	13.1
建筑业	4.7	12.3	16.1
批发零售	3.8	7.8	8.2
交通运输和公共事业	3.5	6.8	7.7
信息服务	4.1	6.6	8.2
采掘业	4.1	6.5	9.6
制造业	3.9	5.6	7.9
自由职业	3.4	5.2	5.8
教育、医疗服务	2.6	4.1	5.4
金融业	2.3	3.8	5.5
政府部门	1.8	3.4	4.2

资料来源：U. S. Department of Labor, "Table A - 14. Unemployed Persons by Industry and Class of Worker, Not Seasonally Adjusted", March 7, 2014, http://www.bls.gov/news.release/empsit.t14.htm（上网时间：2017年5月12日）.

表9-3　2008~2016年美国货物及服务贸易差额　　　　　　　　单位：亿美元

年份	货物贸易差额	服务贸易差额	总差额
2008	-8301.09	1317.70	-6983.38
2009	-5059.10	1246.37	-3812.72
2010	-6458.57	1458.30	-5000.27
2011	-7441.39	1873.01	-5568.38
2012	-7414.75	2068.19	-5346.56
2013	-7031.59	2316.27	-4715.32
2014	-7521.69	2619.93	-4901.76
2015	-7625.65	2622.03	-5003.61
2016	-7499.26	2493.65	-5005.60

资料来源：U. S. Department of Commerce, "US International Trade in Goods and Services", Feb, 2014, http://www.bea.gov/newsreleases/international/trade/tradnewsrelease.htm（上网时间：2017年5月12日）.

其次，美国制造业加快转型升级，一批高端和新兴产业蓬勃发展。奥巴马制造业振兴战略的核心不是简单地回归传统制造业领域，而是致力于制造业里最高端、具最高附加值的领域，全力强化技术优势，重点制造别国无法制造的产品,尤其是大型、复杂、精密、高度系统整合的产品,与新兴工业化国家形成错位发展。目前,新型电动汽车、3D打印、生物制药等在美国发展迅猛,制造业转型升级态势明显。2014年2月20日,美国新型电动汽车制造商特斯拉发布的财报显示,其2013年第四季度营收为6.15亿美元,同比增长101%,同期净亏损1626万美元,较2013年同期亏损8993万美元大幅收窄,远超预期,推动该股在盘中升至创纪录的218美元,而该公司的股价在2013年已疯狂上涨三倍,2014年初至2月19日涨幅接近30%。加利福尼亚、马萨诸塞、芝加哥等地正逐渐发展成为将新的生产技术和制造业相结合的先进制造业中心。按经合组织分类标准,美国"高端和中高端制造业"与"中低端和低端制造业"增加值之比,从2009年的0.78升至2012年的2.4。

战略能否成功有待观察

制造业振兴战略是奥巴马出于应对危机冲击和走出经济衰退困境需要,而对美国经济发展模式作出的战略性调整。其短期目标是希望通过鼓励企业投资实体经济尤其是制造业,扩大出口,拉动就业;长期目标是推动传统制造业转型升级,促进经济结构调整,抢占未来国际经济与科技竞争的制高点,塑造"后危机时代"美国经济新的竞争优势。制造业振兴战略能否实现其长期战略目标,关键在于以下三个方面。第一,美国制造业能否在关键性的技术领域取得突破?一些低端制造业如制鞋、包装企业虽得益于政府的扶持而复活,但其生命力有限。全球产业按比较优势进行分工的趋势短期很难发生根本转变。2013年1月,德勤全球制造业小组和美国竞争力委员会共同发布的《2013年全球制造业竞争力指数》显示,中国、印度和巴西凭借低廉的劳动力和原材料成本以及日益完善的供应商网络,在全球38个主要国家和地区中仍然保持较强的竞争优势,有望凭借成本优势成为当前以及未来5年内制造业强国。因此,美国能否通过不断强化其技术创新优势,向高端制造业跃进,为传统产业附加更高的智慧因素,将是事关其制造业能否在国际竞争中保持领先地位的关键。事实上,从美国实施制造业振兴战略的动向和细节不难看出,其出台的一系列政策措施和法律法规都紧紧围绕着如何巩固和强化美国的技术创新优势这一核心,这也是美国在TPP和TTIP谈判中特别强调知识产权保护的原因所在。第二,美国能否为制造业拓展更大的出口市场?外部需求是美国制造业发展的重要拉力。虽然奥巴马总统2010年提出"国家出口战略指引",此后美国政府也出台了一系列政策全力确保这一政策目标的实现。然而,从政策推进情况看,美国彻底扭转经常账户收支失衡的状况仍然受一系列因素的制约。从贸易层面看,美国主导的新一轮多边贸易谈判,尤其是美国最为看重的 TPP 和 TTIP 谈判目前尚未如预期快速推进,而美国为保护本国制造业采取的一些保护举措,如美国《复兴与再投资法》规定,由该法案出资的公共建筑和公共工程中要使用美国生产的钢材、铁和制成品,政府部门必须采购美国生产的纺织品和服装等,则引起了中国等主要贸易伙伴国的反感和抵制。第三,政府能否在政策层面继续给予强力支持?美国的赤字财政为制造业提供了巨额税收优惠和政策性资金支持,多轮量化宽松(以下简称量宽)政策营造了低利率的融资环境。路易斯联邦储备银行估计,得益于量宽政策,美国企业2011年支付的利息较2007年减少1.5万亿美元。然而,随着赤字财政的收缩和量宽政策的逐步退出,特别是随着美元进入新一轮升值周期后,美国制造业能否不借外力自主复苏还有待观察。

目前来看,已出现诸多有利于制造业振兴战略继续推进的有利条件。美国制造业振兴有望持续较长时期,美国迎来"制造业春天"并非痴人说梦。

条件一:美国各界在振兴制造业问题上已形成广泛共识,认为重振制造业对美国至关重要,将对经济、科技、安全、人才、教育等多领域产生深刻影响。美国国会2013年6月的研究报告指出,目前美国制造业在美国经济和国防中发挥重要作用,制造业出口占到美国出口额的2/3;制造业直接创造的就业岗位达1200万个,同时还间接拉动了数百万人的其他就业(如银行、运输和保险);制造业资助了美国研发的2/3,是美国技术创新和维持技术领先的重要基石;此外,美国国防对制造业相当倚重,美军武器装备均有赖于制造业。美国"竞争力委员会"机构发布的评估报告称,在制造业投资的边际收益率为每增加1美元投入,可以产生1.4美元的回报,制造业对经济的拉动作用远大于建筑业、信息业等行业。美国大西洋理事会报告称,重振美国制造业就是增强美国的综合国力。经济学家、米尔肯研究中心高级研究员乔尔·克鲁兹曼认为,四大力量将带领美国重生,它们分别是:巨大的创造力,巨大的能源储备,资本储备以及制造业振兴。奥巴马在2014年的《国情咨文》中亦再次强调,要通过发展先进制造业来增强美国的竞争优势。继续推进制造业振兴战略将是奥巴马第二任期的重要政策目标。

条件二：债务上限谈判危机解除，美国财政状况明显改善，支持制造业发展的财力进一步增强。2014年2月12日，继众议院之后，参议院以55：43的投票结果，通过了无条件提高联邦政府债务上限的法案，政府举债授权被延长到2015年3月16日。美国财政部长雅各布·卢称，提高债务上限"为商业和金融市场带来了稳定，也为调高2014年美国经济增长预期提供了新理由"。白宫《2014年总统经济报告》称，联邦赤字占GDP的比重已从2010财年的9.8%降至2013财年的4.1%，2014财年将降至3.7%。奥巴马政府计划在2014~2016年三年内总计投入3.3亿美元，支持制造业创新中心建设。

条件三：危机期间受抑制的消费和投资需求重新释放，为美国制造业振兴提供内需动力。美联储2014年3月6日发布的最新《经济褐皮书》称，2014年1~2月严寒天气给经济带来不利影响，但在消费需求等积极因素的拉动下，制造业生产继续保持温和扩张。白宫《2014年总统经济报告》指出，2007年第四季度，美国家庭债务为其可支配收入的1.4倍，到2013年第四季度这一数字已降至1.1倍。家庭债务所需支付的最低还款额占可支配收入的比重从2007年第四季度的13%降到2013年第三季度的10%，为1980年以来最低水平。美国家庭债务情况的明显好转、失业率不断下滑、股价上涨以及房屋价值持续上升进一步缓和了人们的紧张情绪，消费者支出意愿增强。企业受需求不断增长的拉动，投资意愿也开始增强，加快投资速度并招聘更多员工。

条件四："页岩气革命"降低了美国制造业转型升级的能源成本，加上环保、运输成本的下降，以及海外生产成本的上升，增大了美国制造业继续振兴的成本优势。美国劳工部2013年8月发布的《制造业成本比较》报告称，2012年美国制造业每小时为工人支付的成本总额为35.67美元，低于德国、加拿大和法国。在2000年到2012年的12年间，美国制造业每小时为工人支付的成本总额增幅为43%，远低于巴西的158%，韩国的115%，意大利的105%，加拿大的100%。美国波士顿咨询集团研究报告称，美国在劳动生产率、供应链、后勤保障方面存在优势，加上其他有利因素，到2015年许多产品在美国生产会比在中国生产成本更低；2020年前，美国从中国进口产品中的10%至30%将由美国生产。

条件五：美国已在部分技术领域积聚起较大技术优势，处于蓄势待发阶段。基础研究领域的领先优势是创新领导力的一部分，更为重要的是将创新转化为经济增长驱动力的能力。基础创新出现后，将其转化为规模化产品，再用第二代、第三代的创新技术不断优化，这才是经济长期保持竞争力的核心动力。美国正是同时具备拥有尖端技术、市场需求、人才和企业家精神等重要条件的国家。国际货币基金组织报告称，高新技术产业的蓬勃发展和传统制造业基础创新是支撑美国经济复苏的核心力量。麦肯锡咨询公司报告称，虽然面临着历史性的挑战，但美国依然是创新的摇篮，一些主要的创新发明依然是"美国制造"。英国《经济学家》称，以"数字化生产"、新材料、新处理程式、智能件和网络等为特征的"第三次工业革命"正在美国发轫，一旦爆发将极大改变传统制造业的面貌和生产方式。

此外，外部环境亦趋于乐观。联合国、世界银行和国际货币基金组织发布的预测认为，世界经济发展中的有利因素多于不利因素，2014~2015经济增长动力将有所增强。一是经济增速将略高于上年。联合国《2014世界经济形势与展望》预计，随着欧元区结束长期衰退，美国经济持续复苏，中国等新兴大国开始企稳回升，预计世界经济增长率在2014年和2015年将分别达到3%和3.4%。世界银行预测2014年世界经济将增长3.2%，比2013年加快0.8个百分点。国际货币基金组织预测2014年世界经济将增长3.7%，比2013年加快0.7个百分点，2015年将升至3.9%。二是全球贸易增长将有所加快。联合国预计，2014年和2015年全球出口增长率预计将上升到4.6%和5.1%，明显高于2013年的2.3%。国际货币基金组织预测，2014年世界贸易量将增长4.5%，比2013年加快1.8个百分点；世界银行预测，2014年全球贸易量将增长4.6%，比2013年加快1.5个百分点。三是全球通货膨胀水平略有上升，但初级产品价格低位徘徊。联合国预计，全世界通货膨胀依然温和。世界银行预测，2014年国际市场石油价格将下降0.6%，非石油能源价格将下跌2.6%。国际货币基金组织预计，2014年发达经济体通胀水平将从2013年1.4%，上升至1.7%，新兴和发展中国家经济通胀水平将从2013年的6.1%降至5.6%。

美国制造业振兴战略的继续推进，同时耦合了页岩油气革命的方兴未艾、新技术突破不断涌现，美国经济或将迎来新一轮的扩张，并将提振因金融危机而有所削弱的美国实力地位。除此之外，其他一些战略意义也值得关注。一是制造业生产组织形态可能因此发生改变。全球制造业在美国制造业振兴战略带动下,将可能发生深刻变革,主要特征为:从大批量、少品种、规模化制造向小批量、多品种的个性化制造转变,从强调传统产业分工向产业链重新集中转变,从传统、常规技术向广泛使用以数控、低耗和洁净生产为重点的先进制造技术转变,新能源、生物医药等新兴制造业成长加快。二是制造业生产组织方式的变革对制造业提出了新的要求,促使工业发达国家将制造业置于更加重要的战略地位,重新布局产业链、控制产业分工高端环节,努力保持制造业的竞争力。现有的"东亚生产、美欧消费"格局可能将会因为"美国制造"的重新崛起而有所弱化。美国制造的产品和先进技术出口有望增加,发达国家尤其是美国的世界市场进一步扩展。国际资本为博得先进制造业发展红利,将更多地流向美国等西方发达国家。三是发展中国家面临再次被发达国家拉开差距的风险。发展中国家内部也将加速分化,注重自主创新和较好吸收发达国家先进技术的发展中国家将继续在这一轮制造业转型升级中保持较强的竞争力。

第十章　特朗普任内美国经济前景

2016年11月8日选举结果公布,甚嚣尘上的美国大选最终落下帷幕,美国社会进入大选后的反思、疗伤和展望时期。无论花落谁家,笔者熟悉的很多美国人都有一个共同的感慨——选举终于结束了。结果既已如此,必须接受,现在要做的是往前看。

"美国经济该如何走"自始至终是本届大选的核心议题,特朗普正是得益于在此问题上迎合底层选民诉求而问鼎白宫。对特朗普当选后美国经济的走势,笔者的看法是,未来四年美国经济的总体走势可能呈现先扬后抑的态势。

为何"先扬"?

之所以"先扬",是因为从竞选主张看,特朗普正式入主白宫后,可能会将美国带入一段通过财政刺激提振美国经济的时期。特朗普竞选官网在2016年11月11日公布了未来美国政府的初步政策框架,该框架提出,要在南部边境建造隔离墙,承诺大规模投资基础设施建设,通过减税和贸易保护来增加国内就业,废除《多德—弗兰克金融法案》,通过减税和改革贸易政策等手段重塑美国经济。

奥巴马政府曾于2009年2月推出总额为7870亿美元的经济刺激计划，这已是二战后美国政府推出的最大规模经济刺激计划。而特朗普主张的经济刺激计划比奥巴马的规模更大，在投资的对象和减税方向上也有所不同。竞选中，特朗普一再声称美国的基础设施落后，承诺将在未来十年推出大规模的基建项目，重修机场、隧道、桥梁、公路等，仅此一项，总金额就达到1万亿美元。虽然奥巴马一直计划加大对基础设施的投资，但是8年过去了，美国的基础设施建设依然远远落后。奥巴马的经济刺激计划主要是通过政府购买金融危机中濒临破产的大企业的股权，变相为私营企业注资。特朗普的经济计划更像以工代赈，通过政府主导的投资来直接拉动就业。但特朗普和奥巴马的经济刺激计划两者在税收杠杆运用方向上并不相同。特朗普主张对富人、企业进行大幅减税。特朗普在2016年9月纽约经济俱乐部演讲时提出，计划将公司税从33%降低到15%。按其计划估算，减税幅度总金额高达4.4万亿美元。奥巴马的经济刺激政策是对富人增税，在鼓励创新和发展制造业方面实施结构性优惠，总金额为2756亿美元，减税幅度远小于特朗普。

总体看，特朗普的经济刺激计划对经济的刺激更为直接，在短期内能对美国经济产生一些"立竿见影"的拉动作用。如通过加大基础设施投资，创造临时性就业。为企业减税，能够短期提振企业的投资意愿。废除《多德—弗兰克法案》将减轻金融业合规经营的约束，鼓励银行和金融公司增加放贷。在竞选中，特朗普曾表示，政府对房贷市场的严苛监管增加了住房的成本，其占到住房总成本的四分之一，他认为这一比例应减至2%。而特朗普所主张的对海外企业和产品征收更高关税，重新审核已经谈成的对外自由贸易谈判协定，实质上是在为外国产品和企业进入美国国内市场构建更高的进入壁垒，排挤外国产品和企业，为美国本土企业和"美国制造"产品腾出更多市场空间。

如何"后抑"？

但是上述政策带来的负面效应很快也将显现，长期看对美国经济的损害超过短期收益，随着问题的不断暴露，美国经济也将因此进入"后抑"阶段。

美国联邦政府财政状况将因特朗普的赤字财政而恶化。金融危机后，在国会的巨大压力下，美国政府被迫进行财政纪律整肃，着力控制财政赤字水平。2009~2015年，联邦财政赤字占GDP的比重逐年降低，从2009年的9.8%，降至2015年的2.5%。然而，随着财政赤字率逐年降低，美国的财政收入增速却在下降。GDP增长并未带来相同幅度的财政收入增长，个人所得税、社会保障和养老金账户和公司税三大重要政府收入没有和经济同步增长。根据美国政府预算办公室发布的统计数据，在克林顿政府时期，美国政府收入占GDP之比最高达到19.6%，此时美国财政处于盈余状态。但是，到了小布什、奥巴马时期，财政收入占GDP的比重却低至了14.5%。财政收入增速走低让人担心美国赤字率逐步降低是否可持续，此时如果特朗普的大幅减税计划得以实施，将彻底扭转美国财政逐步走好的趋势。

特朗普的经济政策将大幅推升美国联邦债务水平。美国国会预算办公室多次警告称，若国会不修改现行法律，日益攀升的联邦债务水平在长期看来无法持续。按照美国联邦预算委员会（Committee for a Responsible Federal Budget）估算，按照特朗普的减税计划，到2026年，美国联邦债务可能新增5万亿美元。由保罗·瑞恩领导的国会共和党右翼在控制债务比重问题上持保守立场。在之前的与奥巴马政府要求提高债务上限的谈判中，国会共和党一直都持坚定反对立场，甚至不惜以债务违约和政府停摆为代价。特朗普的财政扩张政策可能会令特朗普政府和国会共和党的分歧拉大。在2019年前，即使两者同属共和党，但是国会可能也会在特朗普的一系列政策主张上持不同立场，从而在一定程度上对特朗普的经济政策形成党内制约。

美元汇率将因特朗普的赤字财政加速升值，打击美国企业海外出口。根据诺贝尔经济学奖得主蒙代尔的蒙代尔—弗莱明国际宏观经济模型，对于美国这样的开放型、浮动汇率经济体，财政政策对经济的刺激效果长期是无效的，但却会推动汇率水平的上升。而美元汇率的增加，将令美国出口产品的价格上升，削弱国际竞争力。华尔街投行高盛（Goldman Sachs）的研究指出，美元升值10%可能拖累美国GDP增速0.6个百分点。随着美元升值，新兴市场国家需要更多的本币才能支付以美元计价的贷款。新兴市场企业借款人可能会出现挤兑风波。而如果大量企业突然从当地银行取出存款来偿还美元计价的债务，或使拥有新兴市场债券的投资者变得慌乱，抛售这些新兴市场的资产，那么挤兑风波可能会蔓延。此时，如果美国联储进行加息，或将进一步加速美元升值，新兴市场风险或将进一步上升。

美国经济的提振，严控移民、将更多工作机会留给美国人自己，提高最低工资标准，减税等政策举措令美国国内较低的物价水平面临上涨压力。2009~2015年，美国经济基本处于低通胀的状态，距离2%的政府调控目标距离较远，美联储长期将利率维持在低位亦没能拉高通胀。但用来衡量市场对于未来通胀预期的美国10年期盈亏平衡通胀率（美国国债的名义利率减去同期通胀保值债券）目前已升至1.825%。这在一定程度上表明投资者已开始着手为未来美国经济中出现的通胀做准备。为防控通胀，美联储势必会加快加息频率。

美国与外国在汇率、贸易保护等问题上的纷争会进一步加剧，美国对外经贸关系或将恶化。特朗普声称反对TPP，重谈"北美自贸协定"（NAFTA），宣布中国为汇率操纵国，向中国和墨西哥征收高达45%的关税。特朗普期望能封闭本国市场，同时让别国从开放市场中获得最大收益，但这只是一厢情愿的想法。如果其他国家也采取对等保护措施，特朗普的上述"进口替代"计划就会失败。目前美国相关出口行业支持的工作岗位数为1150万个，其中制造业占670万个，约占总数的一半，一旦出口受到冲击，这部分（通常是高附加值）工作岗位将会受到严重冲击。

最后还必须指出的是，特朗普的经济计划短期内能够实质性创造出就业岗位，如建筑岗位、物流配送岗位等，并不意味着劳动生产率的增加，有可能只是劳动密集型的项目短期内增加，项目结束或完工后，可能又会产生大批失业人口。由于特朗普的经济政策并未改革收入分配制度，其推行的对富人减税的政策以及放松对金融业监管的政策，将令富人和华尔街在分配中获得更大收益，因此，预计贫富差距拉大的问题在未来会更加严重。

综上所述，如果特朗普能将其竞选中承诺的经济政策付诸实施，短期内虽能创造一波经济繁荣，但是其可持续性令人质疑。如果期待特朗普政府兑现承诺，使美国经济更强大的同时，又避免相关政策的负面影响，可能真的需要极大的想象力。

特朗普能"让美国再次伟大"吗？

2016年美国总统大选中，特朗普"让美国再次伟大"竞选承诺让很多美国人热泪盈眶，他们心中昔日的豪情被重新点燃。

但特朗普入主白宫已超过二百天，人们等来的不是特朗普振兴美国的宏图大略，而是"通俄门"丑闻持续发酵，特朗普废除奥巴马医改法案努力的严重受挫，在种族问题上的不当言论，对移民和少数族裔的歧视性政策，不断爆出的令人触目惊心的白宫"宫斗"，特朗普竞选中承诺的优先施政目标如税制改革和万亿美元基础设施建设计划却一直未被严肃对待，仅公布寥寥数语的声明敷衍了事，特朗普被迫解散白宫两大顾问委员会"美国制造业委员会"和"战略与政策委员会"，与商界领袖关系急转直下。

跳出当前混乱的政策环境，未来无论特朗普究竟用何种"独门秘笈"来让美国再次伟大，都必须从根本上提升生产率。生产率是一个国家经济的长期根本动力，只有大幅提升美国国内生产率才可能真正兑现特朗普"让美国再次伟大"的竞选诺言。

目前，特朗普面临的困境是生产率增速的持续放缓和劳动力供给的不足。

根据美国劳工部的统计数据，1990~2000年十年间美国非农生产率的年均增速为2.2%，2000~2007年的年均增速为2.6%，但是2007~2016年年均增速已降至1.2%。制造业行业的生产率降速更为明显，从1990~2000年年均4%，2000~2007年年均4.7%，降至2007~2016年的年均1.6%。美联储主席耶伦（Janet Yellen）对此非常焦虑，称这样的劳动生产率增速"令人费解"，更"令人失望"，并多次呼吁，特朗普政府制定的经济政策都应该围绕提高生产率展开。因为如果生产率增速持续下滑，美国经济将不可能走出低增长区域，其他相关问题，如债务上升、生活水平下降、失业率高企、贫富差距分化等，也将无法得到有效缓解。

特朗普在2017年7月20日发表了执政半年的成绩单，其初衷是夸耀他兑现竞选承诺做所的努力。但从中我们却无法找到能够提升生产率直接而有效的政策举措。直接有利于提高生产率增长的税收改革和基础设施建设计划迟迟未能推出。在2018财政年度的拟议预算中，特朗普甚至要求削减政府对教育的投入，包括消除公共服务贷款宽免计划，缩减援助计划"为本科和研究生提供兼职工作"，幅度达13.5%，这是自1980年教育部成立以来最大降幅。不仅如此，特朗普的2018年预算中，要求大幅削减科学和医学研究，其中包括削减美国航空航天局预算5.61亿美元，减少地球探索任务数量，取消美国航空航天局的教育办公室。这更让人对特朗普能否兑现其竞选承诺表示怀疑。

特朗普把 2018 财年称为"美国伟大的新起点",但他却疲于应付国内政治乱局,有限的精力和时间被用于算计如何对外挥舞贸易大棒,挑战由其主导建立的国际经济秩序,"美国优先"变成了"美国至上",不择手段,这实际上是偏离了让美国再次伟大的正确路径。

第十一章　特朗普能源新政

2016年11月7日,《联合国气候变化框架公约》第22次缔约方大会在摩洛哥马拉喀什召开。次日,《巴黎气候协定》正式生效。本来此次大会可以作为协定生效后的庆功会,但特朗普赢得美国大选的消息传来后,大部分参会国代表心情却惴惴不安。参会的美国代表团,在得知特朗普击败希拉里后,立即单独召开闭门会议,商讨对策。其他与会国代表则纷纷期望奥巴马总统能抓紧离任前的最后时间落实有关协议。

奥巴马政府政令可能被废

各界之所以对特朗普当选反应紧张,主要原因是特朗普对气候变化问题所持的强烈反对立场。2016年10月底,特朗普在宾州葛底斯堡发表竞选演说时明确提出了自己首个百日施政纲领,其中不仅包括限制国会议员任期、禁止外国游说组织为美国总统选举政治捐款,还提出要取消对页岩气、石油及清洁煤炭的开放限制,推动拱心石管线(Keystone XL pipeline)的建设等。在之前竞选中,特朗普还多次扬言要退出《巴黎气候协定》,废除奥巴马总统的

《清洁电力计划》，减少对新能源的财政支持，提高煤炭消费比重等等。

在应对气候变化方面，在奥巴马政府的积极推动下，美国主要有两项成就，一项是推出了《清洁电力计划》，另一项是签署了《巴黎气候协定》。前一项属于美国国内环保措施，后一项是美国对世界在应对气候变化问题上作出的承诺。

《清洁电力计划》由奥巴马2015年8月提出，要求美国发电厂在2030年之前将碳排放目标在2005年基础上减少32%，但允许各州可自行设计更有利于本州发电厂进行排放交易的计划，允许发电厂使用州外减排指标或配额实现二氧化碳减排，而无需跨州协议。按照《清洁电力计划》，美国环境保护署负责监督该计划的落实，环境保护署将协助各州监控排放、配额和指标，为跨州排放交易提供帮助。

《巴黎气候协定》则是由190多个《联合国气候变化框架公约》缔约方经多年艰难谈判达成的。奥巴马政府在《巴黎气候协定》中承诺，到2025年美国的排放量将比2005年时减少26%到28%，并努力实现到2050年减排80%以上的目标。奥巴马政府在气候变化问题上立场积极，希望通过开发新能源，推动经济转型，创造新的岗位的同时，降低传统能源对环境的污染和破坏。

但由于在应对气候变化问题上看法不一，美国国内对奥巴马应对气候变化的政策存在相当大的分歧。《清洁电力计划》要求各州须于2016年9月前提交初步减排方案，但有不少州没有在截止日期前提交减排方案。对于一些设有煤炭发电厂的州，如果完全按照《清洁电力计划》来执行，则意味着需要关闭州内的燃煤电厂。这不仅会直接导致所在州的失业率上升，经济增长点丧失，还会提高电力价格，增加生产和生活成本，因此遭到这些州的抵制。据估算，如果实施《清洁电力计划》，到2030年电力价格将上涨2%至7%。特朗普认为美国环保署执法不当，扬言要撤销该部门。奥巴马总统正是因为看到了来自社会和国会的巨大阻力，为加快上述措施的实施，遂采用总统行政命令方式，绕开国会审批环节，签署实施。

退出，说易行难

特朗普扬言入主白宫后将废除上述两项措施。其可能性是存在的，但是究竟能走多远还需观察。

《清洁电力计划》是奥巴马使用总统行政命令方式推动实施的，其废除相对简单。特朗普也的确说到做到了。特朗普2017年3月28日签署《推动能源独立和经济增长的总统行政命令》，表明特朗普执政团队已将其能源和气候理念转化成了联邦政府的行动。一方面，大幅削减与气候政策和科研项目相关的预算（其中EPA的预算削减超过31%），甚至包括执行多年、口碑甚好的"能源之星"计划和先进能源研究计划（ARPA－E），并停止向绿色气候资金（GCF）提供资助；另一方面，要求直接撤销之前与气候变化相关的4项总统行政命令、立即对《清洁电力计划》相关条款进行审查、解散由白宫经济顾问委员会与管理预算办公室召集的温室气体社会成本机构间工作组（IWG）等。但特朗普要撤销环保署的主张没有兑现，因为美国环保署仅是奥巴马《清洁电力计划》的执行者，除了落实《清洁电力计划》外，还有很多其他职能如空气质量监测、水资源保护、环境污染事件紧急应对以及执法等职能，无论对哪届政府来说都是不可或缺的职能。

废除《巴黎气候协定》看似简单，但实际并不容易。首先，气候协定是一个国际协定，并非美国政府一家制定，从法律意义上讲，特朗普政府无法废除该协定，只能退出。但即便退出，也需经过一定的程序。按照《巴黎气候协定》规定，任何一国如想退出协定，必须在协定生效后三年才能退出，而且还必须有一年的公示期。现在回过头来看，更加觉得《巴黎气候协定》设计者的伟大，在设计之初就为退出者预设了障碍。《巴黎气候协定》达成后随即生效，同时附加较长的公示期和退出期就是为了防止有些国家朝令夕改而专门设计的。

为减少上述等待期，特朗普政府其实有两个正式解决途径，不过都不容易实现。一个是直接退出联合国气候变化协定框架。美国在老布什总统时期即正式加入该协定，该协定框架1992年也获得参议院批准。特朗普如果能获得参议院三分之二以上投票支持，便可以推翻该协定。目前共和党虽然占了参议院多数席位，但相关退出议案可能仍很难获得参议院批准。

另外一种途径是提出大力发展传统能源的新法案，依照国内法优先国际法的原则替换掉《巴黎气候协定》。其实民主和共和两党在一些环保问题上存在明确的共识，例如，最新的企业平均燃料经济标准、电器效率标准以及延长风能和太阳能税收抵免措施等。如果特朗普提出一些明显有悖共识的举措，可能得不到国会共和党的支持。对于两党未达成共识的问题，如果国会共和党能够同意特朗普的方案，可能会批准新法案，但该法案仍需要得到参议院批准。参议院的民主党可以发起冗长辩论（Filibuster）来阻挠新法案在参议院的通过。目前参议院两党席位分配是52∶48，共和党占52席，民主党占48席，要想终止冗长辩论，最少得有60票投票支持。从两党目前的席位分配上看，估计存在一定的难度。当然，特朗普政府还可以变相"废除"《巴黎气候协定》，即拒不落实、执行有关协定。这种做法其实对美国来说也不罕见。此前美国多届政府承诺的对发展中国家应对气候变化的资金援助很多都未最终落实。

不管特朗普采取上述哪种消极方式，都将会对美国应对气候变化的国际领导力造成严重冲击。

能源新政内在缺陷

特朗普在气候变化问题上之所以持消极立场，其背后的经济逻辑是，特朗普希望为美国经济摘掉气候变化的包袱，让美国经济能依托传统能源和新能源两条腿。但是现在已到了必须严肃、认真对待气候变化问题的时候了，气候变化不是伪命题，更不是"谎言"。美国国务卿克里2016年4月在代表奥巴马总统签署《巴黎气候协定》时，说了一段非常发人深省的话，他说："我今天是带着自己孙女来签字。我关心未来，她的未来，关心她的孩子今后继承的环境。我们必须继续这场斗争，并赢得这场斗争。"

特朗普自己的"美国优先能源计划"核心内容主要有两项：一是加大对传统能源的开发。在这一政策下，被奥巴马否决的拱心石管线计划可能再次被提上日程。二是特朗普提出要继续推动水力压裂技术，希望能借此来提高石油天然气的开采效率，减少对环境的污染。特朗普提出要复活煤炭行业，但可行性较低。因为煤炭行业及其带动的就业已经由于技术变革发生了较大变化。此外，目前页岩气、页岩油产量在美国国内市场不断积聚，已令天然气价格降至较低水平。煤炭价格的竞争力有限。特朗普希望能继续推动水力压裂技术的想法也不现实。因为水力压裂技术对于开采页岩油气资源最为有效，其应用于传统煤炭资源开采的效率如何目前还不清楚，此外如果水力压裂技术继续保存，这只会令页岩油气产量继续上升，令页岩油气价格更加便宜，增大煤炭行业复活难度。上述情况也透露出，特朗普的能源新政内部存在相互踩脚之处。

此外，特朗普自己的能源政策在实施过程中会遇到和奥巴马等前任同样的问题，即州和地方可能会对联邦制定的相关法案进行抵制。例如，对于奥巴马的《清洁电力计划》，包括西弗吉尼亚州在内的20多个州就向华盛顿巡回上诉法院起诉环保署，要求推翻《清洁电力计划》，其中印第安纳州州长、即将就任副总统的彭斯曾明确对外宣称印第安纳州不会遵守《清洁电力计划》，原因是他认为该计划会提高电力成本，阻碍经济增长。

第十二章 特朗普的万亿美元基建计划可行么？

外界对特朗普的基建主张都抱着看热闹的心态看待特朗普的万亿美元基建计划，认为其无法做到。那么其究竟真的只是一个口号吗？

美国基础设施亟待升级

2017 年 3 月 1 日，美国总统特朗普首次向国会全体发表重要的政策演讲，表示"将大举投资基建"，要求美国国会批准 1 万亿美元的基建投资计划。特朗普在讲话中批评了奥巴马政府将数以万亿美元投放于海外，却忽视了美国内部的需要，再度重申会以美国人为优先，重建"支离破碎的基础设施"。这不是特朗普第一次提出基建计划，早在竞选时期他就表示，将在未来 10 年投资万亿美元搞基建，要让美国的基础设施"强过任何国家"。在 2017 年 1 月的就职典礼演说中，特朗普再次重申这一计划。

美国共和民主两党在移民、控枪、税收制度改革等诸多方面存在分歧，在奥巴马医保存废等问题上甚至到了水火不容的地步，但在升级改造国内基础设施这一问题上却是达成了罕见的共识。用特朗普的话说，美国是世界一流的国家，但基础设施却是三流，基础设施升级改造符合美国各方的利益诉求。2016年11月9日，特朗普赢得大选后的第二天，国会民主党领导人南希·佩洛西就宣布，她和其他民主党国会议员愿意与特朗普及共和党一起推出重修基础设施和交通的一揽子项目。

美国在基建上的投入占 GDP 的比例，在世界上排名第9名，美国的基建投资全球竞争力指数世界排名第12名。据美国民用工程师协会（The American Society of Civil Engineers）的估计，到2020年，美国需要对基础设施投资3.6万亿美元。

基础设施项目投资金额大、投资周期长、回报率远低于金融领域的投资，私人投资鲜有投资兴趣，此前美国政府预算中此项投资也非常有限，导致了基建投资的预期与实际存在巨大落差。美国国会预算办公室称，2016年全美仅有26个私人投资项目完工或动工。目前，美国超过6万座桥梁被认定为有"结构性缺陷"。美国每年因基础设施落后造成的交通堵塞带来的经济成本超过500亿美元。美国布鲁金斯学会"汉密尔顿研究项目"发布的报告显示，由于缺乏联邦投入和地方政策支持，政府每年对基础设施的投资资金比例从1980年的1.5%已经降至2015年的0.6%。

基建投资为特朗普执政提供抓手

特朗普有意将基础设施作为其施政的主要抓手，2017年3月1日，在首次向国会发表演讲时再次重提万亿基建投资计划，有这样几个目的：

一是基础设施投资有非常明显的面子工程效益，一个项目一旦破土动工，民众能够直观感受到。

二是基础设施投资在短期内创造大量就业，马上回应民众对就业机会不多的抱怨。基础设施每增加2000亿美元投资，将给美国民众增加880亿美元的工资收入，拉动真实 GDP 1个百分点，每1个百分点 GDP 增加120万个新工作岗位。仅 Keystone XL 管线的投资建设一项，就将增加美国基础设施投资80亿美元，创造4.2万个工作岗位。美智库布鲁金斯学会（Brookings）发文称，在美国这样基建缺口和需求巨大的发达国家，投资每增加 GDP 的1%，将在随后4年内带来0.4%~1.5%的 GDP 增长。

三是基础设施投资是美国政府少有的可以直接参与的领域。银行、保险、证券等领域，美国国内有严格的法律规定，政府不得直接参与。2010年奥巴马任内通过《多德—弗兰克法案》就明文规定，只有到金融系统遭受或面临巨大金融风险时，政府才能介入，当金融系统度过危险期后，政府应马上退出。政府的作用是监管者和"最后贷款人"。但基建属于公共产品，美国政府出资建设符合经济规律。

四是加强联邦和州政府的经济联系，增大联邦对地方政府的影响力。按照美国的政治制度，州和地方政府对地方事务拥有较大的自主权。明显的例证是，对于特朗普入主白宫后颁布的禁止七个伊斯兰国家入境美国的禁令，华盛顿州就明确表示拒绝执行。对于美国国土安全部提出的要求抓捕和驱逐在美滞留的非法移民命令，加州、麻州一些地方政府就对外表态称，他们将拒绝执行。对于奥巴马总统提出的要求各种设施绿色节能环保措施，美国部分州不仅反对，还上诉联邦最高法院，诉其违反宪法，拒绝执行。奥巴马2015年8月发布清洁电力计划，严格限制温室气体排放，要求到2030年美国发电厂碳排放目标在2005年基础上减少32%。2015年10月23日，环保署颁布实施细则。当天，美国西弗吉尼亚州、得克萨斯州、亚拉巴马州、阿肯色州、佛罗里达州、佐治亚州、堪萨斯州、威斯康星州和俄亥俄州等24个州向华盛顿巡回上诉法院联合起诉美国环保署，要求法院判决政府停止实施该计划。2016年2月10日，美国联邦最高法院做出裁定，暂停执行美国总统奥巴马政府推出的清洁电力计划。显见，地方在一些问题上有相当大的自主权。地方政府是基建投资的直接受益者，基建项目开工后，能直接带动当地就业，建成后能让当地的交通、物流、出行变得更加便利。因此，基建项目对地方政府有较大的吸引力。2017年1月24日，特朗普签署行政令，要求加快高优先级基础设施项目的审查和批准。该行政令规定，任何州长或内阁部长都可以要求一项基建设施项目被指定为高优先级项目。若该项目获得白宫环境质量委员会批准，则该项目将成为任何需审批该项目的机构的最高级别优先事项。为了拿到联邦政府的基建资金，地方政府可能会对联邦政府的一些主张持支持立场。如更加支持特朗普政府的抓捕和驱逐非法移民的政策，更加支持特朗普政府要求废除奥巴马医保的主张。在这些问题上，此前地方政府的积极性不足。

五是尽快替代民主党的基建计划。在基建问题上，民主党、共和党两党都认为应当加大投入。民主党、共和党两党分歧不是该不该投,而是如何投资。2017年1月24日,国会民主党也向国会提交总额为1万亿美元的基建方案《重建美国基础设施蓝图》。该方案由民主党参议员舒默牵头提出,同样计划在未来10年投资1万亿美元,创造1500万个工作岗位,整修美国的桥梁、道路,扩建公交和铁路系统,升级港口、高速公路、机场、学校等。舒默的方案与特朗普的最大不同在于,相关投资全部由政府出资,而政府的资金来源主要是企业税。

实施路径

基础设施投资的核心问题是"钱从何来"。解决这一问题的路径主要有这样几步:

第一步,推动美国企业将海外存留的现金回流美国。根据"资本经济咨询"公司(Capital Economics)的最新数据,美国公司在海外持有的现金流超过2.5万亿美元之多,其相当于美国GDP的14%。如果这些资金能够回流美国,将让美国国内资金更加充裕,同时,推动外国资本向美国集中。这也就是为什么特朗普提出美国海外企业如果能将海外资本汇回美国,政府只一次性征收10%的税收,而不是此前的35%的税率。根据美国右倾智库"税收政策中心"(Tax Policy Center)的测算,该项税收可能在未来十年里带来1500亿美元的财政收入。

第二步,这些钱流向美国后,并不一定会投向美国的基础设施。如果这些钱进入美国的股市,会引发资产泡沫。最好的方式或流向是推动这些资本流向美国急需的基础设施项目。为吸引这些钱投向这些项目,特朗普政府可以通过税收优惠和抵扣的方式进行支持。特朗普计划付诸进行基础设施投资的资金82%的税收免除。美国企业将资本汇回国征收的10%的税收,也会因为这82%的税收免除而抵消。如果企业仍不愿投资基建,那么就需要政府作为基建项目的初始投资人,注入启动资本。通常美国基础设施项目初始投资的启动资本应不少于项目的3%。有了这笔初始投资后,项目就可以启动,并以此对外进行融资。

第三步,有了基建项目的启动资金后,通过杠杆操作为其筹措更多资金。

特朗普为基建项目筹资主要可分为有政府出资和无政府出资两大途径。特朗普说的1万亿美元基建投资，并不是在一年内一次性投入，而是在一个长达10年的系列投资，若平摊到每年仅为1000亿美元。据美国媒体麦克拉奇报业公司（McClatchy）旗下的 Kansas City Star 和 The News Tribune 报道，特朗普的过渡团队已经确定了遍及全美的50个交通基建项目，这些项目的总预算是1375亿美元，其中政府和私人各出资50%。美国州长协会预计2017年特朗普政府将在基础设施领域投资1500亿美元。

早在2015年10月，美国第114届国会就以363:64的投票比例，通过了一项名为《地面交通再授权改革法案》。该法案要求，在未来6年内，美国政府将向高速公路和公共交通分别投资2610亿美元和550亿美元，此外要求向交通安全项目投资90亿美元，共计3250亿美元。对此，参议院在方向上同国会众议院一致，但是在出资期限上存在分歧。参议院只同意在未来3年内出资。粗略估计，时间减半，政府出资额也减半，政府将出资1625亿美元。按照三年期平摊，每年出资额为541亿美元。假设未来最终参众两院达成共识，通过该法案。最终法案将出资期限拉长到10年，则每年政府出资额为162.5亿美元。用162.5亿美元作为初始投资，按项目10%的启动比例计算，近似可以看成是杠杆比率为1:10，则项目可以融资1625亿美元，特朗普预计的2017年投资1500亿美元不成问题。2008年金融危机发生前，2003～2014年，华尔街的大金融机构的杠杆率均超过60倍，达到78倍之高。10倍的杠杆率属于"良心"杠杆率，风险较小。按照3%的出资比例计算，近似可以看成是杠杆率为1:30，则项目可以融资4875亿美元。

政府还可以通过成立"国家基础设施银行"，为基建项目融资。该建议在2015年先后由3名国会众议员和2名参议员提出。希拉里也曾在竞选中提出。美国国会研究局专门对国家基础设施银行可能的运作方式进行过研究。从2016年9月15日国会研究局发布的研究报告看，目前，主流意见是倾向于成立由政府全资所有的一家国家级银行，负责为美国国内基础设施提供信贷支持或直接股权投资，银行的注册资本根据不同方案，从100亿美元到500亿美元不等。美国1990年曾通过《联邦信贷改革法案》（Federal Credit Reform Act of 1990）。根据该法案，国家银行可以对政府批准的项目提供信贷支持。按照政府能给项目提供10%的融资担保支持计算，国家银行最大支持力度可以达到1000亿美元到5000亿美元。

除上述两种方式外，政府还可发行"建设美国债券"（Build America Bonds）。此种债券的收益享受联邦免税，对投资者来说，是非常划算的投资。现任白宫国家贸易委员会主席纳瓦罗和新任商务部长罗斯是这一主张的积极支持者，他们曾联合撰文称，现在美国低息环境是发行此种债券的天赐良机，这可为美国基建以较低成本快速融资。

另一种方式则是无政府出资完全靠政府提供税收优惠或抵扣来吸引私人投资。根据现任白宫国家贸易委员会主席纳瓦罗和新任商务部长罗斯此前提出的计划，美国给这1万亿美元基础设施的投资免税额可在1200亿～1600亿美元之间。浮动范围取决税收优惠幅度、20年期还是30年期、基建投资的预期回报率等。这些税收免除额，从政府角度看，是税收损失，看起来数字巨大，但考虑到其会分布在未来20～30年内，每年仅为40亿～80亿美元，而且是或有发生额，不是直接的账面支出，所以其对财政赤字的影响可能非常有限。

未来前景

由上述分析可见，特朗普基建投资计划并非异想天开，具有可行性，这是为何特朗普提出其基建计划后，美国股市基建类股票价格大幅飙升的主要原因。但外界的疑虑并未消失。初选中败给希拉里却在左派中赢得极大威望的伯尼·桑德斯（Bernie Sanders）就警告称，特朗普的计划是一个"陷阱（trap）"。

首先，美国不乏基础设施建设成功先例，但也有很多项目结果不如人意。媒体经常引用的两个失败案例，一个是芝加哥市中心停车场的PPP。政府以12亿美元的价格，把36000个停车收费点承包给了摩根士丹利，租期75年。一次性的收费，帮市政府弥补了部分年度预算亏空。但市民面临的是每天停车收费时间增加四个小时，和高达四倍的收费价格。另一个例子是加州洛杉矶都会区的一段高速公路State Route 91。私人公司投资4.8亿美元，换得35年的PPP特许经营合同。项目实施后，却发现交通量不足，收费金额远低于预期，最后是由政府出钱买断了事。

其次，特朗普基建计划带来的利益分配更遭到了强烈抨击。2008年的诺贝尔经济学奖得主保罗·克鲁格曼（Paul Krugman）更直言，这是个私有化的"骗局（scam）"，只会让少数有关系的人获益，背后却是纳税人的更大损失。他根据特朗普计划做了个简单测算：假设有个私有公司，投资10亿美元修一段收费公路，其中公司借款80%，实际出资2亿美元。根据特朗普提出的82%税收返还，公司实际出钱只需要3600万美元，占总投资额的4%还不到。此后道路收费就源源不断流入了这些财团的腰包。

最后，特朗普的基建计划可能会受到国会的阻挠。其中首当其冲的人来自他自己的政党。不仅特朗普当选总统，共和党在参众两院也获得多数，这在美国政坛上是很多年来没有过的"江湖一统"。新年未到，共和党上下都已忙碌起来。废除奥巴马的医改，削减税收，取消原来一些左派法规，都正在被重点讨论；而基础设施建设计划则被搁在一边。传统共和党的政治理念，就是强烈反对增加税收和扩大政府规模。尽管特朗普团队一再表明，基础设施建设计划既不会增加税收也不会扩大财政赤字，但传统的共和党人士显然并不买账。站在民主党的立场看，尽管他们支持发展基础设施，但特朗普的计划里还有很多让他们非常抵制的条款，例如，降低工资保护、削弱工会，并放松环境监管。依以往惯例看，很难相信目前特朗普提出的基础设施建设计划能被共和党占据多数的两院通过，除非特朗普代表的共和党民粹派（populist）能和民主党联合起来与传统的共和党建制派（traditionalist）相抗争。如果这样，这会是一道非常独特的政治风景。

第十三章　欧元危机区纾困政策有误

2016年第四季度，欧元区19国国内生产总值同比增长1.8%，环比增长0.5个百分点。除意大利外，欧元区各国的经济增长率均有所改善。德国2015年第四季度经济环比增长0.5%。而作为欧元区第二大经济体的法国，2015年第四季度经济环比也增长了0.4%。2016年全年，欧元区经济增速超过美国0.1个百分点，达1.7%。

欧元区的就业形势继续好转，失业率降至欧洲债务危机前水平。数据显示，欧元区2016年12月失业率为9.6%，同比下降了0.9个百分点。这也是2009年5月以来欧元区的最低水平。

在通胀率方面，困扰欧元区多年的超低通胀率也在逐步好转。根据欧盟统计局的数据，欧元区2017年1月通胀率初值为1.8%，环比增长了0.7个百分点，达到近4年来最高水平。

欧元区经济表现相对强劲取决于诸多因素。一是从国际金融危机爆发到现在已过去10年时间，欧元区的失业率不断下降，经济活动渐趋活跃；二是英国脱欧公投的冲击并没有预料的那么严重；三是欧洲央行的超宽松货币政策功效显现，这一政策促进了家庭和企业的借贷和消费。德法等国经济增长动力主要来自内需就证明了这一点。

但对未来欧元区经济前景，外界仍保持谨慎。导致欧元区经济在长达近10年的时间仍然未能走出危机的一个很重要的原因是，当时欧元区在应对希腊等主权债务危机中政策出现失误，导致小病久拖不治，小病拖成了大病，大病又成为了顽疾。

如果说，早期针对欧债危机欧元区开出的药方，即通过大规模紧缩，削减财赤，来尽快达到财政平衡，这一政策是恰当的话，随着欧债危机的不断发展，欧元区再继续不加区别地全面紧缩，就存在问题了。笔者认为，欧元区长时期、全面过度紧缩在一定程度上应对当前欧元区经济不景气负责。

为削减财政赤字，欧洲各国相继推出了多轮大规模经济紧缩计划，其初衷是通过削减福利支出、增加税收、裁员等削减财政赤字。欧洲央行2011年4月和7月两次提高基准利率，一度考虑收紧货币政策。紧缩政策对整固财政是必需的，但过度的压缩财政支出以及德国、荷兰等经济基本面相对较好的成员国也借机推出大规模的紧缩计划，损害了欧元区的内生长期增长动力，致使消费和投资意愿下降，投资者从欧元区撤资转投美国，欧元区复苏前景严峻。经济长时间低迷的后果必然是股市暴跌、消费需求萎缩、高失业率等经济灾难，甚至引发社会动荡。欧元区经济前景不佳令德法等国民众对未来更加谨慎，更加反对本国政府出资援助重债国，形成恶性循环。

中国投资有限责任公司总经理高西庆曾表示，"考虑到风险系数，要对国家负责"，无意投资欧债。管理超过3000亿美元的中国主权财富基金的表态给欧元区敲响了警钟：在当前国际形势普遍不好的大环境下，欧元区不应再寄希望于外部。欧元区此时应修正其经济紧缩计划，考虑通过结构性扩张政策来刺激经济。

当然，实施结构性扩张政策的政治基础是继续推进欧洲一体化的政治共识，经济情况较好的德国、荷兰、芬兰等成员国与希腊、葡萄牙等团结到"保卫欧元"的政治大旗之下。

在财政政策方面，德国、荷兰等国经济基本面较好，政府财政还有政策空间可以利用。德国现已将联邦政府预算赤字率降到了《马约》规定的3%，比计划提前了两年，但在欧元区经济一片哀鸿的背景下，德国这一模范树立的时机并不合时宜。欧元区此刻需要的是通过德国等欧元区成员国的积极财政政策来抵消希腊、葡萄牙等国的紧缩。德国应暂停经济紧缩计划，甚至应考虑实施一定规模的积极财政政策，如减税。适度减税让更多的企业和个人受惠，激活来自经济基本面的活力。

对于那些正处危机之中的成员国，如希腊、爱尔兰、葡萄牙等则应继续以削减赤字为首要目标，利用德国等实施扩张政策赢得的时机，尽快降低财政赤字水平。如果需要，希腊等国可以考虑为有关援助资金提供抵押担保，消除借款人对救助资金安全的担忧。

在货币政策方面，欧洲未能隔离希腊风险，导致债务危机不断扩散，一个很重要的原因是欧洲央行在发挥"最后贷款人"作用上迟疑不决，虽然也购买了一些成员国债券，但数量有限。2011年欧洲央行的停止购买成员国债券，导致投资者信心受损和危机恶化。阻击危机蔓延的关键在于欧洲央行运用好货币政策。

大量经济数据和指标已经表明，欧元区需要的已不仅仅是维持基准利率不变，而是应该降低利率水平。

同时，应加大对成员国银行充实资本金努力的支持力度，尤其是对高债务国银行的支持。相比美国，欧洲消费者对企业在融资方面更依赖银行，银行一旦出现危机，将对欧元区形成致命打击，并可能引发全球系统性风险。2011年8月1日至22日，欧洲银行股股价累计下跌了22%，其中苏格兰皇家银行和法国兴业银行股价分别暴跌了45%和39%。目前低迷的经济形势如果继续，欧洲银行业将很快出现危机。欧洲央行必须通过流动性支持夯实保护银行业的防火墙。

欧债危机愈演愈烈，留给欧元区领导人的时间已经不多，欧元区到了必须果断行动的时刻了。以德国为核心的经济基本面较好的欧元区成员国不仅要推动欧元区的财政和金融改革，更做出牺牲。任务非常艰巨，需要政治智慧，更需要勇气。

欧债危机终以债务重组收场

华尔街评级公司惠誉2011年1月17日发出警告，欧元区成员国塞浦路斯的主权信用评级可能被下调。而此前三天，希腊主权债务评级才被惠誉下调。此时正值希腊、葡萄牙等国发债融资关键期，下调评级无疑是为欧债前景蒙上更大的阴影。葡萄牙、西班牙的债务问题已成风中之烛。葡萄牙被迫求援已被认为是板上钉钉。欧洲正陷入市场恐慌，欧盟被迫出手相救，市场再次恐慌，欧盟再救援的恶性循环之中。

希腊、爱尔兰债务危机爆发后，为防止出现流动性挤兑，拖累整个欧元区陷入主权债务漩涡，欧盟和欧洲央行不惜血本出手救援。一方面，欧盟联手 IMF 向危机成员国提供紧急资金援助，力挺危机国渡过难关。希腊债务危机发生后，欧盟还成立了总额为 7500 亿欧元的欧洲稳定机制。另一方面，欧洲央行通过买入成员国国债和低息贷款向危机国源源不断地提供流动性支持。虽然上述措施有助于在短期内为欧债危机"止血"，但这种"灭火队"式的救援长期是否继续有效正面临越来越大的挑战，其巨大的长期副作用开始越来越令市场担忧。

欧盟的救援实质上是将私人债务转变成了欧盟的公共债务，其与 20 世纪 80 年代拉美国家政府大举为私人债务提供担保，最终成为政府债务的做法相似。2009 年，爱尔兰为清理银行业不良资产成立国家资产管理局，其剥离坏账的做法是用新发行的国债来交换银行业不良债务，再由银行将这些国债抵押给欧洲央行，换回"真金白银"（欧元）。欧盟向危机国紧急输血，在未对欧盟现行体制进行根本性改革的大背景下，其作用最多是将危机的总爆发向后拖延。

欧洲临时性的金融稳定机制面临的问题越来越严峻。一是如果说该基金还有能力应对爱尔兰和葡萄牙债务问题的话，那么面对欧洲债务危机向西班牙、意大利、比利时等的蔓延，资金规模已面临严重不足。2011 年 1 月 17～18 日欧元区财长会议仍然未能就扩大欧洲金融稳定机制的调整方案达成一致。二是该机制将于 2013 年 6 月到期，到期后新的永久性机制如何设计及运行目前仍是未知数。欧盟应加速拟定一套"综合应对计划"。

此外，欧洲央行的货币政策目前也开始面临越来越大的政策困境。据欧盟统计局 2011 年 1 月 4 日公布的统计数据显示，欧元区 CPI 已升至 2.2%，突破了欧洲央行收紧银根的通胀"红线"。苦于欧债危机持续发酵，2011 年 1 月 13 日欧洲央行议息会议再次决定不加息。欧洲央行委员斯塔克 19 日发出警告，欧洲央行无限制借贷的政策及其他非常规措施仅能在必要的紧急情况下使用，长时间维持低利率会给银行业和经济带来风险。

最令人担忧的是，欧洲努力走出债务危机的努力遭遇到经济复苏乏力这股逆风。其实，美国和日本的债务水平已远远超过欧洲，但唯独欧洲的债务问题成为外界恶炒的对象,主要原因在于市场对欧洲偿债能力的信心不足。通常,债务问题的解决有赖于经济增速与债务增速孰快孰慢。若经济增速快于债务增速,则可通过借新债还旧债来维持债务链条的稳定。但若债务增速更快,外界自然担心债务人能否按期还债。

2011年1月12日、13日,葡萄牙、西班牙和意大利国债标售情况虽好于预期,但过高的中标利率仍令市场担心。美国《华尔街日报》甚至在头版用大标题直呼葡萄牙发债"失败"。葡萄牙标售的十年期欧元国债,中标收益率高达6.716%,西班牙五年期国债中标收益率达4.542%,意大利五年期和十五年期国债中标利率分别为3.67%和5.06%,均远超相关国家自身经济增速,债务比例将持续攀升。据欧盟最新预测,希腊2012年债务占GDP的比重将由现在的140.2%升至156%,爱尔兰将由97.4%升至114.3%,葡萄牙将由82.8%升至92.4%,西班牙将由64.4%升至73%。2013年将是希腊等国新的偿债高峰年,其能否如期偿债就目前来看,仍是一个问号。对欧洲未来偿债能力的担忧已不是空穴来风,而是实实在在的现实问题。

未来,如果国际评级机构继续降低欧元区国家的信用级别,欧债情况将会变得更加严峻。欧债危机最后可能不得不以部分成员国债务重组收场,就像20世纪80年代拉美债务危机最后的结局一样。有传言称德国官员已经起草应急计划,以防希腊违约。根据历史经验,通常一国能够支持相当于GNP80%的债务。IMF前首席经济学家西蒙·约翰逊预测希腊可能将有大约相当于GNP50%的债务将被迫进行重组。虽然债务重组对欧盟整体来说将是巨大挑战,但却未必是件坏事。

第三部分

中国与美欧战略博弈态势

　　后金融危机时代,随着中国实力的上升,与美欧矛盾面和博弈加剧已成不争事实。如何在不颠覆现行国际秩序的前提下,扩大合作面,减少摩擦面,给中美欧三国民众乃至世界创造更大福祉,考验大国领袖们的智慧。

第三部分
中国与美欧战略博弈态势

第十四章　奥巴马高级幕僚忧虑中美关系前景

2016年3月,时隔两年半再次在美国见到麦艾文(Evan S. Medeiros)。上次是在华盛顿的艾森豪威尔行政楼的专属办公室。那时他还是美国国家安全委员会(简称国安会,NSC)亚洲事务高级主任,主要负责亚洲事务,尤其是中国事务,在美国亚太政策制定中占据重要位置。当时还有行政职务在身的麦艾文,非常繁忙,计划一个小时的会见,四十分钟便结束,期间不断有内线电话打入,两次到隔壁房间接电话。当时对他的印象是,没有闲话,开门见山,直入主题,逻辑严密。

麦艾文,美国兰德公司学者出身,曾在兰德公司工作7年,并成长为知名中国问题专家,能用中文读写和交流,研究领域主要集中在东亚国际政治、中国外交和国家安全政策、中美关系以及中国国防工业方面。2000年,麦艾文曾以访问学者身份在中国社会科学院美国研究所和外交学院访学。2009年奥巴马入主白宫,同年麦艾文也进入奥巴马政府的国家安全委员会工作,先后担任中国和蒙古国事务主任。2013年升任亚洲事务高级主任。麦艾文被认为是美国政府中的青壮派中国问题专家。按任期,麦艾文可任职到奥巴马2016年任期结束。但2015年6月4日,麦艾文突然提出辞职,随后进入欧亚集团咨询公司,担任亚洲事务执行董事，主要负责给美商界提供政策咨询。对他的离职外界有诸多猜测。

有猜测认为，麦艾文积极推动的美国重返亚太战略，令中美关系起伏不断，利益相关方对其颇为不满。也有猜测认为，麦艾文在亚投行问题上"闯祸"，不堪外界巨大压力，是被迫隐退。2013 年中国提出亚投行倡议后，美国没有认真回应。2014 年亚投行进入筹备阶段后，美国态度消极。在亚投行开放创始成员国申请后，美国不仅自己不加入，还阻挠英、德、意等盟友参与。2015 年 3 月 12 日，英国在未与美国沟通的情况下，率先报名加入亚投行创始成员国。随后，法、意、德等国表态跟进。最终，在西方大国中，只有美国没有参加亚投行。美国国内至今还有很多人认为，麦艾文在国安会中的阻挠是美国犯错的重要原因。麦艾文因此饱受批评。同时也有人认为，麦艾文是在为下次从智库旋转进入政府做准备，不希望自己随奥巴马起伏，选择在其事业高峰期隐退，既避免成为奥巴马亚洲政策失误的替罪羊，同时，也为其从智库再次通过旋转门进入政府积蓄力量。凭其对中国事务的熟悉和了解，他有可能再次得到未来民主党总统的重用。

再次与麦艾文碰面，是他以学者身份到哈佛大学亚洲中心交流，并且做了一场题目为"变化中的中美关系及其对美国外交政策的影响"的演讲。作为学者参会的麦艾文举手投足间少了些两年前在国安会的那种昂扬气势，多了份学者的和善，但目光仍然坚定有力，衣服依旧笔挺，头发不多，但非常整齐，显然经过精心打理。

交流活动由哈佛大学费正清中心前主任傅高义教授主持。在简要介绍麦艾文工作六年后离开国安会时，傅高义教授用"退休"一词来委婉代替"辞职"。但麦艾文接过话风趣地说，一个 44 岁的人早早"退休"很有意思，透露出重返公众焦点的雄心。在演讲议程开始前的交流中，麦艾文用不少篇幅介绍了他在国安会的繁重工作，每天长时间工作，见不同国家领导人，与不同利益集团打交道，聆听他们的诉求。但旁观者可能更多记住的是，他曾和中国多位高层领导有过零距离接触，他的工作对奥巴马的对华政策产生了重要影响。这既是事实，也是场高明的自我推销。

麦艾文演讲首先从变化的中国谈起。麦艾文认为中国发展形势的变化带来了中美关系的变化，中美关系的变化又迫使美国外交政策作出调整。麦艾文认为目前中美关系表现出三种趋势。

第一种趋势是不确定性风险增加。中国目前正进行全方位的政治、经济、社会、军事领域的改革。改革进入深水区，改革面临的阻力越来越大。改革过程中的出现偏差可能引发一系列负面后果。改革前景的不确定性传导到中美关系，增加了双边关系的不确定性。

第二种趋势是不稳定性上升。根据国际货币基金组织的数据，亚洲地区的经济增长率已从2012年的5.7%降至2015年的5.4%，其中中国经济降速较为显著，从7.7%降至6.8%。此前，中国经济的高速增长带动了亚太地区的经济发展，很多国家都将中国视为重要的出口市场。但中国经济增速的放缓，经济动力从外转内，这将导致亚太地区的贸易结构和产业链解构和重组。经济上对中国依赖度的降低将导致对华、对外政治、安全和外交态度的转变，中美之间的双边关系也会随之发生变化。

第三种趋势是利益重叠性增多。中美是世界上最重要的两个大国，中美在一系列国际和地区问题上都有共同或相似的利益。利益的交融也推动双方在一系列问题上加强合作。随着中国综合国力的增强，中国近年更加愿意付出更多努力，提供国际公共产品。在应对气候变化问题上、在防控埃博拉病毒上，都对国际社会做出了积极贡献。

在上述背景下，麦艾文认为，美国政府应加强与中国政府的沟通，保持交流渠道的畅通，密切关注中国改革和发展走向。同时，通过"跨太平洋伙伴关系协定"（TPP）等机制，加强同亚太地区和国家的经济联系，弱化亚太地区对中国的经济依赖。为了维护亚太盟友的利益，平衡中国在南海影响力，美国政府应加大定期巡航力度，维护南海自由航行权；要求中国消除在九段线问题上的模糊立场，拿出明确并有法理依据的九段线划设依据。

麦艾文演讲的主要观点与他在2009年兰德公司最后一次公开发表的报告《中国的国际行为》（China's International Behavior）中的观点类似，但更加保守，言辞间透露出忧虑情绪。用他自己的话说，他对中美关系持谨慎立场。麦艾文2015年10月20日（他从国安会离职4个月后）在接受英国《金融时报》采访时曾表示，他认为英国在对华政策上被误导，对待崛起的中国，应该采取强硬立场，"你如果让步，中国会逼你做更大让步"。不知道为何国安会的6年工作经历会让麦艾文变得更加强硬，还是在当前"特朗普现象"当道的美国政治气氛下，人们（包括学者在内）都必须走极端，说狠话，以此来赢得支持和所谓的尊重。不管怎样，麦艾文的对华立场的确代表了部分"知华派"的政策主张，透出了对华"既爱又恨"的政策情绪。

第十五章　奥巴马任内中美经贸关系

成绩是主要的

总体看，2009~2017年的8年中，中美经贸关系虽受到一些非经济因素干扰，但利益交融加深的脚步并未停止，双边经贸、直接投资、人员往来等保持向上势头。

双边贸易持续增长，贸易在两国贸易版图中的重要性显著上升。据美国商务部数据，2015年末，美国对华出口额较2007年增幅为84.6%，对华贸易赤字增幅为41.5%，远低于同期出口增速。对华出口占美国出口总额比重从2007年末的5.5%，提高到了2015年末的7.7%，上升了2.2个百分点，增幅为31%。同期，美国市场成为中国最重要的出口市场之一。中国对美出口增长86%，对美出口占中国对外出口总额的26.3%。美国目前是中国的第二大贸易伙伴，第一大出口市场和第四大进口来源地。

直接投资大幅增加。据美国"美中关系全国委员会"和"荣鼎咨询公司"联合发布的数据，2007年末，中国对美投资总额为30亿美元，对美投资总交易笔数为276笔，投资最集中的行业为汽车行业，共计2.3亿美元，对美航空领域的投资为0。但至2015年末，中国在美投资，累计

629亿美元，较2007年末增长20倍，总交易笔数达到1200笔，航空领域空白的状况被填补，中国在美投资实现了全覆盖。2007年末，由政府主导的投资是对美投资主体，共计21.45亿美元，政府主导的投资和私人投资的比例为2.5∶1。但2015年末，私人投资已经超过政府主导的投资，私人投资额达到414亿美元，政府主导的投资和私人投资的比例降至1∶1.9。从投资的地理区域上看，2007年中国对美投资还主要集中在美东、西两块，中部地区较少涉及，但截至2015年末，只有南、北达科他州以及新墨西哥州没有中国投资进入外，其他47个州均有中国投资涉足。同期，美国对华直接投资也大幅增加。2007年末，美国对华投资总额为297.1亿美元。2015年末，美国对华投资总额达到774.7亿美元，增幅为160.8%。根据中国商务部2016年1月28日公布的数据，截至2015年底，美对华投资项目累计达6.6万个，实际投入774.7亿美元。美国已成为中国第六大外资来源地。

中国成为美国政府债券最大海外持有者。在过去8年中，中国持有美国政府债券的绝对量持续上升。2016年2月，中国大陆持有美国政府债券1.25万亿美元，较2007年2月增加了8300亿美元，增幅为196%。如将同期香港特区持有的美国政府债券计算在内，2016年2月，中国大陆和香港特区共持有美国政府债券1.45万亿美元，较2007年同期增加了9715亿美元，增幅为203%。中国大陆持有的美国政府债券额，自2015年3月超过日本，成为美国最大海外债权国。若将香港计算在内，中国大陆和香港持有的美国政府债券总额早在2008年9月即超过日本，在美国雷曼兄弟公司破产的当月成为美国最大海外债权国。同期，美国持有的中国有价证券也明显增加。根据美国财政部和美联储2016年1月发布的最新数据，2014年12月，美国政府持有中国大陆发行的有价证券总额为1330亿美元，较2007年同期增长37.1%，香港为1510亿美元，相较于2007年增长了24.8%。

气候变化合作成为中美合作新亮点。中美两国是目前世界最大的温室气体排放国，排放量占世界排放总量的40%左右。中美两国在气候变化问题上的态度一直对全球气候变化治理进程发挥重要影响。小布什总统执政的大部分时间，中美在气候变化问题上的谈判竞争面居多。奥巴马总统在入主白宫后，美国政府在气候变化问题采取更加积极的姿态，明确表态希望能大力推进中美在气候变化和环境方面的合作。随后，中美双方达成了一系列有关气候变化合作的双边协议，主要有《能源和环境十年合作框架》（2008年）、

《关于加强气候变化、能源和环境合作的谅解备忘录》(2009年)、《中美联合声明》(2009年)、《中美联合声明》(2011年)等。上述中美达成的政府间协议,确立了中美在气候变化与能源合作领域的基本合作框架,表明了双方基本的政治共识,指明了具体的合作领域,展示了双方气候合作的力度和广度。2013年6月、9月,2014年3月、11月,习近平主席和奥巴马总统在四次会面中,多次明确强调双方将加强气候变化、能源与环境保护方面合作。双方相继发表了《中美气候变化联合声明》(2013年)、《中美气候变化联合声明》(2014年)。2015年9月,中美发表《中美元首气候变化联合声明》,为年末在巴黎举行的联合国气候变化大会的成功奠定了重要基础。2016年9月3日,中国国家主席习近平和美总统奥巴马先后向联合国秘书长潘基文交存气候变化《巴黎协定》批准文书,为推动全球气候变化合作迈出实质性的一步。

在国际经济领域合作成果显著。最重要的成果有两项:一是降低了汇率问题对双边经贸关系,甚至是双边关系的干扰。在1989~1994年间,中美在人民币汇率问题上纷争不断。这期间,中国几乎每年被美国列为"汇率操纵国"。此后,虽然美国财政部未再将中国列为汇率操纵国,但仍然是中美两国分歧的焦点,每年美参众两院都议员都有大量要求对人民币汇率采取强硬措施的提案。2008年奥巴马入主白宫后,双方针对汇率问题分歧的烈度明显下降。奥巴马政府在此问题上的反应较为理智。在2009年开始公布的每年两次的《国际经济和货币政策报告》中,美国财政部对人民币汇率给出的官方看法相对客观,指出问题,也肯定中国推动汇率改革的努力和积极进展。人民币对美元汇率2016年10月21日为6.764∶1,较2009年1月20日的6.839∶1(奥巴马总统2009年1月21日宣誓就职),升值幅度为1.1%。美国智库布鲁金斯学会资深研究员、曾担任美国财政部驻华经济与金融特使的杜大伟称,鉴于中国已在人民币汇率市场机制改革方面取得诸多进展,汇率议题对美方来讲不再像以前那样重要。

二是提高了中国在IMF的话语权。美国在国际货币基金组织(IMF)改革问题上的迟疑和反对立场令IMF份额和特别提款权(SDR)迟迟不能通过。上述改革在奥巴马第二任期取得突破。奥巴马领导下的美国政府,为了履行在2010年作出的改革IMF承诺,对国会展开了大量游说。客观地说,若没有奥巴马政府所做的推动工作,改革方案极有可能仍被国会搁置。在美国国会障碍扫除后，2015年12月19日IMF做出最终决定，将中国在IMF内的投票份额将从之前的3.7%上升到6.1%，紧随美日位居第三，同时将人民币纳入SDR篮子货币。2016年10月1日人民币被正式纳入特别提款权（SDR）货币篮子，美元、欧元、人民币、日元和英镑5种货币的权重分别为41.73%、30.93%、10.92%、8.33%和8.09%。国际货币基金组织总裁拉加德称，人民币"入篮"反映了人民币在国际货币体系中地位的不断上升，有利于建立一个更强劲的国际货币金融体系。中国是国际货币基金组织改革的受益者，提高了在IMF这样非常重要的国际机构中的话语权，扩大了中国的影响力；推动了人民币的国际化，提高了人民币资产的国际吸引力。美国则通过增大中国的份额，让中国承担了更大的国际责任。

中美人员往来日益频繁。2007年至今，中美旅游往来规模总量突破2200万人次，年均增幅达7.6%，其中中国游客赴美年均增长18.4%。2007年中国赴美人数仅为40万人，2015年，在十年旅游、商务长期多次签证便利政策刺激下，2015年中国赴美游客增长了53%，达到256万人。频繁的人员往来带动旅游业成为两国经贸关系的重要增长点。据美国国家旅游局2015年10月的数据，2007年美国人出国旅游消费总支出为1442.24亿美元，外国人在美旅游总支出为1127.88亿美元。当年，美国人在中国旅游消费支出为47.74亿美元，占总消费支出的3.3%，中国人在美支出为42.37亿美元，占3.8%。2014年，美国人出国旅游消费总支出为2207.57亿美元，外国人在美支出为1456.77亿美元。2014年，美国人在中国旅游消费总支出为240.19亿美元，占比为10.9%，中国人在美消费支出为506.3亿美元，占比为34.8%。

主客观因素共同推动中美经贸关系深化

推动中美经贸关系在过去8年不断深化的主要动力主要来自以下几方面。

中美经济互利互补。2008年金融危机发生后，中美两国都相应地对经济结构进行调整。为提质增效，中国主动放弃了坚持几十年的高速增长目标，转向中低速增长，增长模式从出口导向转向拉动内需。中国的经济结构转型实质上与奥巴马上台后推动的美国经济模式转型是互补的。奥巴马总统上台后，为给过度依赖信贷消费和金融服务业的美国经济纠偏，出台了一系列美国经济提振实体经济、发展制造业、鼓励出口、增加储蓄的政策举措。中国扩大内需,势必会带动进口需求的上升,对美国增加出口有利。美国制造业振兴,需要开拓更大的海外市场,中国经济从出口驱动转向消费驱动,将为美国扩大对包括中国在内的出口提供更多机会。事实也是如此,中美间经贸往来在世界经济增长乏力的形势下始终保持上升态势。

依惯性发展。经济学上的"路径依赖"理论对此有较强的解释力。中美在20世纪70年代做出加强合作的政策选择后,成本和惯性使这一选择不断自我强化,"锁定"了前进的方向。前财长、时任哈佛大学校长的萨默斯随后提出的"金融恐怖平衡"理论,给出了中美两国经济依惯性深化的金融解释。按照萨默斯的理论,美国巨额的资本输出和双赤字维持了美国长期的高消费、低储蓄和低利率,但也成就了美国作为世界最大市场的地位,吸纳了大量中国等新兴国家的商品;庞大的商品出口增加了中国的外汇储备;在美元主导的国际货币体系下这些外汇储备又回流美国,购买美元资产,弥补了美国财政与经常项目赤字,支持着美国经济的持续稳定发展;美国经济进一步发展,将吸纳更多的进口商品,循环往复。这种相互依赖关系对双方都形成了制约,形成了双向的威慑力和制约力,双方为了维护自身的利益都不愿轻易改变这种格局,这一关系随两国经济发展而不断深化。支持这一理论的最新实证是中美证券市场联动性的加强。2015年以来,美国股市动荡明显加剧。同期,上证A股也出现大幅波动。2016年中国股市的熔断再次对包括美国股市在内的国际市场产生了影响。中国股市2016年1月7日第二次触发熔断机制,引发美股大幅下跌,道琼斯指数下跌392.4点、跌幅2.32%。上述现象表明中美经济上的融合已经在贸易平台之外找到了新的路径——资本市场。

国际挑战促使双方加强合作。面对国际性金融危机、全球极端天气事件、国际恐怖主义、埃博拉疫情、伊朗核问题等威胁,中美认识到单一国家孤木难支,必须携手应对。中美之所以能在气候变化领域实现较高水平合作,合作面大于分歧面,一个重要原因是双方都认识到在应对气候变化问题上,双方存在巨大的共同利益。美国前驻华大使芮效俭称:"美国和中国都面临着需要在全球变暖问题上采取行动的压力,而这样做恰好符合两国的以下构想,即扩大合作以努力遏制并最好逆转两国不断升级的战略对抗。"对奥巴马总统倡导举办的国际核安全峰会,中国积极参与。在中国看来,与国际社会加强合作,消除核恐怖主义和核扩散符合中国的利益。在中美共同努力下,2016

年3月18日,该中美核安全示范中心提前一年建成。该中心现已成为亚太地区规模最大、设备最全、设施最先进的核安保交流与培训中心。前美国国家核安全局副局长威廉·托比称:"中国对国际核安全事务极其重要。中国不仅是拥有核武器,还拥有规模已经相当大而且肯定会继续扩大的核能项目。中国还能对其他国家产生影响力。"美国彼得森国际经济研究所前所长、著名经济学家伯格斯滕最初提出中美"G2"领导世界的说法时,曾遭欧洲、日本等国家的质疑,但事实是,正是在中美联手推动下,联合国巴黎气候变化大会取得重大谈判进展、WTO多哈回合谈判在巴厘岛会议取得"早期收获"、中美密切合作令埃博拉疫情得到了迅速有效控制、中美推动国际社会在核安全防控方面形成合力,"G2"的巨大影响力和领导力已经形成。奥巴马总统安全顾问苏珊·赖斯称,"中美加强合作,世界将变得更加繁荣安全。"

多维度危机管控和分歧处理的机制为缓解双边分歧,稳定双边关系大方向起到了重要稳定器作用。中美两国领导人高度重视发展官方和私人关系。在过去8年间,习近平主席和胡锦涛总书记与奥巴马在各种场合会面的次数,超过1979~2007年间中美领导人见面的总和。在两国领导人的推动下,中美之间搭建起一套高级别最重要的战略协调、分歧缓解机制。其中,"中美战略与经济对话(SE&D)"就是最重要的经济层面工作机制之一。奥巴马入主白宫后的第二年(2009年4月),中美间酝酿了近20年的双边对话机制SE&D落地,首轮战略与经济对话于2009年7月27日开幕。在"坦诚对话、务实合作、循序渐进、互利共赢"原则的指导下,中美在经贸、金融、气候与减排问题上取得了实实在在的进展。从第6届开始,双方的成果数突破三位数。刚刚结束的第八届对话成果更是达到了330项。暂不论成果大小,单从数量上看,能从两位数变成三位数,也是一种进步,量累积到一定程度后必然会带来质变。此外,商贸联委会、中美人文高层交流磋商、网络安全对话等机制也为化解可能影响中美关系发展的一些突出问题提供了有效途径。除了固定的机制性面对面的会晤,两国分管经济的高层领导间的不见面联络也日益频繁。2016年1月18日,中财办主任刘鹤与雅各布·卢就中国汇率政策的问题通话,双方讨论了"市场政策方面展开透明沟通"重要性。2月2日国务院副总理汪洋和美财长雅各布·卢就维持汇率稳定通话;3月23日、5月16日和6月6日,二人围绕第八轮中美战略与经济对话准备工作通了三次电话;6月26日,双方通电,讨论的主题是"当前国际经济金融形势和二十国集团

(G20)有关财经议题";8月19日,二人电联讨论"中美经济关系及双方共同关注的问题";10月23日晚,汪洋应约与雅各布·卢就中美经济关系有关问题在电话中交换了意见。世界银行2015年6月"中美互诉反倾销案件"数据显示,中美之间的贸易纠纷在过去8年中一直不断,之所以未像以往那样过多引起外界的关注,固然与中美对贸易纠纷心态更加成熟有关,但更重要原因是很多纠纷及负面影响在政府工作层面得到了管控。

中美经贸关系主要问题

在看到中美经贸关系在奥巴马任内继续深化的同时,也应看到奥巴马任内中美经贸关系中矛盾面、摩擦面增多,竞争博弈加剧的事实。

中美经济摩擦在双边和多边层面均有体现。在双边层面,中国长期呼吁的美国解除对华高科技出口禁令、尽早承认中国市场经济地位和改善中国企业在美投资环境方面缺乏实质性进展。另外,美方继续抱怨中国商业环境的变化,认为中国调整相关经济政策、加大反垄断力度,是在借机保护民族企业,挤压在华美资企业的生存空间。中美双边投资协定谈判(BIT)已经进行了25轮谈判,多次交换负面清单,谈判进展已明显落后于双方领导人最初设定的目标,中美在中国投资市场开放问题上仍存在较大分歧。在多边层面,对在后危机时代,国际经贸自由化该如何走问题上,中美出现了明显的分歧。中美在经济领域的规则之争日趋激烈。奥巴马力推"跨太平洋伙伴关系协定"(TPP)政府间谈判的完成,借此抢占后危机时代国际经济规则的主导权。中国则视TPP为美国开展地缘经济竞争的重要抓手。为抵消TPP的地缘政治影响力,中国大力推动"区域全面经济伙伴关系协定"(RCEP)谈判,以期建立更符合大多数东亚国家经济发展水平的合作安排。同时,随着经济实力的增长,中国更加积极地参与国际经贸规则的制定,为国际社会提供公共产品。

中美博弈加剧固然与中美经贸往来增多有关,有其客观必然性,但奥巴马政府的一些做法对中美经贸关系摩擦增多拐点的来临也起到了加速作用。

首先,美国国内的政治气氛令奥巴马政府走极端。2008年金融危机不仅限于经济层面,其对美国社会也产生了影响。危机过后,美国社会出现了贫富分化加剧,阶层流动性下降等诸多问题。越来越多的美国民众认为传统的方法无法解决上述问题，必须采取非传统的方式。正因此，特朗普、桑德斯、卡森等这些所谓不畏权势、"吾言吾心"、体制外非传统的政治人士及其看似离经叛道的言论受到了青睐。一些严肃的学者变得"不严肃"，中美关系临界点、中美冲突、中国崩溃等预测开始频繁出现。为迎合或顺应民众，美政府官员也开始学着走极端，说狠话。

对于中国国内的反垄断调查、加强国内银行业信息安全的新规等，奥巴马政府一改往日的私下小声批评，通过政府间沟通解决的做法，转而采取将矛盾公开化，借助媒体放大对华不满情绪，以此对华施压，更勿论为中国说公道话了。美国财长雅各布·卢2016年3月22日接受国会议员质询，有议员问到美国财政部对中国经济前景的看法，卢闪烁其词。最后在国会议员的再三追问下，才表态称，他本人认为中国政府有能力应对当前经济下滑，但仍存在不确定性。这本来是一次非常好的传递美国官方对中国经济前景信心的机会，但美官员的迟疑和"平衡"表述让人们更多从负面角度进行解读。奥巴马总统2015年3月2日在接受路透社的专访时，严厉批评了中国正在起草的《反恐法》，称中国借机削弱美国企业在华竞争优势。前美国国家安全委员会亚洲事务高级主任麦艾文2015年10月20日在接受英国《金融时报》采访时曾表示，呼吁对华采取强硬措施，他认为对待崛起的中国，应该采取强硬立场，"你如果让步，中国会逼你做更大让步"。美方的做法让双方在一些问题上剑拔弩张，火花四溅。美国皮尤研究中心的民调数据显示，2015年美国人对中国看法积极的比重从2007年的42%降至38%，看法消极的从39%上升至54%。而同期，中国对美国看法积极的人的比重从34%上升到了44%，而中国人对美国看法消极的比重从57%降至49%。

其次，奥巴马政府经济政策加剧中美间的竞争。这些加剧中美竞争博弈的经济政策可分为两大类，一类是出于推动国内产业发展考虑，主观上不是针对中国设计的，但事实上加剧了中美产业竞争；另一类政策则是针对中国，带有明显的制华特征。

奥巴马政府出台的一系列制造业振兴举措属于第一类。其主观上是为了提振本国实体经济，但由于相关政策目标与尚处于全面工业化阶段的中国相同，客观结果是加剧了两国制造业的竞争。

在危机中上台的奥巴马政府通过对"去工业化"的反思，更加关注制造业。在第一任期，奥巴马相继推出一系列做实实体经济的经济政策与举措，形成"制造业振兴战略"。第二任期,奥巴马仍将继续推进"制造业振兴战略"作为重要政策目标。奥巴马在2014年的《国情咨文》中再次强调,要通过发展先进制造业来增强美国的竞争优势,希望大力推动"工业互联网"、"新一代机器人"及"制造业创新网络"等高端制造战略布局,在创新基础上不断提升制造业、发展新兴产业,抢占新一轮产业革命的领导权。在相关政策的扶持下,美国的制造业从高端到低端出现复苏态势。在奥巴马一系列促进制造业发展政策刺激下,通用电气、卡特彼勒、波音、苹果等已着手将部分生产线回迁美国。美国波士顿咨询集团2013年9月发布的研究报告称,在对200多家在华美国企业的民调显示,愿意回流美国的企业比重已从2012年2月的37%升至54%。在部分技术领域,美国积聚起较大技术优势,处于蓄势待发阶段。新型电动汽车、3D打印、生物制药等发展迅猛,制造业转型升级态势明显。按经合组织分类标准,美"高端和中高端制造业"与"中低端和低端制造业"增加值之比,从2009年的0.78升至2015年的2.51。奥巴马制造业振兴战略推动的是美国制造业全产业链的复苏,其事实上可能与正处于制造业价值链爬升阶段的中国发生"冲突"。在中国制定的"十三五"规划、《中国制造2025》中都明确提出要发展高端制造业,使中国到2025年跻身制造强国行列,中美在制造业领域的正面冲突可能不可避免。

奥巴马制造业振兴战略对中美经贸格局产生长期性战略影响。现有的"中国生产、美欧消费"格局因为"美国制造"的重新崛起而弱化。美国制造的产品和先进技术出口有望增加,发达国家尤其是美国的世界市场将进一步扩展。国际资本为博得美国等国家先进制造业发展红利,将更多地投向美国等西方发达国家。

奥巴马政府积极推动的TPP属于第二类,是有意构建排华的新自由贸易议程。在TPP是否针对中国问题上,美官方曾专门回应称其并不专门针对中国,但美政府官员随后矛盾的表态及美国邀请诸多方面均"不达标"的越南参加,实在让人无法相信中国不是谈判的"假想敌"之一。美国总统奥巴马在2015年4月白宫新闻发布会上表示,TPP不是一个防御性的协议,不会对中国造成威胁。但在2016年1月的国情咨文中,奥巴马却又指出,推动TPP谈判的主要目的是不让中国掌握规则的制定权。2月,奥巴马在《跨太平洋伙伴关系协定》正式签字后,表态称"TPP协定将让美国而不是中国主导制定21世纪亚太地区的路线和规则"。

在亚太地区，TPP 事实上是将亚太地区划分成了 TPP 成员国和非 TPP 成员国两大阵营，为中美划出了"角力场"。美国贸易代表办公室的谈判代表披露：在谈判过程中，所有谈判国心中都有一个潜在对象——中国；大家在谈判过程中都会想到如何通过 TPP 条款来限制或削弱中国的不正当竞争力；TPP 中专门设计了限制国有企业的条款，这在其他的自贸谈判中是没有的。在美日等国看来，国有企业是中国最突出的经济特色，国有企业获得了不公平的竞争优势，应该想办法削弱这些优势。卡内基国际和平基金会副会长包道格称，TPP 将逆转美国实力下滑的局面，巩固美国对世界的领导力。《纽约时报》评论甚至将 TPP 称作"美国制衡中国的经济航母"。

除战略制华意图外，TPP 也将给中国带来实际经济利益损失。根据中国人民银行研究局首席经济学家马骏等人估算，中国因被排除在 TPP 之外的 GDP 损失为 2.2%。彼得森国际经济研究所 2016 年 7 月 14 日做出最新估算称，2030 年中国将因未加入 TPP 的损失为 180 亿美元（折合成 2015 年的美元币值计算）。虽然这一损失估算大幅低于中方机构的估算，但这却是 TPP 涉及的 24 个国家或经济组织中受负面影响最大的，远超排在损失第二位的韩国（70 亿美元）。

目前，TPP 政府间谈判已经完成，进入各国国内审批程序。不管下一步审批程序进展如何，政府间谈判的完成已让美国抢占了规则制高点，未来中国等国要想加入，需要进行类似加入世界贸易组织（WTO）的谈判，"二次入世"壁垒已经形成。TPP 获各国国内审批实施后，将大大强化美国与太平洋国家的经济联系。未来若 TTIP 也完成，TPP、TTIP 将与北美自贸区共同构成美国的"一体两翼"格局，美国有望借此继续掌控未来 10~20 年国际经济秩序主导权。

在上述两大问题背后更深层次的、加剧经贸摩擦的原因是中美战略互信的不足。奥巴马政府对中国未来走向仍然抱有疑虑，认为改革前景具有不确定性，这种不确定性传导到中美关系，增加了双边关系不确定性。美国批评中国是国际经济秩序的免费搭车者，但当中国随国力增强愿意向国际社会提供公共产品时，美国担心亚投行、"一带一路"倡议等公共产品兼具政治、经济、外交和战略等多重意图，担心中国借其瓦解美国主导的国际经济体系，顾虑重重，不愿接纳。美国对中国提供的公共产品的迟疑和抵制态度对上述公共产品的质量产生了负面影响。由于战略互信不足，美方的一些政策举措也被中方理解为是在对中国围堵和遏制。

战略互信不足导致了奥巴马任内，中美双方在推动经贸关系发展的努力止步于有限提高中国在国际机构中的话语权和构建了一套危机管控机制（如中美战略与经济对话），针对性地解决遇到的问题，未对更长期的中美经贸关系发展进行一个战略设计，提出大的战略指引，而这又是非常重要的。随着中国整体实力的增长和经济外交的快速推进，中国在维护和拓展国家利益方面正变得越来越积极，而美国为了保持传统经济优势地位，对来自中国的"挑战"则越来越敏感，防范之心越来越强。中美亟须坐下来对未来经贸关系作一个认真的战略设计，构建一个全面的战略合作框架。

不足即方向

总体看，过去8年中美经贸关系在奥巴马任内获得了长足发展，存在的问题为中美两国政府明确了加强合作的方向。

战略上，中美经贸关系发展需要得到双方领导人给出的战略指引。已有越来越多的迹象表明，在后金融危机时代，随着中美实力对比的变化，中美需要建立经贸上新的"共生关系"，如将未来的中美经贸关系打造成"基于互联网的服务和货物贸易齐头并进"的"新型经贸关系"。例如，一方面，中美货物贸易增速明显下降，商品进出口合作领域趋于"饱和"。按美国商务部最新统计数据，2010年中美间货物进出口总额为4592亿美元，同比增幅24.6%，随后的中美货物进出口总额不断攀升，到2015年末达到5993亿美元，但增速放缓，2011~2015年增速分别为10.2%、6.4%、4.8%、5%和1.2%。目前中美进出口领域涉及广泛，除了美国仍然设有禁令的高科技和武器外，进出口的种类几乎涉及了所有进出口项，未来单纯在商品进出口领域合作潜力难有大幅提升。另一方面，中国对美直接投资上升势头迅猛，金融服务、旅游、人文交往大幅增加，成为中美经贸关系最大的增长点，完全有能力成为中美新型经贸关系的重要组成部分。此外，中美目前都在致力于推动经济转型，内部经济结构的调整必然会带动外部经贸关系的变化。中国积极推进的改革主要有：金融自由化、服务业开放、财政制度改革。美国积极推进的改革包括经济的"去杠杆化"和整饬财政。在此过程中，中美可发掘建立"新型经贸关系"的合作点。

在上述战略指引下,两国政府应着力为中美经贸关系"大厦"找到更多"支柱"和合作平台。一是为中美经贸关系发展营造积极正面的舆论环境,在国内舆论引导方面加强合作。二是尽早结束中美双边投资协定谈判。目前由于美方在一些具体问题上要价过高(在中方看来),导致谈判进程已明显落后于中美两国领导人设定的目标。双方需要拿出政治勇气,做出政治决断。美方若能在放宽对华高科技产品出口、解除对华武器出口禁令、承认中国市场经济地位等中方关切的问题上展现积极姿态,相信将对推动谈判发挥重要积极作用。三是加强国际经济治理合作。随着中国综合实力的不断增强,中国参与国际经济治理的能力和意愿明显上升。期待中美在国际货币基金组织和世界银行改革中加强合作,推动亚投行(AIIB)、金砖银行、丝路基金与国际货币基金组织、世界银行、亚开行的联合授信;在美建立完善的人民币交易和清算机制;期待美方能尽快加入亚投行;中国尽早加入"巴黎俱乐部"(或称"十国俱乐部"),为国际经济治理贡献中国智慧。四是加强双方国内产业政策协调,保证各自国内制造业发展。双方应加强产业政策沟通协调,引导各自国内企业在制造领域找到更多的比较优势领域,形成优势互补、错位分工。

第十六章 中美战略博弈因美经济新常态加剧

美国经济目前已进入"低增长、低通胀、低劳动参与率、高社会分化"的新常态。新常态将拉长美国增长期,一定程度上有助于防止美国透支自身增长潜力,降低了对世界经济的外溢性,对世界经济秩序调整进程负面影响较大。

其一,中美战略博弈态势加剧。美国经济向好,财政掣肘减少,将增强重塑规则的实力,令美国对外干涉主义再次抬头。金融危机以来,美国经济之所以能较快恢复,与全面收缩对外战略,心无旁骛地振兴国内经济有关。美国国内近年对奥巴马对外"软弱"已有强烈不满情绪。美国战略思想家约瑟夫·奈、新保守派谋士罗伯特·卡根等认为,美国在西方经济中较快摆脱危机,并加快经济结构调整,展现出美国经济模式强大自我修复能力,提振美国战略自信心。约瑟夫·奈在2015年出版的新书《美国世纪结束了吗》中为美国延续其面向全球的影响鼓与呼,他强调,世界变得更加复杂,美国虽然面临在经济总量上被中国超越的可能,但美国仍将保持政治、军事的强大,"美国世纪"至少还会持续数十年时间。2015年1月30日,布鲁金斯学会网站刊登由中央情报局前局长大卫·彼得雷乌斯、该学会"21世纪安全与情报中心"共同主任迈克尔·欧汉伦合著的《一路上行的美国》一文称，美国经济表现令人欢欣鼓舞，未来20~30年，美优势地位将愈加明显。经济实力恢复提振美国推进制度霸权雄心。面对后危机时代的国际经济秩序变动趋势，美国有意巩固对规则的主导权，通过积极推动TPP、TTIP、双边投资谈判、WTO诸边谈判（如信息技术谈判、政府采购谈判、服务贸易谈判）等，构建符合美国发展利益的规则体系，让美国在全球产业价值链中继续处于有利位置。目前，美国战略界已开始喊出"美国又回来了"的口号，呼吁美国更加积极地参与全球事务。战略与国际问题研究中心称，美国经济复苏后，为制衡中国在外交上咄咄逼人的态势，亚洲更需要美国在亚洲发挥更大的经济和政治领导力，制定新时期的欧亚大战略，扮演好"离岸平衡手"角色。

其二，美国经济持续增长将迟滞世界经济"双循环"结构的形成。近年世界经济格局的一个重大变化是出现了一个"双循环"，一个循环是新兴经济体与美欧发达国家的传统经济循环，另一个正在形成的循环是新兴经济体与亚非拉国家通过贸易、投资、产业转移形成的经济新循环。中国正处于这两大循环交接处，"双循环"同时运转于中国有利，中国可同时利用发达国家和发展中国家两个市场。但美国经济"新常态"可能令上述"双循环"形成速度放慢，甚至致其停滞，本可在新循环中进行贸易和投资转而流向传统循环，使美国成为吸引国际资本和贸易的"黑洞"。

目前上述负面影响已开始显现。一是随着美对内加紧振兴实体经济，对外调整经济战略布局，其大部分增长红利正被固化在国内，美国经济增长带动外部进口的外溢效应明显减弱，反倒是美国对外出口有所增加。2010年以来，美国出口表现一直好于进口表现，出口增速一直高于世界总体水平。美国商务部经济分析局2015年4月2日公布的数据显示，美国2015年2月贸易账户逆差已降至354亿美元，为2009年10月以来最低水平。二是美国页岩气革命、制造业复兴和美元升值令国际资本向美国集中。2014年初以来，美元和美元资产再度受到国际资本追捧。美国财政部2015年3月公布的数据显示，国际资本净流入美国态势明显，2014年9月净流入1643亿美元，10月净流入1784亿美元，11月净流入2230亿美元。全球外汇交易中，美元交易占比从2010年的85%上升到目前的88%。国际货币基金组织2015年3月31日发布的"官方外汇储备货币构成（COFER）"数据显示，全球央行正在增持美元，2014年四季度美元在全球货币储备的占比增至62.88%，同期欧元比重缩至22.2%。据英国《金融时报》报道，受美元走强等因素影响，新兴经济体正在经历近6年最大资本外流。2014年三四两个季度，从最大的15个新兴经济体流出的资本总量高达3924亿美元，2015年一季度，新兴经济体资本外逃有加速态势，预计将达到2500亿美元，由此过去的三个季度外资共流出6424亿美元，超过2008～2009年金融危机最严重的三个季度，当时新兴市场才流出5459亿美元。2015年3月13日，美元指数破100，创下12年来新高。

由于未来一段时间，温和低速增长将是美国经济的新常态，这就决定了美联储未来升息之路必然是小幅渐进的，这也决定了美元未来还将经历一段较长时间的升值之路。渣打银行研究报告称，从历史表现来看，美元一轮长期升势通常会持续5～7年，升幅在40%～70%，目前美元正处于上行周期。发展中国家将面临较长时间的资本流出的压力。从历史上看，每次美元大牛市都伴随着一些地区的衰落。1978～1985年期间拉美步入衰落，1992～2001年间亚洲的黄金岁月终结。本轮美元走强已给新兴市场带来风险：美元升值增加了新兴市场国家的债务负担、资本外流引发流动性危机。土耳其、巴西、南非等已感受到冲击。2015年以来，巴西雷亚尔兑美元汇率累计下跌15%，跌至10年新低；南非兰特下跌6%，创13年新低；土耳其里拉下跌11%，创历史新低。

其三，美国经济的"新常态"可能延长美国对中国赶超的焦虑期，中国受美国战略打压的压力增大。守成大国和崛起大国经济规模逐渐接近，但尚未被"超车"之前，通常是守成大国战略心理上最为焦虑的阶段，出于维护自身地位的需要，必然会对崛起大国进行打压。当前，中美经济"下探"与"上行"态势对比明显，中美实力拉近速度因此放慢。按照2008～2012年中美两国的平均增速9%和2%计算，中国经济总量将在2020年左右赶上美国，但按照2014年中美两国预期的7%和2.4%的经济增速计算，中国赶上美国的时间将被延长到2025年。中国赶超美国的时间虽被拉长，但这并未能让美国释怀，美国认为中国超美的雄心并未改变，美国仍会动员和集结各路拥美势力，通过"规则牌"、"盟友牌"、"制裁牌"等对中国经济发展进程产生影响。

事实上，中美之间的博弈已经升级，火药味渐浓。

2013年7月，美国媒体披露，部分议员正酝酿出台法案，要求政府允许加大国内稀土开采。美议员称，此举主要是为了减少对中国稀土的依赖，保障美国国家安全。

当年7月9日国会众议院规则委员会通过了《2013年国家战略与关键矿物生产法》法案的审议，正式提交众议院大会讨论。该法案是2013年2月由众议院内华达州共和党议员阿莫迪提出，目前已有近60位议员签名支持该法案。

根据法案，在企业提交开采战略矿物资源的申请后，美国审批部门必须在30个月内做出审批，无正当理由不得拖延审批。在众议院规则委员会的辩论会上，阿莫迪议员阐述法案的目的时称，该法案的提出是基于国家安全和经济复苏的考虑，希望能加快国内战略矿物资源的开采，减少对中国的依赖。

目前看，推动美扩大本土稀土开采背后的主要因素有：一是市场需求巨大。稀土元素是制造火箭、电脑、隐形飞机、LED荧光管等诸多产品不可或缺的原料。更为重要的是，稀土是制造节能环保产品的重要原材料，美国要减轻对化石能源的依赖，从海外进口已不能满足自身需要。《福布斯》杂志称，美国坐拥世界上已探明的15%的稀土储量，但产量却不足世界的1%，造成这种生产能力与美国内需求和储量不相匹配的主要原因是政府限制稀土资源的开采。

二是出于自身军事安全的考虑。美《防务新闻》称，美国尖端武器研发所需的稀土大多来自中国，而中国加强对稀土出口的管理将可能威胁美军事能力。美军方、军工企业以及能源开采企业一直以此为理由游说政府和国会扩大对本土稀土资源的开采。

三是掌控稀土新材料领域的主导权。目前，稀土新材料领域的知识产权主要为美欧日所掌控。但随着中国稀土工业的快速发展，中国在该领域的自主研发能力不断上升。有美国专家提出，要想引领稀土新材料领域的发展，美国必须适度提高开采量，并在开采、加工过程中实现更大技术突破。

四是为科技行业发展提前布局。美国目前已重拾经济增长步伐，一些新技术不断实现突破，由科技创新引领的经济繁荣可能再次在美国出现。目前看，信息技术、生物技术等将是美未来科技产业发展的重点，而稀土是这些技术应用所必需的重要基础材料。美国磁性材料协会的报告称，稀土开采的主要问题：一是开采成本高，非常难以提取；二是环境污染严重，要在美大规模开采稀土资源，需要建立一套产业链，而这需要时间。为迎接科技行业的大发展，美亟须提前布局，建立起国内的稀土供应链。

虽然现在还无法判断《2013年国家战略与关键矿物生产法》法案能否最终实施，因为相当数量的民主党议员认为，如果批准该法案可能会加快对环境的破坏，但从其作为法案被提出，并在国会众议院规则委员会获得通过这一过程看，美国对中国管理稀土出口的做法的不满和顾虑并未消除，以洛克希德马丁公司为代表的利益集团的游说力度并未减轻。

不管法案前路如何，相信民主党及奥巴马政府一定会出于平息外界不满的考虑，在稀土问题上对中国施加更大压力，要求中国放松稀土管理措施。而中国可能出于保护资源和环境的考虑，继续坚持目前的稀土开采和出口管理措施。在稀土问题上，中美两国新的碰撞和摩擦将不可避免。

此外，中美还在诸多其他领域激烈博弈，火花四溅。2013年7月，在美上市公司审计监管委员会（审监委）要求入境审计在华会计师事务所及中国会计师遭拒后，美证交委向美联邦法院提出诉讼，指控五大会计师事务所（普华永道、毕马威、安永、德勤、德豪）违反联邦证券法，拒绝接受监管，阻挠证交委对其中国客户的审计调查，要求法院暂停"五大"中国分支的执业资格，同时要求中国政府允许美国监管机构有权调查会计师事务所中国分支的审计记录和其他相关文件。对中国在国内进行的反腐、反垄断行动，美方妄称中方真正意图是保护国内市场，"定点清除"美欧企业。对中国积极推进"一带一路"倡议、"丝路基金"、"金砖银行"等，美方称中方带有战略野心，并阻挠英国、澳大利亚等盟国参加"亚洲基础设施投资银行"。美国约翰·霍普金斯大学"中亚—高加索研究所"网站、"国家亚洲研究局"网站、《国家利益》杂志网站等载文认为，中国的"一带一路"倡议兼具政治、经济、外交和战略等多重意图，对美国影响重大深远，将使欧洲变成经济上融入并依赖中国、位于亚洲大陆远端的一个半岛，同时加强俄罗斯、中亚、东欧和中东对中国的依赖性，将美国孤立为漂浮在大西洋和太平洋间的一个孤岛。

对中国要求被纳入IMF特别提款权（SDR），2015年3月31日美国财长雅各布·卢公开表态称，中国需要放宽资本流动管制和利率设定的控制，才能让人民币成为IMF特别提款权一揽子储备货币中的一员，暗示人民币还没资格成为国际储备货币。

对于中国拟在2015年3月实施的加强国内银行业信息安全的规定，美国政府表示强烈不满。美国贸易代表办公室专门召开紧急会议，并邀请数十名美科技业高管和行会官员与会商讨对策。联邦调查局局长詹姆斯·科米公开表示支持确保美掌握密钥。美副贸易代表罗伯特·霍利曼表示,美将持续游说中国对相关规定"踩刹车",直到有"令人满意的解决方案"。

《华尔街日报》2015年2月17日报道称,美国贸易代表弗罗曼、国务卿约翰·克里、商业部长彭妮·普里茨克和财政部长雅各布·卢联名致信中国政府,对中国拟实施加强银行业信息安全的新规定表示关切。

对于中国正在起草的《反恐法》,奥巴马2015年3月2日在接受路透社的专访时,给予了严厉批评。奥巴马声称,有关法案将迫使外国高科技企业向中国政府提供加密密钥,并在系统中设置安全"后门",供中国监管部门监督访问使用。他声称,他担心这将导致所有的在华外企,包括美国公司,不得不交出他们的用户资料,以便中国政府可以掌握并追踪这些信息。此外,美国还积极鼓动其盟友对中国发难。菲律宾在国际仲裁法院起诉中国、中日东海争端会激化、香港"占中"事件等背后都可以看到美国的黑影。

在2016年的总统大选中,中国成为特朗普首要攻击目标。特朗普称中国通过汇率操纵、提供不正当补贴等手段使中企在出口中获取巨大优势,造成美中贸易中美国处于"不平等"地位,承诺就职后会立即认定中国为"汇率操纵国",对中国商品征收45%的进口关税来削弱中国出口商品的不正当竞争优势,等等。

第十七章　美国经济新常态对中国"一带一路"倡议的影响

与美国经济新常态几乎同时成形的是中国的"一带一路"倡议。中国倡导和推动"一带一路"倡议的根本目的是推动区域间贸易投资活动的增长和更广泛的区域合作，通过充分利用各经济体的比较优势做到贸易投资成本的最小化，促进区域间资源优化配置。但当中国的"一带一路"倡议遇上美国经济新常态时，中国的"一带一路"倡议所面临的外部环境变得异常复杂。

美国对"一带一路"倡议的经济影响顾虑重重。过去10年，中国与沿线国家贸易额年均增长19%，对沿线国家直接投资年均增长46%，均明显高于同期中国对外贸易、对外直接投资总体年均增速。2013年，中国与沿线国家贸易占中国对外贸易总额的1/4，对沿线国家直接投资占中国对外直接投资总额的16%，在沿线国家承包工程营业额占中国对外承包工程总额的一半。美国非"一带一路"倡议直接相关国，美国从中获得的经济利益是间接和隐形的，反倒是，中国与沿线国家加强经贸合作后，对美国产生的冲击却是直接和显性的。新常态下，美国将面临劳动力市场不活跃、劳动参与率低迷、经济通缩的压力，因此，在失业、国际大宗商品价格等问题上将较为敏感。

在战略层面，美国战略界有人担心"一带一路"倡议带有更大的政治目的，将瓦解美国全球领导力。随着"一带一路"倡议的不断实施，在贸易和投资之后，将会有一系列金融安排，人民币将借机"出海"，这将削弱美元国际地位。美国《国家利益》杂志网站等载文，称中国的"一带一路"倡议兼具政治、经济、外交和战略等多重意图。

美国经济新常态为美国在经济和战略层面做出反应，为重拾对外干涉主义提供了物质基础。美国国际关系委员会罗伯特·布莱克威尔2015年4月13日在美国《国家利益》上发表文章，称中国必须被遏制，呼吁美国不能再协助中国崛起。为掌控面对后危机时代的国际经济秩序变动走势，巩固对规则的主导权，美国加大了对TPP、TTIP、双边投资谈判、WTO诸边谈判（如信息技术谈判、政府采购谈判、服务贸易谈判）等的推动力度。由于上述谈判带有明显的排中国特性或有意为中国树立高准入标准的目的，其在一定程度上与中国"一带一路"倡议形成战略竞争。一些"一带一路"倡议参与国乘机两方要价，增大了"一带一路"倡议的实施难度。

但也应看到，很多"一带一路"倡议参与国对由美国主导的后危机时代经济规则抱有不小疑虑，担忧国内产业和对外贸易会受到冲击，担心国内产业升级和技术创新在缺乏政府保护的情况下陷入发展陷阱。这一点可以从有关贸易协定谈判进程的艰难和反复中可以很明显看出。这其实为"一带一路"倡议的实施提供了机遇，中国"一带一路"倡议为它们对冲美国战略压力提供了选项。

特朗普经济政策给"一带一路"倡议带来的机遇和挑战

特朗普的经济政策及美国经济走向给"一带一路"倡议带来的既有机遇，更有挑战。

未来"一带一路"倡议大规模实施的外部条件是中美间在"一带一路"问题上消除战略疑虑，以市场规则为基本条件，借助全球化平台将资本、劳动力、生产设备要素围绕"一带一路"项目进行配置。但特朗普政府推行和即将推出的经济政策给"一带一路"倡议带来了巨大挑战。

其一，特朗普领导下的美国，气度和胸襟变得越来越小，对"一带一路"倡议的大红大紫可能会比亚投行更加难以接受，美国对华战略疑虑或将进一步加重。美国战略界、学界已有人开始煽风点火，称"一带一路"倡议带有更大的政治目的，将瓦解美国全球领导力。

其二，特朗普经济政策挑战国际市场规则、迟滞全球化进程。特朗普"美国优先"的经济政策带有明显的保护主义、单边主义、本土主义、实用主义的特征。其在就职演说和首次国会演讲中都提出"美国第一"的新时代，把"雇美国人、购美国货"作为任内两大政策原则，特朗普的直接政策目标是要把大部分增长红利留在美国国内。美国贸易代表办公室2017年3月1日提交给国会的《2017贸易政策议程及2016年度报告：美总统贸易协定规划》中就明确提出，美国将采取一些非传统的贸易措施，并声称，贸易政策要"维护美国家主权"，若世贸组织争端解决机制的裁决损害美利益，美国将不会遵守相关规则。这种极端自利的政策倾斜或许表明美国的国家政策基调在未来一段时间会有一个方向性的调整。步伐已经放缓的全球化将继续减速，国家间的摩擦将进一步增加。据世贸组织统计，2016年世界贸易增速仅为1.7%，不及预期的2.2%，为2009年以来最低值。特朗普的贸易政策变化将令世界贸易更加萎靡。更令人担忧的是，其他国家若效仿美国，无视享有多边贸易规则，公开违反世贸组织多边贸易框架和规则，全球化进程将遭受更为严重的冲击。

其三，特朗普由多边转向双边的对外贸易政策调整将阻碍加强全球统一治理努力，为"一带一路"倡议的全球推广增加难度。过去20年，世界经济合作的一个重要合作进步就是多边合作的兴起和快速发展。越来越多的利益相关者被纳入同一合作框架，虽然谈判的效率和政策落地的效率有所降低，但是合作体现了多元化的特征，照顾到了不同合作者的利益诉求。2017年1月23日，特朗普宣布美国退出TPP。此前，奥巴马总统积极推动的《跨大西洋贸易与投资伙伴协定》（TTIP）谈判也被特朗普搁置。从特朗普随后的讲话中可以看出，特朗普想做的是重回双边谈判架构，与主要贸易对象进行"一对一"、"事对事"的谈判。这样做的确可以提高谈判的效率，有针对性地解决存在的问题，但是由于其是在双边框架下达成的，无法大面积推广，其效用有限，更容易形成小集团、小圈子。

第十八章 特朗普推动制造业向美集聚意欲何为

2017年7月21日,美国总统特朗普颁布行政令,要求美国国防部、商务部、国土安全部、劳工部、国家情报总局等十多个部门联合对美国的制造业和国防工业基础及供应链弹性进行评估。

行政令要求评估的重点主要有:一是找出事关美国国家安全的军用和民用的关键性原料;二是研究处理上述关键性原料的核心技术和能力;三是分析能够影响、限制、削弱或破坏上述供应链的国防、情报、国土安全、经济、自然、地缘政治等因素;四是评估美国制造业和国防工业基础应对相关风险的能力,并提出应对策略和改进建议。

这是特朗普入主白宫后发布的一份非常重要的行政令。之所以说其重要,有这样几个原因:

首先,这是首份需要各个部门通力合力完成的评估报告。而此前,特朗普发布的行政令绝大多数针对的是个别及少数几个具体部门。如2017年3月底,特朗普颁布的《加强对违反贸易关税法案的"双反"执法》行政令要求国土安全部强化执法,对相关产品征收"双反"关税,90天内列出违法进口商名单及制定具体政策;《要求提交巨额贸易赤字综合报告》行政令要求商务部为主责部门,90天内拿出全面的评估审查报告,就"汇率偏差"等问题展开调查。此次，颁布的行政令之所以要求十多个部门共同参与，既说明供应链问题的复杂性，涉及面广泛，可能也透露出特朗普将在此问题上做出大动作，在此之前需要一个由各方通力合作做出的"客观"评估结果。

其次，行政令的发布表明特朗普找到了撬动海外制造业向美国集聚问题的重要抓手。特朗普在2016年美国总统大选中做出的一个非常重要的承诺是推动美国海外制造业回归，为美国创造更多制造业岗位。竞选中，特朗普曾提出在10年里创造2500万个就业岗位。为制造业蓝领工人创造更多的工作岗位的承诺帮助特朗普赢得2016年的美国总统大选。但很多经济学家和市场人士对此并不看好，普遍认为这只是竞选许诺，恐难兑现。美国海外制造业目前已与所在国或地区的供应链高度融合，生硬地将美国制造业与原供应链撕裂，逼迫其回到没有上下游支撑的美国市场，无异于将鲸鱼搁浅在海滩，结果自然是悲剧。制造业、供应链涉及经济方方面面，的确很难找到政策的直接切入点，这也是特朗普为何在苦苦思索了182天（2017年7月21日距离特朗普入主白宫已过去182天）后，才最终在此领域有所动作的主要原因，背后或有高人指点。

从国防和制造业角度、全供应链角度来看美国制造业振兴，特朗普其实选择了一个于自己有利的施政角度，拥有维护国家安全的天然"政治正确"的优势。竞选中，特朗普较民主党总统候选人希拉里更受美国军方青睐。2016年6月的一项民调显示，超过半数美军现役军人支持特朗普成为美国总统，支持率超过希拉里近20个百分点。2016年9月，88名美军退役将领联署支持特朗普当选，这其中涵盖了美国海陆空三军，其中包括了4位四星上将和14名中将。2017年5月，特朗普政府发布2018财年政府预算报告，提出将基本国防预算提升10%，增幅创十年新高。白宫正式提出将2018财年年度基本国防预算从2017财年的5228亿美元提升到5745亿美元，年度增幅达10年来新高。加上主要用于反恐的海外应急行动经费646亿美元，特朗普政府提出将新财年的军费总额增加至约6390亿美元，达到自2013财年以来的最高点。对军事和国防的重视，让特朗普似乎比任何人都更有资格来谈论维护美国的国家安全。在行政令中，特朗普强调当前美国所处的劣势：2000年以来，美国失去了6万家美国工厂和关键性公司，500万个制造业就业岗位丧失，这威胁到了美国国防建设和制造业基础，对美国的国家安全和国家利益构成威胁。通过渲染外部对美国国防乃至国家安全造成威胁，既为推动海外企业回流，兑现竞选承诺找到了抓手，更为其保护主义的政策寻找到了冠冕堂皇理由。

再次，为特朗普后续政策出台创造条件。特朗普前期靠威胁加上小甜头的手段的确改变了一些美国企业海外投资的计划。如2016年12月，特朗普强行阻止美国大型空调企业开利空调（Carrier Corporation）将工厂迁往墨西哥，把1069个就业机会留在了中西部的印第安纳州。特朗普对此开出的条件是提供700万美元的减税优惠。2017年1月3日，特朗普通过推特威胁美国汽车制造商，如果将生产转移到墨西哥，将需要支付大额关税。1月5日，特朗普发推特点名道姓，批评福特在墨西哥建造工厂的计划。随后，福特取消了投资16亿美元在墨西哥新建预定2018年投产的小型车工厂的计划，转为向美国密歇根州的现有工厂投资7亿美元，生产纯电动汽车（EV）和自动驾驶汽车，在美国国内增加700个工作机会。菲亚特、克莱斯勒也发布声明，称将在密歇根州及俄亥俄州建立新工厂，并增加2000多个工作机会。

但仅仅靠威胁加上小甜头的手段无法长久，长久之计是降低在美国投资设厂生产的税赋，让企业产生内在动力，这有赖于美国的税制改革，核心措施是进行大规模减税和放宽限制，将联邦法人税税率从35%下调至15%，以及在能源和金融等领域取消和放宽限制等等。特朗普在奥巴马医保改革问题上的失败（目前看是失败了），说明即使在共和党同时控制国会和政府这样的一个绝好条件下，要想推动大的改革亦非常困难了。美国的税制改革面临同样的难题。从国防角度切入，将美国制造业基础与国家安全、就业等问题关联起来，顺理成章地要求改革税制，增强特朗普要求国会通过税改计划的底气。

未来，特朗普推动美国制造业回流美国的竞选承诺能否兑现，关键取决于以下因素：

一是对美国的制造业和国防基础及供应链弹性的评估结果。美国是否真的面临很大外部威胁？由此威胁到美国国家当前及未来的国家安全？

二是特朗普的税改方案能否获得国会批准？如果不能获得批准，最有可能的结果是，在政府提供的有限的税收优惠或财政补贴下，高端制造业没有回流，回流的都是中低端制造业。

三是特朗普的税改方案何时能够提交国会，并获得批准？目前看，由于替换和废除奥巴马医改的法案在国会遭遇到了巨大的阻力，特朗普的税改计划被严重推迟。如果 2017 年中期不能通过的话，未来要想推动可能难度更大。现在推动海外制造业向美集聚已经非常困难，再推迟两年，难度会更大。

四是外界对特朗普推动制造业回流政策将做何种反应？特朗普吸引或迫使海外制造业回流政策必然会引发外界的反应。为抵消特朗普政策对制造业的"拉力"，相关国家必然会通过减税、市场化便利、更加全面的供应链合作来留住这些制造企业。制造业能否向美集聚将取决于"吸力"和"拉力"两种力量对比。

第四部分
中国应对

保持战略定力,锐意进取,为民谋利,不忘大国责任是中国应对复杂的外部环境和国内改革压力的最好方略。

第四部分

中国立政

第十九章　对中国经济增速放缓保持定力

世界银行2013年10月7日在最新的《东亚太平洋经济报告》中预测，"随中国经济从出口型向内需型过渡，东亚发展中国家的经济增长速度将会放慢。"世界银行预计中国经济2013年增长7.5%，2014年增长7.7%。该行在半年前预计中国经济2013年增长8.3%，2014年增长8.0%。

国际货币基金组织在2013年《世界经济展望》报告中预测，中国经济正在减速通道上前行，预计中国2013年、2014年两年的经济增幅分别为7.6%和7.3%，分别较此前预测下调了0.2和0.4个百分点。

对于中国经济放缓，应该客观看待。

一是中国经济放缓是世界经济弱增长格局下的必然产物。目前世界经济仍在调整中艰难复苏，中国经济增速放缓不是孤立的特殊事件。欧洲国家仍远未走出债务危机阴影，欧元区内部增长失衡未明显改善。2013年一季度欧元区经济环比萎缩0.2%，连续6个季度萎缩，二季度刚刚止跌回升。日本在安倍经济学刺激下，2013年上半年增长动力有所增强，但可持续性备受质疑。受外需下降及国内经济调整影响，一些新兴市场与发展中国家经济增长步伐放缓。与巴西、印度、俄罗斯等国不容乐观的经济走势相比，中国仍保持着"较高增速"。

二是中国经济放缓是"有调控"的增速放缓。中国经济增速放缓属于主动放缓，目的是为了从中长期着手调整经济结构，摆脱出口和投资导向型模式。中国国家主席习近平2013年10月7日在亚太经合组织工商领导人峰会闭幕式上发表的题为《深化改革开放，共创美好亚太》的演讲中再度重申，为了从根本上解决中国经济长远发展问题，必须坚定推动结构改革，宁可将增长速度降下来一些。亚洲开发银行2013年10月2日发布的年度经济报告《2013年亚洲发展展望更新》预测中国经济将放缓，但认为这是结构转型过程中必然付出的代价。

更为重要的是，放缓是有底线的。中国政府仍有相当的实施经济刺激政策的空间，中国经济不会无底线地下坠。中国政府已经宣布了一系列的刺激计划，表明了中国政府仍有相当大的财力来实施经济刺激。如财政部决定自2013年8月1日起减少对小微企业的征税额，年减税规模近300亿元人民币。2013年7月24日，国务院常务会议决定"十二五"期间，力争"十二五"铁路完成固定资产投资3.3万亿元，比原定规划目标的2.8万亿元增加0.5万亿元。环保部正考虑出台空气和水污染治理的投入，预计总规模将达到1.7万亿元。7月30日，中国人民银行通过7天逆回购向市场注资170亿元，这一规模对于中国银行间市场而言虽然规模很小，但央行注资实际行动对于央行表达在市场经历钱荒后提供流动性的意愿是个重要的信号。

三是中国经济增长动力并未枯竭，潜力仍很巨大。首先，中国仍是发展中国家，从发展阶段上，中国具有"后发的潜在优势"仍有上升空间。过去10年，中国已逐步向产业链的高端上移，从生产低端产品发展到制造电子设备和高新技术产品。虽然中国生产成本开始上升，但考虑到中国不同地区所处的发展阶段存在巨大差异，中国完全可以在国内实现产业转移。此外，不断推进的制度改革将释放出巨大的制度红利，推动中国经济向前。党的十八届三中全会召开后，新一届政府确定了更明确的市场化改革方向，将进一步打破阻碍中国经济发展的藩篱，刺激经济活力。

其次，城镇化有巨大潜力。中国的城镇化率目前水平仍然较低，2011年才突破50%，2012年为52.6%，相当于20世纪70年代早期的日本。未来中国城镇化进程将会加速，未来十年中国的城镇化水平将提升至75%，大量农村人口将在城镇落户。与之相伴的是，居民收入的同步提高，国内需求的释放。

再次，中国仍享有人口优势。庞大的人口即意味着巨大的市场，比重较大的青年人群体则意味着经济潜力仍然存在。目前中国人口年龄中位数为36.3岁，日本为45.8岁，年轻日本将近10岁。中国24岁以下的人口比重为32.6%，日本为23.1%，年轻人比重比日本高近10个百分点。

中国经济新常态对美欧利大于弊

中国经济放缓成为西方媒体，尤其是美欧媒体的关注焦点。一些美欧媒体、华尔街机构甚至将中国经济放缓视为"黑天鹅"事件。其原因除了华尔街因做空投机需要炒作外，更重要的是没有客观全面地看待中国经济放缓的影响。

未来一段时间，中国将步入"降增速、增就业、调结构、重民生"的经济"新常态"，中国经济将以低于8%的速度保持更稳固的增长。中国经济"主动"放缓对美欧来说，利大于弊，是件好事。

政治上稳定的中国对美欧更加有利。以增长为优先目标的中国经济增长模式通过几十年的发展，已经暴露出大量问题：环境污染、高房价、看病难等问题正在中国社会激起民怨。中国主动放缓经济增速，是为了更加重视民生问题，保持社会稳定。中国体量如此巨大的经济体，一旦出现社会动荡，发生社会危机，对美欧乃至世界都是巨大的安全隐患。

中国经济放缓有助于缓解美欧的心理焦虑感。2013年7月18日，美欧皮尤研究中心公布的民调显示，44%的受访美欧民众认为中国经济比美欧更强大，但仅有37%的美欧民众对中国持积极印象，低于两年前50%的水准。英国《经济学家》预测，中国有望最快在2016年规模上超越美欧，成为世界最大经济体。美欧人担忧随着中国经济实力的快速上升，中国的政治诉求也将扩大，威胁到美欧的世界霸权地位。美欧国家情报委员会《全球趋势2025——转型的世界》报告预测未来国际体系将从美欧主宰的单极世界向老牌列强和崛起大国难分上下的等级结构转变。当奥巴马在宣传他的"美欧梦"，特朗普鼓吹"美国再次伟大"梦想时，中国经济增速的放缓在一定程度上将延长中国赶超美欧的时间（估计至少5年时间），有助于缓解美欧的焦虑感。

只要中国经济不是短期内大幅放缓，中国经济放缓对美欧经济的负面冲击将被正面收益所抵消。不可否认，中国经济放缓会对美欧经济产生一定的负面影响。一些较为依赖中国市场的美欧企业利润将可能受到影响。如百胜餐饮集团、永利度假和博通公司50%以上的收入都来自中国。中国消费需求的减弱可能会在短期内对这些企业构成影响。

但从长期来看，中国经济主动放缓，追求新的平衡，对美欧来说是件好事。

其一，有助于推动国际大宗商品价格走低。2000~2011年，国际金价上涨了500%，铜价上升了450%，油价上涨了365%，这背后与中国的高速经济增长带来的对资源的大规模需求有关，中国降低经济增速，也不排除国际资本为博取中国高速增长红利，选择大宗商品交易来曲线投资。中国经济步入"新常态"，由粗放型生产方式转向精细化生产，有助于降低对外资源需求，降低国际大宗产品价格，降低美欧面临的国际通胀压力，这对于依赖原材料的美欧消费者和生产者是个好消息。

其二，中国经济放缓推动国际资本回流美欧，而美欧目前正在推进制造业振兴和经济转型，急需大量资本投入。

其三，中国经济放缓不仅倒逼中国国内改革，也在一定程度上对美欧的对华贸易结构乃至经济结构的调整产生"倒逼"压力。正如经济学家斯蒂芬·罗奇在美欧《大西洋月刊》上撰文指出的，中国经济放缓将意味着中国会减少购买美欧国债数额，这将迫使美欧更加严肃地考虑其长期储蓄不足问题，加快国内经济结构调整。

其四，长期看，随着中国经济结构的日趋合理，中国消费力的增强将更加有利于美欧对外出口。随着中国迈入中等收入国家行列，中国将更有人力、财力、物力投入到知识产权保护、网路安全等美欧关切的领域。

正面回应对中国经济的悲观情绪

2016年1月27日，美国国务卿克里访华，从访华的议题安排看，朝核问题是此次中美关注、讨论的重点。但中美间同样需要关注的还有美国国内对中国经济前景日趋悲观的问题。

一段时间以来，放缓、硬着陆、衰退等字眼占据美国国内报刊、网站重要位置（有时甚至是头版头条）。美国媒体聚焦于中国经济放缓，除了担心中国经济放缓会带来一系列社会、政治影响外，其实也在为美国经济减速找借口。

从陆续公布的一些美国经济重要数据看，美国经济从2015年四季度以来出现明显放缓势头。美联储2016年1月13日发布的最新研究报告称，除汽车和航空器材外，大部分美国制造业都出现了较为明显的增速放缓。1月28日发布的美联储会议声明指出，美联储公开市场委员会2015年12月份召开会议以来所收到的信息表明，经济增速在2015年底放缓，随后几个月以来，净出口一直保持疲软，库存投资放缓。通胀继续低于公开市场委员会的长期目标，表明能源价格以及非能源进口产品价格下跌给美国国内带来通缩压力。美国供应管理协会（ISM）2016年1月公布的最新12月非制造业采购经理人指数（PMI）为55.3，为2014年4月来最低，低于媒体调查访问的67位分析师预期的56.0，全国工厂活动指数从上月的48.6降至48.2，就业指数从51.3个下降到48.1。美国国内担忧以制造业为核心的美国实体经济的重振可能会在2016年放缓脚步。

美国商务部公布的最新数据显示，美国国内销售额增幅不及预期。2015年增幅仅为2.1%，为2009年以来最慢增速。剔除汽车、石油及建材消费，美国国内销售额实际下降0.3%。

国际油价持续走低对美国国内石油行业造成冲击。国际评级机构惠誉发布报告称，2015年12月，石油勘探和开采公司的违约率从2014年0.5%飙升到了11%的峰值，违约率增幅为2000%。全球最大资产管理公司贝莱德预计在低油价打击下，未来将有400家能源公司倒闭。

对于上述问题，美国国内也在找根源，各种观点都有。但很多观点是将目光聚焦中国，认为中国对美国经济目前的困难负有责任。他们的逻辑是：美国国内需求不旺、制造业发展缓慢是因为中国经济放缓降低了对美国商品的进口需求。人民币的持续贬值让美元币值更加坚挺，削弱了"美国制造"的价格竞争力，打击了美国对外出口。奥巴马提出的出口倍增计划，即到2015年末实现出口总额较2010年翻一番的目标已经落空，美元升值将令上述目标在2016年也无法实现。

2015年下半年以来，美国股市动荡明显加剧。美国国内有分析认为，这背后的原因是中国资本市场动荡引起的，中国市场的波动对美国股市造成了负面冲击，给美国市场带来了动荡。2016年中国股市的熔断再次对包括美国股市在内的国际市场产生了影响。中国股市2016年1月7日第二次触发熔断机制，引发美股大幅下跌，道指下跌392.4点跌幅2.32%。上述现象表明中国经济对美国经济影响力已在贸易途径之外找到了新的路径——资本市场。

还有很多美国人认为中国经济放缓对美联储的货币政策造成影响。美联储曾暗示2016年将进行4次利率上调，而中国资本市场的种种情况却成为美联储继续加息的最大外部阻碍因素，2016年美联储实际加息的可能只有1次。这些美国人认为，中国经济形势的变化干扰了美联储加息计划，对其造成的负面影响中国应该负有责任。

对于国际油价的持续低迷，则有相当数量的美国人认为主要原因是中国经济的放缓降低了对石油等大宗原材料商品的需求。低迷的油价对美国国内油企产生较大成本压力，一些企业的破产和效益的下降将会引发附着在其上的金融资产和衍生品价格波动。

上述将美国经济放缓归咎于中国的看法的最大内在漏洞在于认为美国经济的健康与否取决于中国经济状况，而不是美国国内消费、投资以及政策调整，这显然过于牵强，是不合理的。

对将美国经济放缓归咎于中国的非理性看法虽然不必过度反应，但对美国国内对中国经济放缓的悲观情绪，中国却不可轻视。悲观情绪的持续蔓延将直接影响到国内外投资者在中国长期的经营和投资决策。中国美国商会2016年1月20日发布的研究报告显示，越来越多的美国在华公司考虑或已经着手削减在华投资，部分公司正考虑将生产迁出中国。具体而言，1/3左右的中国美国商会会员公司2016年不准备扩大投资，1/3的公司投资增速计划低于10%，仅1/3公司投资计划高于10%，上述比例计划为近年新低，表明对中国经济前景的不乐观预期已实实在在影响美国在华企业的经营决策。

持续的负面报道将为新的中国威胁论提供环境。新版本的中国威胁论认为中国经济的放缓将对中国社会和政治制度造成巨大压力，它不再鼓吹中国经济会马上崩盘，而是认为会持续发展，但社会、政治会出现动荡和变化。

中国应该对美国国内对中国经济放缓的负面情绪积极回应，降低其对中美关系的负面影响。

第一，中国应展现一个开放的姿态。不回避使用"放缓"、"减速"的字眼，因为这是事实。但中国应该强调，经济放缓并非中国的独有现象，不是一个独立事件，更不是"黑天鹅"事件。中国经济放缓只是"集体性放缓"大势下的一个局部表现。2015年俄罗斯国内生产总值与2014年相比下降了3.7%。国际货币基金组织预计，巴西经济2016年仍陷于衰退，萎缩3.5%。与上述国家相比，中国经济其实表现出了很强的韧性。

第二，增强政策的透明性。中国可以拿出自己的"工具箱"，列出中国能够使用的政策选项，明确向外展示中国仍有应对危机、提振经济的手段。在目前关键时期，增强政策的透明度有助于降低由猜测产生的政策疑虑。

第三，多用事实、数据回应外部质疑，少用口号式空洞地驳斥。例如，针对索罗斯所说的中国国内的债务问题是中国经济放缓的根源的问题，回应应有理有据：目前中国国内很多债务是隐性的，不能夸大潜在风险；中国政府已对债务问题进行全面排查，已有预案，风险可控；中国国有资产数额巨大，据估算目前全国国有资产总量逾百万亿元人民币，完全可以承受部分债务损失。

第四，擅用司法手段。对于违反中国法律法规，不听劝阻，持续进行做空，发布不实言论，冲击中国经济的行为，中国可考虑借鉴西方发达国家经验，果断展开司法调查，对有关机构和个人发起法律诉讼。

第五，加强与美交流与沟通，要求美国政府或有关官方机构多发表一些对中国经济正面的看法，正面引导美国国内舆论。目前中美政府间有诸多交流机制，美国官方对中国经济及前景可能比媒体更加客观真实，有关看法和立场不易受媒体影响，他们的看法将为公众提供更加客观、公正的参考。

通过改革来破解人民币汇率风险

2005年7月18日，中国政府开始全面推进汇率形成机制改革。人民币由与美元单一挂钩转向盯住美元、欧元、澳元、英镑等一篮子货币。人民币兑美元汇率随后进入升值通道。2008年5月8日突破1∶7大关，2014年6月达到1∶6.0402峰值，较2005年7月18日的1∶8.2765升值27%。2008年4月至2010年6月国际金融危机期间，当世界其他国家纷纷通过采取贬值本币来刺激出口时，中国信守大国责任，将兑美元汇率水平维持在1∶6.8元左右，为全球外汇市场稳定发挥了重要作用。

2015年8月11日以来，中国人民银行进一步深化汇率机制改革，采取了一系列完善人民币汇率市场化形成机制的措施，包括调整人民币兑美元汇率中间价报价机制，公布CFETS人民币汇率指数等。新汇率机制及新的国内外经济环境下，人民币汇率走势发生两大明显变化。一是人民币不再单边升值。2015年8月11日至2016年8月5日，人民币兑美元汇率中间价最高为6.2298元，最低为6.6971元，242个交易日中有125个交易日贬值、117个交易日升值。二是过去10余年来人民币单边升值态势得以扭转。"8·11汇改"至今（2016年11月25日），人民币对美元中间价已经累计贬值11.4%，突破被市场认为是重要关口的6.85。

人民币汇率的贬值，以及对未来持续贬值的预期，加剧了资本外流问题，官方外汇储备账面价值出现明显下降。中国官方外汇储备到2014年6月达到3.9万亿美元最高值，此后一路下滑。到2016年10月份，该数值已经逼近3.1万亿美元，较最高点减少8000亿美元，缩水超过五分之一。实际上，外汇储备减少规模远不止于此。2014年至2016年，中国经常项目顺差每年超过3000亿美元。这样算下来，2014年以来外汇储备的流失规模超过10000亿美元。更加令人担忧的是，资本外流一度有加速的态势。美国《商业内幕》刊文称，2016年第三季度中国有2067亿美元资金流出。凯投宏观估计，仅2016年11月一个月份外汇储备就减少了870亿美元。外汇储备是一国抵御经济波动风险的重要工具。外汇储备规模过大有机会成本损失和管理风险，但是储备过快减少也存在风险，在新的汇率形成机制下，外汇储备的快速减少进一步加剧人民币贬值压力。

美元进入升值周期，美联储加息是人民币贬值主要外部因素。1967~2010年美元指数一直呈现总体走弱下行趋势，虽然中间出现过几次较大规模的反弹。2011年以来美元指数进入升值周期。美联储2015年12月进行了2008年金融危机后的首次加息，虽然加息幅度只有0.25个百分点，幅度较小，但其开启了新一轮的加息周期。在世界主要中央银行纷纷降息，甚至实施负利率的大背景下，美联储加息预期吸引国际资本向美流动，推动美元升值。特朗普入主白宫后，美元有望继续升值。特朗普竞选中就曾多次批评美联储，称其拖延加息。此外，特朗普宣称要在当选后大力投入基础设施建设来振兴美国经济，实施扩张性财政政策。根据"IS-LM"经济理论，扩张性财政政策将推动国内利率升高，从而进一步吸引国际资本购买美元资产，增大人民币贬值压力。

国内改革的不确定性、货币的超发是人民币贬值的主要内部因素。目前，国内经济结构性调整仍在进行中，改革进入深水区。随着改革的深入，改革的难度越来越大，市场对中国改革的前景仍有顾虑，尤其是政治领域的改革，市场担心其会对经济发展产生负面影响。此外，虽然国内在大力鼓励创新，但由于知识产权保护制度和社会鼓励创新的环境还在构建之中，此时中国又快速进入人口老龄化社会，劳动生产率提速放缓，未来人民币贬值压力有增无减。另外，国内货币供应量的超发也推动了人民币的贬值。2009年8月之后，中国M2供应量已经超过美国、欧元区和日本。Wensheng Kang、Ronald A. Ratti、Joaquin L. Vespignani等学者指出，1996~2013年间，中国M2年均增长率达到19.6%。吸收如此之多的货币，只能依赖总产出的快速增长与金融深化两个方面。上述三位学者认为，由于中国1996~2013年名义GDP年均经济增长率为15%，不能完全吸收增发的货币，没有被上述两个方面吸收掉的货币供应提高了国内对国外商品的需求，同时导致资本外流，推动人民币贬值。

目前人民币汇率所处的环境与2008年金融危机前一个最大的不同是，人民币贬值已不仅仅是市场炒作或机构做空，而是确实存在贬值的基础，此时，密切关注人民币汇率走势对维护国内经济安全和稳定市场至关重要。短期内，为防范相关风险，应密切跟踪国内国际经济形势与世界主要货币走势。建立及时、科学、有效的人民币汇率决策机制。利用美元指数调整换挡期加快实现汇率政策创新。加强货币市场与资本市场操作的有效性，提高市场操作对微观经济行为主体的引导。收紧离岸人民币市场的供给，对机构通过银行间市场大规模拆借人民币进行抛售做空的渠道进行限制。鉴于人民币兑美元汇率在中国对外一揽子汇率中的重要性，相关职能部门尤其应加强与美国相关职能机构的政策沟通和协调。从中长期看，应继续深化改革，稳定市场对中国发展前景的预期，有序推进资本账户改革。

学习美国调控房价经验

2016年中国房价再次出现明显上涨的态势，牵动了远在大洋彼岸美国媒体的神经,对此给予持续关注和报道。美国《华尔街日报》、彭博新闻社等相继发文,探究此轮中国房价上涨的原因以及中国能否采取有效措施调控房价。

所有对中国房价高企表示警惕的美国学者都认为,应将市场的"繁荣(Boom)"和"泡沫(Bubble)"区分开。前者指的是一个行业产出、价格和利润的温和增长,它是一个渐进、稳定的过程,反映的是一个行业的自然周期。后者则不一样,它是一个行业产出价格改变以往走势的突然陡涨,重点在突然改变和短时间内价格连续暴涨。

房价上涨未必都属于泡沫,有的时候是因为房产基本价值快速上升,带动房价更快上涨,有的时候是房产基本价值没变,而房价严重偏离房产基本价值。主流学者都认为,中国的情况属于后者,集中表现为价格快速上涨、不切实际地预期价格会继续上涨、价格严重偏离基本价值。

对当前房价快速上涨的成因,相当一部分美国学者认为这是一种供给端现象,表现在两个方面:一是房产供不应求。在中国,房子不仅有居住的功能,更承载了子女上学、医疗、落户等附加功能。大量有住房需求的人群短期内争抢有附加功能的住房,导致房价暴涨。二是住房金融的低价过度供给,供大于求。过低的按揭贷款利率导致按揭贷款发放规模过大,这种过度供给使风险产生。

美国评级机构惠誉发布报告称,截至 2015 年末,中国信贷达到 GDP 的 243%,比 2008 年翻番,该比例 2016 年预计将飙升到 253%,2017 年将飚升到 261%。外界担心,中国国内住房金融市场会引发类似 2008 年之前美国次贷危机的风险。

2007 年美国次贷危机爆发,根源在于:住房金融市场的供给方式从传统的固定利率抵押贷款(FRM)向个人可调整利率抵押贷款(ARM)等金融工具转变,导致了市场金融风险增加。次贷危机引发的美国金融危机对美国经济造成了严重的冲击。

目前中美监测房价泡沫的思路基本相同,大体可以分为两类:一类是回归分析。此类方法主要是从房地产市场供给侧、需求侧或者资产定价角度出发,采用单位根检验、协整检验等方法判断房价泡沫情况。

但更常用的是比值法。该方法用到的指标主要包括房价房租比、房价收入比两种。房价房租比,简而言之,就是同一地区房价中位数与房屋年租金的比值。房价收入比一般是指同一地区房价中位数与居民人均实际年收入的比值。二者数值只要超过基期比值20%即被认为存在泡沫。美国学者通过研究发现，用房价房租比判断房价是否存在泡沫的准确率高达85%。除了高准确率外，该指标还具有提前预警功能，一般可以在房价偏离基本价值20%之前3到6个月预警房价泡沫的形成。

这里笔者对中国房价房租比进行了计算。结果发现，中国1999~2015年70个大中城市中大部分存在一定程度泡沫，房价泡沫存在时间和城际差异。从时间上来看，2006年是一个分水岭。2006年之后，房价泡沫相对指数整体上呈单边上升态势。从城际变化来看，1999年以来，70个大中城市房价泡沫相对指数走势分化现象显著。东中部区域房价泡沫普遍高于西部地区。北上广等一线城市与南京、杭州、宁波等经济发达地区数值开始急剧增加，有些城市的数值增加缓慢，二者之间呈现类似"剪刀差"形态。中东部地区房价高，但是市场需求大；西部地区房价较低，但人口净流出。两相权衡，中国存在一定程度的房价泡沫，不过尚未失控。

美国在治理房价泡沫方面的成功经验值得中国学习和借鉴。美国治理房价泡沫的手段包括法律、行政、经济等多种手段，这些措施整体上有利于维护市场公平、扩大住房供给、缩小供求缺口。

法律方面，美国有《住房法》、《公平交易法》等数十部法律，打击虚假信息、哄抬房价等干扰房地产市场正常发展的行为。相关金融机构和房地产行业协会对上述不法行为实施者设立黑名单制度。此外，媒体曝光也会对房价泡沫制造者产生约束。

行政方面，美国住房和城市发展部每年有数百亿美元的预算，大部分用于建造廉价房和向低收入家庭提供住房补贴。上述廉价房面向低收入家庭提供。同时，美国政府要求开发商在建造房产时要建造一定比例的廉价房；作为补偿，开发商在购买土地时可以因此享受一定的税收折扣优惠。

税收方面，美国涉及房产的税收主要是房地产税和房地产增值税两项。后者只有在房屋购买和出售出现差价时才会征收。而且，自住两年以上的房屋出售时可以享受税收减免优惠，有些州的减免额高达50万美元。

为了打击外来炒房客，鼓励公共部门人员购房，美国有些州政府规定，开发商必须拿出至少10%的开发房产以一定的折扣优惠定向出售给教师、消防队员、社区服务人员等。出售给投资客的房产在同一楼盘中的比重有上限规定，不同州政府的规定有所不同，大体在5%~10%区间。有的州还规定，一个人在同一小区只能购买一套住房。

中国虽然不能照单全收,但可以结合本国实际情况借鉴一二。

中国此轮房地产价格快速上涨中,真正值得注意的是那些缺少附加功能、缺少人口、实体经济等因素支撑的地域。未来去库存压力巨大,房价存在下跌空间。房价下跌预期一旦变为现实,对当地经济必然造成不利冲击。

但在治理房价泡沫上,也应该防止"简单粗暴"的做法,不能单纯地刺破泡沫,快速压低房价,而应该推动房地产市场从"泡沫"区间回到"繁荣"区间。目前房价泡沫一定程度上已经酝酿了金融风险。在治理房价泡沫时,应该时刻关注金融风险变化,避免重走美国老路。

在当前经济新常态大背景下,要用全局性眼光治理房价泡沫,将治理房价泡沫发展成为经济转型与深化改革的有机组成部分。仅仅将眼光局限于房价泡沫,就泡沫谈泡沫,并不能有效解决房价泡沫带来的社会经济问题。

美国《华尔街日报》的一篇报道角度非常独特,称火热的中国房地产市场"大火"烧掉了人民对婚姻的誓言,成千上万对中国夫妻办离婚,不是因为他们想分手,而是为了投资买房。婚姻在经济利益面前变得不值一提。为了追求利益,人们已经撕下最后一层温情面纱。这也反映出金钱已经成为人们的唯一追求以及现存投资渠道的极度匮乏。因此,需要进一步开发新的投资工具满足人们日益高涨的投资需求。同时,要重视人文教育,加强文化建设。

第二十章　做好应对美主导的多边贸易体系准备

2015 年美国主导的"跨太平洋伙伴关系协定"（TPP）谈判完成，给中国着实带来了不小的压力。虽然 2017 年 1 月 23 日，特朗普总统入主白宫后第四天就签署行政令，宣布美国退出 TPP，TPP 的未来走向不明，TPP 给中国带来的"威胁"解除，但是由于 TPP 其实并未死，在一定条件下，美国还可能重返，TPP 也有可能出现新的"变种"，因此，对 TPP 一类问题的国际影响中国不应低估，应加强研究。

TPP 的实与虚

2015 年 10 月，TPP 部长级会议传出消息，12 个谈判国就协定达成一致，谈判基本结束。TPP 对中国的影响，国内看法存在分歧。笔者认为，正确研判 TPP 影响的前提是看清 TPP 的"实"与"虚"。

TPP 是新型自贸协定，内容涵盖贸易、投资、服务等多领域，涉及知识产权、原产地规则、劳工和环境问题等多项议题，具有明显的标准高、开放度大等特点，代表的是新一代高标准的全球经济治理规则。TPP 对中国的长期和战略影响是切实存在，这是"实"的一面。主要表现在：

一是令中国国内改革的速度和深度面临压力。TPP制定的标准和规则将成新一代贸易规则制定的重要参考,这客观上对中国国内政策提出了较高改革要求。目前,国企改革与TPP的"竞争中立"规则仍相距较远,而知识产权、劳工权利、环境保护等领域的标准短期内亦较难达到。二是中国可能面临又一次"复关入世"的考验。TPP谈成后,中国若想加入TPP,则必须接受TPP所有标准。中国虽已对外签署多份自贸协定,但在政府采购、临时入境、战略合作关系、行政与制度条款、环境合作协议以及劳工合作等非经贸类的议题方面,已签订的诸多自贸协定中均未涉及,中国缺乏谈判经验,这将阻碍中国对外自贸协定向更高层次的推进。三是TPP成为美国亚太再平衡战略的经济支柱。从战略上看,中国因此面临的压力,将不仅仅是经济上的,更有安全上的。奥巴马总统第二任期,美国的亚太再平衡战略军事支柱已基本成型。自2011年起,美国在日本本土、冲绳、韩国、关岛、澳大利亚、菲律宾、新加坡等国家和地区紧锣密鼓地进行了军事调整和部署,美国海军陆战队进驻达尔文基地,美军大批最先进的武器装备调往亚洲。美国国家安全顾问苏珊·赖斯称,TPP是美国亚太再平衡的一个核心支柱。TPP从经济层面对美国国内和亚太国家对美国"出口安全,收获赤字"的抱怨给出了一个正面回应,为亚太国家画了一个进入美国市场的"大饼",诱惑亚太国家加大对美国再平衡战略的支持。

但也应看到,TPP目前只是12个成员国政府间达成协定,距离其正式签署、完全发挥效力还有一段路要走,仍存不小变数,"狼来了"可能还要喊一段时间,中国仍有应对和调整时间,这是此次TPP谈判完成"虚"的一面。

一是审批环节还面临诸多阻力。TPP的正式实施需要12个成员国政府完成各自国内审批。按照此前约定,协定的最终落地还需要至少经过代表85%地区经济活动的6个以上成员国批准才能实现。但各国国情、国内利益诉求各不相同,TPP实施难度不小。单就美国看,目前美国国内正在集聚阻挠TPP生效的力量,TPP要想轻松过关几乎不可能。

二是国内可能高估TPP的短期影响。作为一种区域一体化的安排,TPP必然带有对区域内开放、对区域外封闭的特性,这种排他性带来的贸易和投资转移效应不可避免会对中国贸易和投资带来负面影响。但这种负面影响可能是有限的。据中国人民银行专家测算,如果中国不加入,中国会因此损失2.2%的GDP。假设TPP的过渡期为四年,则在该阶段内的年均机会成本略超过0.5%的GDP。具体到行业领域，据测算，纺织品、食品加工、服装、汽车出口将下降大约2%~3%，而电子产品、有色金属、皮革制品等行业的出口或将上升0.5%~1.5%。

削弱TPP对中国冲击的一个重要因素是中国目前正在构建更加开放的经济模式。2016年5月，中国政府公布了《关于构建开放型经济新体制的若干意见》，提出面对新形势新挑战新任务，要统筹开放型经济顶层设计，加快构建开放型经济新体制，进一步破除体制机制障碍。在目前TPP 12个成员国中，澳大利亚、新西兰、智利、秘鲁、新西兰等国都已与中国签订了自由贸易协定，越南、马来西亚在RCEP框架下与中国开展全方位的经贸合作，日本也在中日韩三边自贸谈判框架下与中国就贸易和投资措施便利化进行商谈，并取得了一定进展。中美之间的双边投资协定（BIT）谈判已进行到第21轮。习近平主席2016年9月访美期间，中美重申达成一项高水平投资协定的谈判是两国之间最重要的经济事项，两国明确表态将强力推进谈判，加快工作节奏。

三是2016年将是中国加入WTO 15年过渡期届满时间，中国若能自动获得完全市场经济地位，这将进一步改善中国的外贸环境，中国所面临的由于非市场经济地位带来的困扰将大幅减少，中国将以更加自信的姿态参与国际经贸合作。

打组合拳

TPP代表的是新一代自由贸易的行事准则，是对现行WTO机制的拔高和超越。其他国家要想跟上TPP的步伐，必须在市场开放、争端解决机制、知识产权保护、国有企业管理等政策方面做出改革和调整，这对中国的改革和开放提出了更高的要求。此外，目前TPP参与国GDP总和占世界的40%，未能参与如此之大的市场，意味着现实和潜在商机的丧失。未来如果美国将TPP与TTIP（跨大西洋贸易与投资伙伴协定）对接，这对中国的潜在影响更大。因此对TPP的战略影响应高度重视，早作应对。

事实上，中国已对TPP有所准备。第一，应对外部挑战的根本是中国加快自身发展和经济结构调整。党的十八届三中全会以来，中国政府出台了一系列重大改革举措，促进国内经济增效提质。

第二，中国已着手建立更加开放的市场经济。倡导成立了金砖银行、亚投行，提出"一带一路"倡议，推动 WTO 多哈回合谈判取得早期收获，促进 IMF 和世行加快改革，上述举措在国际上树立了良好口碑，向世界展示出中国是一个负责任、有道义的大国，中国从对外开放中受益，也希望让世界分享中国发展的福祉，更让世界认识到中国发展有益于世界，任何将中国排除在外的贸易制度安排都是不完美的。

第三，中国目前正积极推动和参与多边和双边层面的自贸区谈判进程，这将大大缓解 TPP 将中国排除在外的负面冲击。中国—新西兰已达成自贸协议。中日之间的自贸谈判目前正在中日韩三边自贸谈判协议框架下不断推进。此外，中国还积极与其他非 TPP 成员国展开自贸谈判。积极推动《区域全面经济伙伴关系协定》（RCEP）的升级，与欧盟以及冰岛、瑞士等欧洲国家的自贸谈判已经有序展开，并取得了积极成果。上述成果和努力有助于缓解 TPP 谈成给中国造成的贸易转移和贸易市场挤压的负面影响。

第四，中国还有应对 TPP 的时间。尽管此次 12 国部长已在会议上达成基本协定，但这并不代表美国政府在 TPP 协议上正式签署。最终协议依然需要得到各国国家最高领导层及议会的批准才会正式签署。之后，需得到美国国会批准，方能生效。从 TPP 的进展看，TPP 必然在 2016 年进入国会审批。选举年的政治生态环境不利于 TPP 的顺利获批。国会议员的想法和即将卸任的奥巴马总统并不相同。奥巴马可以信誓旦旦地以"国家利益"为旗号，将 TPP 打造成自己的政治遗产。国会议员则希望向选民传递出他们将选民的就业、美国企业的市场利益放在首位。在大选年，上述倾向将变得更加明显和极端。2016 年的美国国会对于批准 TPP 来说恐怕"凶多吉少"。历史上，美国政府对外达成自贸协定后，在国会久拖不决、久未达成的案例并不鲜见。美韩自贸协议就在美国政府和韩国政府达成协议后，在国会被搁置了数年方获批准。但换个角度看，这客观上也留给其他未加入该协议的国家一定的应对和调整时间。

第五，研究 FTAAP 可与 TPP 对接融合问题。2015 年 11 月，习近平主席在土耳其 G20 峰会和菲律宾 APEC 领导人非正式会议多次提到要推动"亚太自贸区"（FTAAP）建设，FTAAP 谈判有望加速。FTAAP 最早于 2004 年正式提出，此后一直推进缓慢，其真正从愿景落实到行动，是从 2014 年 11 月

APEC北京会议提出"北京路线图"开始的。

世界贸易组织多哈回合谈判步履蹒跚,给区域一体化发展留下巨大的空间。按照世界贸易组织的统计,进入21世纪后,区域性贸易协定的步伐明显加快。1970至1979年为39个,1980至1989年为14个,而从1992年以后,平均每年向WTO通报的区域性贸易协定都在10个以上。

FTAAP与"跨太平洋伙伴关系协定"(TPP)之间具有兼容性与可对接性。其具体表现是:

第一,FTAAP与TPP二者目标具有一致性。随着亚太区域新型生产与服务网络的日益深化,近年来该地区的自由贸易协定增长迅猛,成员经济体交错重叠形成了复杂的"亚洲面碗"格局,而FTAAP和TPP的建立都是为了减少亚太地区的"面碗"效应,有助于避免地区经贸的区块化,将各种自贸区的负面效应最小化。TPP认为自身是下一代高标准自贸协定,旨在推动成员国间的自由贸易。而FTAAP"北京路线图"也提出,FTAAP具有"开放、包容、互利、共赢"的特性,致力于推动地区贸易和投资的便利化。

第二,参与FTAAP和TPP两项谈判的谈判国有交叉重叠。FTAAP涵盖21个成员国,其中多个成员国也是TPP成员国。这既为FTAAP和TPP的对接提供了便利条件,也有助于降低同时参与两个协定的成员国在两个不同协议间的转换成本。如果FTAAP的21个成员国不能同时展开谈判,其中条件成熟的成员亦可先行展开谈判,其他成员可在时机成熟时再加入进来。

第三,FTAAP和TPP谈判内容有交集。FTAAP的议题以传统议题为谈判重点,但也涵盖了电子商务、知识产权、竞争政策、争端解决等,FTAAP主张通过继续降低关税和拆除非关税壁垒、加强互联互通、协调原产地规则和海关措施等,实行渐进式的服务贸易开放,以正面清单为主,在投资便利化上以准入后的国民待遇为主。相比之下,TPP追求的不只是贸易利益,还包括全球化自由经济利益,以负面清单为导向。TPP偏重于新议题的规则及制度问题,谈判议题不仅包括货品市场进入、跨境服务贸易、技术性贸易障碍、知识产权、投资等传统FTA贸易议题,还包括合作与能力构建、电子商务、环境、金融服务、竞争政策、电信与劳工权利等新兴贸易议题。两者涉及的领域有诸多交叉之处,这为FTAAP和TPP对接融合提供了基础。

因此,当国际社会一致认为应推动实现包容性稳定增长时,能够弱化TPP和《区域全面经济伙伴关系协定》(RCEP)竞争面的FTAAP成为实现区域经济包容性增长的最佳选择。

考虑到TPP和FTAAP的可对接性，可从更正面意义的角度来看待TPP的完成和实施，可将其视为是推动FTAAP的一条重要路径。虽然上述对接融合过程可能艰苦而漫长，但从促进亚太区域经济一体化与地区福祉的角度看，值得各参与方认真对待和大胆尝试。

第四部分 中国应对

第二十一章 中美高铁项目流产背后的真相

2016年6月9日,美国西部快线公司宣布终止中美间首个高铁合作项目。西部快线公司同时在其官方网站上发表声明称,"没有中国铁路国际(美国)有限公司的协助,美国西部快线公司将继续开发建造内华达至加利福尼亚州际高速客运铁路系统",表示该项目仍然存在,只是合作方发生了变化。从随后中国铁路公司发布的声明看,上述决定是美方单方面作出的。

该项目是中国高铁技术走出去的重要标志性项目,曾被作为2015年9月习近平主席访美的重要成果公布。上述合同的终止对中国高铁声誉、中美经贸合作前景造成了负面影响。

美方理由成立吗?

美国西部快线公司(XpressWest)给出的理由主要有三个:一是中方拖延合同进程。西部快线公司发布的声明称,"中铁国际公司在按时和高效推进项目的能力方面,跟不上西部快线踌躇满志的步伐。"二是中方未获得相关资质。西部快线的声明指出,"终止与中方合作关系的决定,主要是基于中铁国际公司不能及时履行其相关义务的困境以及在推进项目过程中中方无法获取必要授权所面临的挑战等原因。"三是美国国内法律限制。西部快线公司首席执行官托尼·马奈尔（Tony Marnell）在声明中指出，美国政府规定高速列车必须在美国制造。按照上述说法，合同失败的主要原因在中方。但果真如此吗？下面逐一分析。

首先，完全看不出有让中方拖延合同的理由。按照美国西部快线公司和中国铁路（国际）美国公司的合同计划，中美将合资建设一条连接内华达州的拉斯维加斯和加州洛杉矶的高速铁路，全长230英里，约合370公里，设计时速为150公里每小时，铁路投资建设计划2015年9月破土动工。按计划，该项目主要由中方提供融资支持。钱对中方不是问题。对急于在美国拓展市场、打造海外重要标志性项目的中国铁路公司来说，即使完全由中方提供融资支持，也完全能够承担。此外，曾有美国分析师估算该高铁项目一旦投入运营，营业收入将高达50亿美元。中方将能从投资中获利，能在较短时间内回收成本，中方没有理由拖拉该项目的进度。

另外，该项目是习近平访美重要成果之一，对该项目中国政府持支持立场。美国西部快线公司所说的未能获得所需的资质或权限，指的是该项目未能获得美国政府批准。美国媒体将其解读成，美国政府对中国高铁技术不认可、有顾虑。须予以澄清的是，西部快线公司未能从美国政府获得批准的是项目许可，而非中国高铁技术。由此，可看清这一中美间首个高铁项目的实质是美方拿出一套建设方案，向外招商引资，中国随后加入。这也暴露出该项目的先天不足：项目是在未完全获得授权的状况下展开的，属"先上车，后买票"。对此，中方公司其实应负一定责任。

阻碍中方公司获得资质或权限的原因有两项，一是相关环境测评尚未完成。从美国西部快线公司给出的项目进度信息看，铁路网运量研究报告和项目的加利福尼亚线段的环境评估报告应分别在2016年8月和9月之前完成，但实际情况是进度远远落后。二是"购买美国货"条款。西部快线公司在解释终止合同的原因时，着重提到了这一点。对于所谓的购买美国货条款，笔者翻阅了相关法律发现，所谓购买美国货条款并不是一部法律，而是一系列法律中规定了在项目建设中必须采购由美国本土企业制造的产品。该相关法律赋予美国交通部审批基础设施项目的权力，要求批准的项目必须采购美国制造的材料和产品，支持美国本土企业和创造国内就业。由于此法律受到美国国内不少企业的反对，因此规定了一些例外情况。如美国交通运输部对《2009美国复兴与再投资法案》中第1605节要求"100%美国制造"给出的例外条件有三项：一是如果继续坚持执行购买美国货条款会损害公众利益；二是基建项目所需材料虽然不在美国本土生产，但是其数量充足，质量优良；三是如果强制使用美国本土制造的基建项目所需材料，会导致该项目成本增加25%以上。在上述情况下，有关项目可以申请例外，但需要得到交通运部的批准。

在查阅材料过程中，笔者发现，早在2013年，西部快线公司就曾提出要在加州建设快线项目，但项目申请在当年6月28日被否决。时任美国交通部部长雷·拉胡德（Ray LaHood）在解释这一决定时，提到了该项目不能满足项目所需的钢材和相关材料均由美国供应商提供，即不满足"Buy American"条款的要求。

但需要指出的是，2013年西部快线公司提出的快线项目与此次中美高铁合作项目的本质区别在于，2013年西部快线在提出建设加州高铁时，申请了美国联邦政府"联邦铁路修缮资助项目"（Federal Railroad Rehabilitation and Improvement Financing Program）的巨额贷款，贷款总金额为44亿美元，贷款期限为35年，类型为政府低息贷款。按照《华盛顿邮报》2013年7月17日的报道，该贷款要求是"联邦铁路修缮资助项目"成立以来，规模最大的贷款申请，是迄今该项目批准的最大贷款额的数倍。美国交通部认为这一贷款要求对联邦政府来说，风险太大。另外，申请美国联邦政府的巨额贷款，则很难绕开国会。该方案虽获得参议院内华达州籍参议员里德的支持，但无奈国会内部反对声音太大，最终仍然被否。中美高铁合作项目则明显不同，这一次中方愿意为项目提供大部分融资，美方只承担小部分融资需求，对美政府来说，没有融资成本。

因此，有理由推测，在最初与中国铁路公司洽谈该项目时，美国西部快线公司作出了一定的误导性宣传，或者有意低估了该条款的约束力，或者高估自己的游说能力。该项目的美方公司是美国西部快线公司，其母公司是设立于内华达州的马奈尔公司，有过小基建项目成功开发经验，但名气和规模不大。中国铁路公司也没有做好投资前的法律调研。

由上述分析可以看出，导致中美高铁合作失败的主要责任应该在于美国西部快线公司。即使西部快线公司向美国交通部申请的"购买美国货"豁免能够闯关成功，但鉴于当前美国内对中国营商环境的负面看法，西部快线公司与中国方面的后续合作面临相当大阻力，导致西部快线公司在与中方签署合作框架协议后不得不单方面违约。美国财长雅各布·卢2016年6月16日在美国企业研究院（AEI）发表对华强硬讲话，警告中国称，如果中国重回人为压低人民币兑美元汇率的政策，将引发中美新一轮紧张关系，同时还表达了对中国商业环境对外企变得不利的担忧。中美战略与经济对话结束不到10天，美财长便发表上述强硬讲话，非常罕见。2016年6月15日，美国摩根士丹利资本国际公司MSCI明晟公司宣布延迟将中国A股纳入MSCI新兴市场指数，这是第三次拒绝将中国纳入，令人意外。此前，主流观点普遍认为在2015年拒绝将中国纳入MSCI新兴市场指数后，2016年纳入的可能性较大，就是不纳入也会有"特殊安排"，现在看上述期望都未实现。2016年6月1日，美国财政部一位高级官员在第八轮美中战略与经济对话吹风会上，回避直接回答美国是否支持中国获得市场经济地位的问题，强调中国在一些领域有必要进一步推进改革。

中国企业走出去应吸取教训

随着中美间经贸合作日益紧密，合作项目快速增加，其中失败数量增加也是必然。但也应看到中美高铁项目失败中暴露出中方企业存在的问题。中国企业对美投资前应充分调研，了解美方合作企业的资质、美国国内相关法律，经济利益应是作出投资决定最主要的考虑因素。签订相关合同时，应明确提出有关条款，保护自身权利在受到侵犯时将获得何种形式及金额的赔偿。

鉴于此次合作失败的主要责任在于美方，应看到这不仅仅是关系到一个合同的问题，而是关系到中国高铁海外声誉的大问题，中方企业应积极发起法律诉讼，在争取赔偿的同时，要求西部快线公司采用更清晰的表述明确责任方，为中国高铁海外正名。

第二十二章 特朗普是影响中美关系走向的关键变量

2016年国际政治最大的黑天鹅事件莫过于共和党总统候选人特朗普赢得美国大选。有三十年从政经验,对中国事务非常了解,中国也十分熟悉的希拉里意外败选,打破了所有人先前的预期。人们对特朗普的强势当选心情忐忑,因为特朗普给世界出了一道费解的难题:这位"离经叛道"的美国白人究竟会给世界带来怎样的冲击?中美关系,这一对世界上最重要的双边关系,未来又会如何走?

笔者认为,影响中美关系未来走向三个最重要因素是:国际大环境、双方领导人个人特质、其竞选主张及执政团队理念。目前中美关系这对变量中,变化主要来自特朗普即将成为美国下任总统。因此,笔者尝试着从美国角度对这三个因素进行观察。

其一,美国当前面临的国际国内环境。2016年三季度经济数据显示,美国经济增长3.2%,属于较强劲增长。失业水平已接近充分就业水平。通胀保持2%以下低位运行。得益于页岩气油气资源的开发,美国已接近自给自足目标。2015年全世界近4成的科技人才涌向美国,科技人才都希望能在美国开创一番事业。总体看,美国国内经济出现蒸蒸日上势头。与美国国内经济欣欣向荣形成鲜明对比的是国际经济环境还有不少困难。欧洲由于难民问题、英国脱欧等政治不稳定引发了外界对欧洲经济前景的担忧。国际油价长期低位徘徊加大了俄罗斯、委内瑞拉、沙特等国经济尤其是财政风险。东亚等新兴经济体目前也遭遇经济结构调整困难，增速放缓。如果美国对外倚重上升的说法在2008~2012年还成立的话，2013年之后，已经转变成外界对美国抱有更多期待。特朗普入主白宫后，可能会推出一系列政策将美国的发展红利锁在国内，"肥水不流外人田"。未来特朗普政府的经济政策底色将是保护主义。经贸领域，预计中美两国的摩擦将会加大。

在国际安全和国际政治领域，特朗普多次强调要让更多利益攸关方共同担责。特朗普认为美国承担了太多的国际责任，这给美国普通家庭带来了负担和痛苦，因此，预计未来在应对气候变化、打击国际恐怖主义、防控大规模疫情等国际事务上，美国会要求中国承担更大的责任。美国在上述事务上的后撤，给中国带来的不仅是挑战，也为中国提高国际话语权提供了战略机遇。

其二，特朗普个人的价值取向和特质。现在媒体上对特朗普的报道铺天盖地，似乎将特朗普看透，但很多有过在华盛顿工作经验或接近决策中心的美国政治精英们却态度谨慎，认为对特朗普看得还不是很清楚，只确定特朗普在商业上取得了成功。哈佛大学是美国政商巨擘云集地方，笔者碰到的美国政府高官们、在国际政治经济问题领域造诣颇高的教授大家们，在谈到特朗普时，到现在仍然无一例外地说对他还拿不准。毕竟治理国家和经营好一家企业有本质不同，商业上取得成功并不意味着一定能成功领导一个国家。但这也不意味着特朗普就一定成为不了一位伟大的总统。所谓富贾总统治国必然会带来灾难的观点是经不起实践检验的。里根曾经在好莱坞闯荡，半红不紫，入主白宫后却给全球政治经济带来深远影响。特朗普在接受美国哥伦比亚广播公司新闻网（CBS News）节目专访时称，他将效仿胡佛总统和肯尼迪总统，只领极少薪酬。第31任总统胡佛和第35任总统肯尼迪是美国历史上将薪酬捐给慈善机构或者分给自己幕僚的两位富豪总统。这两位富豪总统从后人的评价看都不错。根据美国历史学家们对45任美国总统的综合排名，肯尼迪总统排在第11名，胡佛位列29位。

虽然特朗普的个人价值观尚无法完全看清，但是有一点关于他个人性格的却是可以肯定的,这也是所有商业成功人士都必备的一个特质——坚持,不轻言放弃。特朗普30年前所写的自传体类畅销书《交易的艺术》也强调坚持的重要性。书中,特朗普忠告公司高级主管、CEO和其他从事交易的人,要"有野心"、"利用自己的杠杆",不放弃,进行永远"反击"。这种性格给中美关系带来机遇,也有挑战,如果特朗普认定中美关系中的一些问题需要通过合作协商解决,其不会轻易被幕僚或外部负面因素所改变,但也有另一种可能,即更加较劲,更难协商。

其三,特朗普的政策主张和执政团队的理念。特朗普竞选中和当选后多次明确提出要废除"跨太平洋伙伴关系协定",这也被列入了特朗普主张白宫后工作清单的第一条。由于TPP的战略遏制对象主要是中国,特朗普暂停推动跨太平洋伙伴关系协定,势必会直接减轻中国面临的经济压力,这有助于为中美关系减压。但从特朗普废除跨太平洋伙伴关系协定的主张看,特朗普对推动美国对外达成自由贸易谈判缺乏兴趣,在未来中美之间完成双边投资协定谈判、中美双边自贸谈判的难度也明显增大。特朗普主张要大力发展国内传统能源产业,能源方面双方的合作将有望增加。特朗普是房地产大亨,自然深谙房地产经济的重要性。目前,中国在美房地产市场的投资规模越来越大。2015年,中国在美房地产领域的投资已经超过270亿美元,是美国房地产市场最大的海外投资者。特朗普或会推动双方在此领域的合作。美国房地产市场繁荣后,将带动相关上下游产业,带动美国基础设施的升级改造,帮助特朗普实现改造美国基建的竞选主张。

随着特朗普政府职能部门领导人选陆续公布,特朗普政府政策倾向逐渐明晰。截至2016年12月2日,特朗普政府15个重要部门的领导人选中,已经确定了6位,大部分是共和党保守派。特朗普提名的商务部长罗斯,他就笃信来自中国的倾销是美国制造业面临的主要问题之一。提名的财政部长姆努钦称,针对是否要指控中国操纵汇率,如果美国财政部认为有必要将中国确定为汇率操纵国,那么他将会做出确认。提名的下任防长马蒂斯认为,鉴于中国在南海的动作越来越大,美国应构建更强大的海军力量、调配更多的军舰,制定有针对性的平衡政策。据此推测当年布什政府初期采取的一些政策可能又会出现。对此,中国应早做预判和准备。

从2016年11月15日当选以来,特朗普对一些问题的表态看,特朗普在很多问题上表现出了较大的灵活性,这对中国来说是个好消息,预示着未来中美关系存在较大的可塑性。此前，特朗普对中国的了解主要来自于同中国公司的商业往来，中国应抓紧时间，通过公共外交，给特朗普及其执政团队"恶补"有关中国问题的背景知识，让其尽快对中国事务有一个全面客观的了解，相信一旦特朗普政府认识到中美关系的特殊性和重要性，会愿意加强同中国的务实合作，推动双边关系向前发展。

美国在人民币汇率问题上留有后手

2017年4月15日，美国财政部根据《2015年贸易促进与执行法》要求，发布特朗普任内首份《美主要贸易伙伴汇率政策报告》，引发全球高度关注。该报告此次虽未将中国列为"汇率操纵国"，但新增了"额外评估措施"，将中国继续列为观察对象，实际上是为今后做文章"留了后手"。

根据特朗普任内首份汇率报告，2016年下半年，美国的主要贸易伙伴未同时满足三条"量化标准"，因此没有将任何国家列为"汇率操纵国"，但仍将六大贸易伙伴（中国、日本、韩国、台湾地区、德国、瑞士）全部留在"汇率监测"名单中继续"观察"。

美国财政部此前列出的"汇率操纵国"三条"量化标准"是：该经济体对美全年贸易顺差超过200亿美元；经常性项目盈余超过GDP的3%；持续单边干预外汇市场，且12个月的净购买外汇总额超过其GDP的2%。

美国的主要贸易伙伴没有一个同时满足上述条件。但根据贸易法规定，满足标准中两条的，将被纳入"监测名单"。列入"监测名单"后，若连续两次或两次以上被认定仅符合上述一条标准，或两条标准都不符合，则可被排除"监测名单"。

目前，日本、韩国、德国满足第一、二条标准，瑞士满足第二、三条标准，符合应被留在"监测名单"。中国台湾地区虽仅满足第二条标准，但2015年10月却同时满足第二、三条。2016年4月，中国因满足第一、二条标准被纳入"监测名单"。但2016年10月和本次评估，中国已连续两次仅满足第一条标准，符合从"汇率监测"名单中去除的条件，但美国却有意不为。对此，美国财政部给出的理由主要有两条：一是过去10多年中，中国进行了"持续、大规模、单方向"的货币干预，中国汇率政策造成了全球贸易体系扭曲，导致美企业和工人遭遇困境；二是目前中国对美国仍有巨额贸易顺差，短期内无法消除，因此中国汇率政策对美国仍有威胁。

为继续增大美国政府在汇率问题上的操作空间，美国财政部此次修改了汇率监测标准，一是新增了"额外评估措施"。新增"额外评估措施"称，即使主要贸易伙伴已不满足三条"量化标准"的两条，若致美出现巨额、失衡贸易赤字，仍将被纳入"监测名单"。"额外评估措施"内容模糊、缺乏量化标准，增大了美国的操作空间。二是修改了第一条和第二条标准，在计算贸易逆差时，只计算货物贸易部分，而不计算货币贸易和服务贸易总和，增加了美国对外贸易逆差规模。三是修改了第三条标准，将此前计算净购买外汇总额的时间12个月变为在选择过去12个中的8个月。这样美国财政部就可以选择在过去8个月监测对象国购买量最大的8个月，并尽量减少了相互间的抵消。显而易见，通过对监测标准的技术性调整，美国政府在汇率问题上的操作空间被大大增强，"人为性因素"影响更大。

美国政府此举为继续"监测"中国留了一个非常明显的"后门"。未来美国可能继续在人民币汇率问题上"敲打"中国。2017年3月31日，特朗普颁布《要求提交巨额贸易赤字综合报告》行政令，指派商务部长罗斯牵头，其他部门配合，90天内推出全面的评估审查报告，就"汇率偏差"等问题展开调查，找出导致美国巨额贸易逆差的主要因素，作为未来贸易决策的"依据和基础"。美国商务部长罗斯曾对外公开表态称，特朗普政府将关注"汇率偏差"问题，而非以往的"汇率操纵"。今后，美国政府或另辟路径以"汇率偏差"等为新借口，采取贸易救济措施对华施压。如加征反补贴税，要求中国增加汇率政策和外储管理的透明度，进一步开放市场等。

中美领导人尽早会晤增强中美关系的韧性

2017年4月6日，美国度假胜地佛罗里达州棕榈滩的Mar-a-Lago迎来一场重要的外事活动，美国新任总统特朗普将在此与中国国家主席习近平举行会晤。这是2017年1月20日宣示就职后，特朗普首次与中国国家领导人举行会晤。

特朗普宣誓就任第45任美国总统后，先后与日本首相安倍晋三、加拿大总理特鲁多、英国首相特蕾莎·梅、德国总理默克尔、以色列总理内塔尼亚胡、秘鲁总统库琴斯基见面。其中，仅有与日本首相安倍晋三的会晤是在Mar-a-Lago举行。美国媒体援引熟悉特朗普的人话说，Mar-a-Lago俱乐部在特朗普心中的地位就像他在纽约的家特朗普大厦一样，甚至更加重要，在这儿他可以更放松地与他人互动。

其实在习近平主席是否应该尽早访美问题上，国内是存在分歧的。反对观点认为对特朗普这样"骄傲"、对中国说了很多狠话的人，应该冷淡对待，太早会面是在示弱。但个人认为，实现领导人尽早会面还是非常正确且必要的。

目前阶段，特朗普政府政策一个最明显特征是不确定性。导致这种不确定性的原因主要有三个：

一是特朗普对施政难度估计不足。由于缺少行政经验，特朗普在竞选中，在很多问题上"夸下海口"。入主白宫后，特朗普才意识到此前他的很多说法是不准确，甚至是谬以千里。如果坚持实施，由于政策本身就是错误的，其结果必然是失败和给社会带来混乱。如果不实施，将无法兑现对选民们的承诺。特朗普陷入了自我否定的尴尬境地，这延迟了特朗普政府的政策出台。

二是特朗普与其麾下技术官员和幕僚存在分歧，导致政令落实不畅。美国财长姆努钦2017年2月23日在人民币问题上表态，将采取更加技术性、客观的方式、正常流程来评判人民币汇率，不会仓促将中国列为汇率操作国，但是几个小时后，特朗普就对外发布推文，称中国是"货币操纵冠军"。特朗普一向认为与墨西哥的贸易关系是美国的一个大麻烦，但是姆努钦却称，他不担心与墨西哥的贸易关系，认为对外贸易可以产生"双赢"局面。2017年2月22日特朗普在记者会上表示，驱逐非法移民的行动就是"军事行动"，美国将采取前所未有的手段来驱逐非法移民。随后，美国国务卿蒂勒森、国土安全部长约翰·凯利访问墨西哥期间，却一再解释，美国不会动用军队来执行打击非法移民，不是"军事行动"，美国也不会大规模驱逐非法移民。作为表示对特朗普采取不人道做法打击非法移民措施的不满，部分地方政府明确表示将拒绝执行，甚至有议员提早将有关行动计划曝光。麻州众议员杜伯丝3月28日在推特上发文警告马萨诸塞州布洛克顿市（Brockton）的无证移民，移民局人员将有突袭抓捕行动。"如果你是无证移民，不要外出。有人敲门，若不认识就不要开门。请小心。"上述诸多表态前后矛盾，表明特朗普政府内部在很多问题上都存在较大分歧。

三是府会矛盾。两者矛盾在废除奥巴马医改问题上再次爆发。自竞选期间开始，特朗普就誓言要废除奥巴马医改法案，并提出新的替代方案。国会民主党议员一致反对该计划，特朗普则希望能在共和党内争取足够多的支持，在国会强行闯关。特朗普一度对国会共和党议员发出威胁，称如果不支持，就走人，但相当数量的国会议员根本不买特朗普的账。最终由于新医改法案无法获得通过所需票数，这一法案被撤回。特朗普本想在2017年3月23日奥巴马医改法案签署七周年这一天废除这一方案来羞辱奥巴马，没想到胎死腹中，反被羞辱。美国媒体称，特朗普遭受了执政以来一次严重的失败。

上述不确定性暴露出特朗普的政策主张受到多方力量的掣肘，但也让我们看到特朗普政策存在可塑性。不确定性越强，可塑性越大。众所周知，特朗普在竞选中，对中国说了很多狠话，在当选后未入主白宫期间，还试图挑战"一个中国原则"这一中美关系政策底线，咄咄逼人的态势让中国感受到自特朗普政府深深的"敌意"，中美贸易大战似有一触即发的态势。但特朗普主政后，在双方政策团队的密切沟通下，以及由于特朗普政策聚焦被国内议程深深困扰，如其意欲推出的"禁穆令"两度被叫停、特朗普团队成员的"通俄门"、奥巴马医保、驱逐非法移民等问题让特朗普无法在对外事务中投入更多精力，因此在华立场和态度上相对静默，特朗普在竞选中所提出的要对中国进口产品征收45%的进口关税，在入主白宫第一天就将中国列为"货币操作国"等都没有落地。

但这并不是说，未来特朗普政策就会彻底遗忘其此前对华的主张。从特朗普自撰的几本书中，如《跛脚美国》、《我们值得拥有的美国》、《该强硬起来了》、《让美国再次强大》等书中，字里行间我们都能看出特朗普本人那种将美国自身的问题主要归咎于外部，试图从外部找到美国问题根源的情结，应该说这种思想是深入特朗普骨髓的。因此，特朗普对中国的担忧情绪是真实的，对中国说的狠话虽不乏虚张声势的成分，但并不全是迎合选民的"花言巧语"，对华强硬是其政策必然。

在这种情况下，推动中美两国最高领导人会见，由习近平主席面对面地与特朗普在一些问题上交换意见，有助于塑造和影响未来一段时间中美关系的走向。考虑到年内还有几次见面机会，现在特朗普入主白宫才不到3个月，首次中美元首会晤在轻松的环境举行将更加理想，有助于双方将更多问题上谈深谈透。如果能在会后发表一份共同文件最好，不发表也无妨。中美作为世界两个大国，增强政治上的互相信任，加强政策制定和实施过程中的沟通和协调，建立起领导人私人间的关系，意义更大。

因此，在双方领导首次会面的地点选择上双方工作团队极为用心。最终将首次会面的地点选在 Mar‐a‐Lago，就是为了营造一个轻松的会晤环境。4月初的华盛顿仍然还有寒意，而佛罗里达的棕榈滩早已暖风习习。Mar‐a‐Lago 是位于佛罗里达州棕榈滩的特朗普私人别墅，其与位于首都华盛顿的白宫相比，条件奢华，气候宜人。特朗普对之钟爱有加。

Mar‐a‐Lago 占地 8 万平方米。东临大西洋，与特朗普旗下的高尔夫球场相邻。特朗普于 1985 年购得这栋别墅后将其作为私人住所居住多年，1995 年又将其改造成私人会员制俱乐部。会员入会费为 20 万美元，每年会费为 1.4 万美元。Mar‐a‐Lago 现已成为特朗普房地产帝国中的"皇冠"。最新披露的财务信息显示，2015 年，Mar‐a‐Lago 为特朗普带来了近 3000 万美元收入。美国媒体报道称，别墅的内部拥有 58 个房间，33 个卫生间。1900 平方米的宴会厅墙上镶嵌了价值 700 万美元的金箔，卫生间还有 2.5 万美元的镀金盆。特朗普 2016 年 11 月 8 日竞选获胜后，每天有 250 多架私人飞机来此停靠，其中很多都是专门赶来拜见特朗普总统的。特朗普上任四周，连续三个周末是专程从华盛顿飞来此度过周末。

中美间目前存在问题多是结构性和战略性的问题，不是一朝一夕就能解决的。用习近平主席的话说，处理中美关系需要"耐心和信心"。

想象一下，中美两国最高领导人，坐在 Mar‐a‐Lago 的图书馆中，据说那里的墙壁镶板是用有数百年历史的英国橡木制成，馆内珍藏有不少初版书籍，一边翻着《纽约时报》（The New York Times）、《每日新闻》（The Daily News）、《纽约邮报》（The New York Post）和棕榈滩当地的报纸，一边就中美目前关心的问题交换意见，将是何种惬意感受。图书馆会谈之外，习近平主席与特朗普总统同乘其特朗普喜爱的两部宾利车中的一部，前去高尔夫球场，在挥杆转场之间继续围绕有关议题交换看法。特朗普对自己高尔夫开球的能力十分自豪。他曾在一次新闻发布会上夸张地问："我打得远吧？特朗普很强吧？"既然如此，就让特朗普为中美领导人的会晤开出好球。如果中美两国两人能在这样的环境中，开诚布公地针对目前两国关系中存在的问题进行交流，虽无法确定能收到多少可以落到字面上的成果，但其对增进双方领导人的了解，增加双方领导人间的信任感方面无疑将会发挥巨大的积极作用。

中美两国领导人间信任感的增强对稳定中美关系至关重要。从客观实力上看，中美目前已成为世界上最大的两个经济体，两国经济上具有极强的互补性。2016年中国和美国对世界增长的贡献率分别为41.3%、16.3%，总和达到57.6%，超过一半。理性地看，中美加强合作不仅对促进各自经济有益，更能稳定和促进世界经济的发展，但客观理性并不一定能保证中美之间就一定不会发生大规模的贸易摩擦。在当前一大波保护主义汹涌来袭的现实背景下，情感因素极易冲昏本来理智头脑。此时，彼此间信任的直观感觉将发挥更大作用。

有诸多理由预测，习近平主席和特朗普在Mar-a-Lago的会晤将是一次亲密、成功的会晤。习近平主席与特朗普总统会晤后，Mar-a-Lago的会员费预计还会上涨，在排队加入的队伍中估计会看到更多的亚洲面孔。

《纽约时报》拿到的一份Mar-a-Lago会员名单显示，该俱乐部的近500名付费会员包括数十名房地产开发商、华尔街大佬、能源以及其他可能受到特朗普政策影响的企业的高管。至少有3名俱乐部成员正在被考虑成为大使。目前Mar-a-Lago还在接收新会员，但名额非常有限。据特朗普的儿子埃里克（Eric）介绍，俱乐部目前严控吸纳新会员的人数，每年只接纳20到40名新会员。预计Mar-a-Lago在未来一段时间会成为全球最成功的私人俱乐部，而不是之一。

但对于中美两国领导人会晤后的中美关系走向，我们仍应保持冷静。中美经济上虽有巨大的互补性，但也存在着差异。两只大象同处一个屋子，自然比一个大象独享一个屋子时碰撞要多。随着特朗普国内政策议程的推进，特朗普将会投入越来越多的时间和精力来处理对外关系，外部事务也有可能成为其来分散民众对其国内政策不满的手段。习特会后，中美间摩擦和碰撞可能更加明显，尤其是在经贸领域，中美围绕倾销、反倾销、补贴、反补贴的摩擦会明显增多。但这从另一个方面也表明了，中美关系韧性正在持续增强，双方看待彼此的心态更加成熟。历史向来是在曲折、反复中前进，中美关系尤为如此。

特朗普对华贸易行动不会引发中美贸易战

2017年8月14日，美国总统特朗普签署总统备忘录，授权美国贸易代表办公室(USTR)决定是否对中国违反知识产权,损害美国企业利益进行调查。

依照美国《1974年贸易法》,如果贸易代表莱特希泽认为有必要调查,美国将很有可能启动贸易301调查。而一旦启动,这将是美国在1994年世界贸易组织成立后,首次对中国这样一个大型经济体进行该项调查。从这层意义上说,特朗普对中国的此次贸易行动的确传递出不友善的信号,但认为其可能会引发中美贸易战可能为时尚早。

根据301调查的相关程序,目前仅处于是否启动301调查的初始阶段。第二个阶段是做出启动301调查决定,启动调查。第三个阶段是完成调查,得出调查结果。第四个阶段是制定并实施贸易救济措施。每个阶段都有不可预知的困难。即使进展顺利、少有反复,整个阶段可能也需要至少一年的时间。期间,中美双方将会进行沟通。尚无法确定,美方的调查结论是否肯定对中国非常不利,更无法确定美方是否会就知识产权问题对中国采取贸易反制措施。

对此次总统备忘录针对的知识产权问题,中方是非常有底气的。改革开放以来,中国在知识产权保护方面取得的进展是有目共睹的。美国知识产权法律协会前主席索邦称,中国正迅速成长为知识产权保护和执法的全球领袖。美国外交学者网站2017年7月发表题为《从山寨中涅槃》的文章,中国在过去30年不断加强知识产权保护,正成为全球创业领军者,已摆脱"山寨之国"的形象。如果没有看到中国在知识产权保护方面取得进展,囿于肤浅陈旧印象,执拗通过单边的、基于国内法的长臂管辖做法,势必让相关调查缺乏客观公正性,让问题更加复杂。

对美国对华采取贸易行动,中方已有心理准备。基于特朗普竞选中的表现,中方很早就认识到中美之间爆发正面贸易摩擦只是时间问题。双方领导人在美国海湖庄园的会晤为未来中美关系发展指明了方向,两国政府工作层面通过"百日计划"获得了一定的早期收获,巩固了中美关系,但中美两国在一些问题上的分歧短期内无法消除,美方肯定会因过高要求不能满足而有所行动。中方也注意到了2017年4月底美国贸易代表办公室发表的《2017年度301特别条款》报告中的变化。其中,中国被列入了"重点观察国"名单的第一位,而2016年按字母顺序排列,中国是第四位。

此外,随着特朗普国内施政遇阻,中方预判到,特朗普拿中美经贸问题"说事"的日期临近。"通俄门"丑闻持续发酵,特朗普废除奥巴马医改努力严重受挫，在种族问题上的不当言论和错误立场，白宫人事大幅动荡等等，让特朗普不但未能抽干国内"政治泥潭"，反在其中越陷越深，关于特朗普将被弹劾、副总统彭斯篡位的传言越来越多。此时，特朗普在对外事务中制造"噪点"，有助于来转移国内政治矛盾焦点。据媒体报道，本来特朗普计划在2017年8月1日就签署上述总统备忘录，但是由于需要与中国协调在应对朝鲜导弹试射问题上的立场而推迟。

需要特别指出的是，在涉及中国的政策上，特朗普政府的行动还是非常谨慎的。在2016年的总统大选中，特朗普对中国说了很多狠话，扬言要在入主白宫后的第一天就将中国列为汇率操纵国，要对从中国进口的商品征收高达45%的进口关税。现在特朗普执政已经超过200天，才首次推出专门针对中国贸易行动，其实是保持了相当大的克制。

此外，这次特朗普签署的是总统备忘录，不是总统行政令。备忘录从行政力上不如行政令强。在备忘录中特朗普要求的是莱特希泽决定是否对中国进行调查，而不是已经得出结论，认定中国做法不当，更不是要求马上对中国采取反制行动。另外，与其他的特朗普签署的多项行政令、备忘录中，特朗普列出明确时间显著不同，在此备忘录中，特朗普并未加上时间限制。这都说明特朗普在涉及中国的问题的拿捏上还是有所考虑的。

由上可见，特朗普要签署的备忘录虽没有媒体宣传的那么怕人，但也需对其保持警惕，主动发声，防止其"误入歧途"。中国应明确向美方传递三个方面信息：

其一，特朗普改变贸易失衡的根本方法不是采取贸易保护措施，而是实施一揽子改进的调整措施和提高竞争力的长期政策。

其二，解决中美贸易失衡唯一正确的方式是尊重彼此利益关切，协商解决。中方愿意帮助美方解决贸易失衡问题，中国将继续对美开放，增加从美进口，作为对等，特朗普政府应放宽对中国高科技等出口产品的限制。

其三，中国不惧怕特朗普的贸易救济威胁，保留反制权利，但贸易战不能解决中美贸易失衡，在贸易战中不会有赢家。中国会同世界其他国家和组织共同反对美国的贸易欺凌。

对于下一步中美经贸关系走向，我们应该保持客观冷静。未来特朗普国内政策议程推进面临的阻力越来越大，特朗普可能会更多地在外部事务上做文章，中美间摩擦和碰撞可能更加明显。

第二十三章　深化中欧关系路径

欧洲是中国平衡美国的重要力量，中国应从战略高度看待欧洲的作用。中国、欧洲和美国三者之间事实上存在一个"隐形"的三角博弈关系。每当中美"交恶"时，中国和欧洲的关系必然升温；中欧关系出现波折时，中美便进入蜜月期。

中欧建交四十多年来，已建立六十多个各级别的磋商和对话机制，涵盖了政治、经贸、科技、能源、环境等各领域。中国应用好，用足这些机制，进一步深化中欧关系。下一步发展中欧关系的指导原则是：经贸是基础，大国是关键，中东欧是新支点。

流动性泛滥时代中欧合作具有重要意义

在当前国际流动性泛滥的大背景下，深化中欧合作具有新的重要意义。2008年金融危机发生后，美国推出了多轮量化宽松货币政策。这一明显带有"损人利己"性质的政策一经出台，便成众矢之的。

美国量化宽松货币政策实施的直接后果就是向市场注入大量流动性。美国的做法实际上是放弃了作为储备货币发行国家应该承担的职责，对向外转嫁危机，以邻为壑。

受流动性泛滥影响的将不仅是中国等新兴经济体，欧洲同样感受到美国政策冲击的切肤之痛。正因此，美国的"天然盟友"欧洲也对美做法颇有微词。德国经济部长布吕德勒以不同寻常的尖锐口吻批评美国，称其"持续不断地加印钞票是一种间接的操纵货币汇率行为"。在美国横加指责别人为"汇率操纵国"时，自己却在不折不扣地操纵汇率，的确是莫大的讽刺。

美国量化宽松货币政策对欧洲的影响主要有四：

一是导致欧元的相对升值，削弱欧洲出口竞争力。2010年上半年，欧洲经济曾受益于欧元的大幅贬值，产品国际竞争力明显增强，出口强劲恢复。但美国持续向市场注入美元，已经导致美元汇率快速贬值。欧元兑美元的汇率已由2010年6月9日的1.1959升至11月4日的1.4244，升值幅度达到19.1%。美国出口产品在变得更加便宜的同时，欧洲出口却受到挤压。

二是导致全球大宗商品资产价格上涨，将会给欧洲带来明确的输入型通胀压力。正是因为看到了相关危害，法国总统萨科齐2010年提出希望争取中国支持采取相关措施，以帮助降低汇率和大宗商品价格的过分波动，以及改革全球机构。

三是导致欧洲货币政策压力倍增。欧盟统计局2010年10月22日公布的数据显示，由于遭受金融和经济危机打击，欧盟成员国2009年全部出现了财政赤字。英国、西班牙和拉脱维亚均超过10%，葡萄牙也高达9.3%。其中，爱尔兰2009年赤字水平最高，达到了GDP的14.4%，爱尔兰因为要耗费巨资救助本国五大银行，2010年财政赤字骤升至GDP的32%，为历史罕见。此外，欧盟成员国的债务形势也相当严峻。包括意大利、法国、德国和英国这四大国在内的11个成员国公共债务占GDP的比例超过了《稳定与增长公约》允许的60%上限，其中意大利高达116%。财政赤字的高企已被欧盟视为经济发展的头号威胁，欧盟将削减赤字视为"保卫欧洲"的必然之举。正因此，2010年5月以来，欧洲各国纷纷推出大规模减赤计划，欧洲进入"勒紧裤腰带时代"。2010年10月26日欧盟峰会再次通过了具有历史意义的加强经济治理的改革方案。根据该方案，欧盟今后将对成员国的预算政策加强监督，并将建立一套针对赤字或公共债务超标成员国的自动惩罚机制，其根本目的在于重塑欧盟的财政纪律。

四是可能导致欧洲债务危机再次发生。欧洲欲尽快走出危机需要大量的资金投入，但却面临内部资金不足的艰难局面。世界银行行长曾在2010年5月末的《金融时报》为欧洲的经济复苏开出药方，称欧洲走出危机不能仅靠"勒紧裤腰带"。佐利克指出，旨在保卫欧元的7500亿欧元一揽子计划为欧洲争取了时间。但专注于财政紧缩与债务，仅是故事的一半，欧洲还需找到通往繁荣的可持续道路。欧盟及其他地区发达国家，需要的不仅是财政紧缩，尤其是通过大举增税实现的紧缩，它们还需要抓住发展中国家增长提供的机遇，以避免步入"失落的十年"。

对于中国等新兴市场国家来说，应该看到，欧洲国家同自己一样是美国"以邻为壑"政策的受害者。虽然，欧元尚未能成为与美元并驾齐驱的国际货币体系支柱，但其作用不可小觑，应该充分认识欧元资产的价值。中国购买欧洲国债一方面可以分散中国目前以美国国债为主的主权债务投资组合，另一方面通过支持欧洲改革国际经济秩序的主张，可以分散美国对中国的战略压力（参见附录1"支持欧债纾困并非买债一条路"）。

欧洲应重新检视自己

中欧关系在21世纪注定将是一个"新兴崛起大国"和"后现代国家集团"之间的关系。昔日欧洲的政治和军事影响力已从绚烂中归于平淡。但欧洲人对于自身的认识和对于中国的印象似乎还没充分调整。深化中欧关系，需要双方共同努力，欧洲人应该对后危机时代自身的地位做一个更清晰的定位。

欧洲人的优越感正在丧失。欧洲人一直自诩欧洲经济模式尊重人权、注重公平，但是国际经贸的竞技场上却一直输给美国。金融危机刚在美国爆发时，欧洲人隔岸观火，幸灾乐祸，甚至落井下石，唱衰美国，希望能借机能重执国际秩序"牛耳"。金融危机爆发伊始，法国总统萨科齐便自豪地宣布"自由放任的资本主义完结了"。德国财长施泰因布吕克也曾满怀信心地告诉记者，欧洲最大的经济体能够安然无恙地度过危机。但不到两周的时间，欧洲资本主义即经历了和大西洋彼岸同样恐怖的噩梦，欧盟经济衰退速度远超美国，新增失业人口850万人，经济恶化状况创战后几十年来最糟纪录。OECD、世界银行和IMF等组织多次对欧洲经济社会形势发出警告。经济危机已引发了法国、西班牙等国的社会危机和冰岛、捷克、匈牙利等国的政治危机。整个大陆到处弥漫着失望的情绪。欧洲人自诩欧洲经济模式优于美国经济模式的论断在现实面前显得很苍白。

欧洲一直奉行所谓的人权、民主、自由的"价值观外交",后又延伸到环境保护、气候变化等。欧洲对价值观的固守即使金融危机也未曾改变,这被视为是"后现代"欧洲的最大资本。欧洲自认是世界上高举"道义"大旗的斗士。德国联盟党议会党团2007年10月通过的"亚洲战略"中就认为中国的崛起是"欧洲以外地区对德国和欧盟秩序政策模式的挑战"。与中国从冷战后国际形势的客观发展提出的"和谐世界"的理念不同,欧洲人的"价值观"包含有严重的"欧洲中心论"的狭隘性,其与欧洲所奉行的"尊重多样性"的政策主张背道而驰,这引起包括中国在内的发展中国家的反感和抵制。欧洲有民意,中国也有民意。用客观公正的事实来引导民意,顺应民意,并彼此尊重,而不像一些西方政客用所谓的民意作为谋求政党利益的借口,这才是"价值观"的真谛。

欧洲人必须正视其在国际舞台上被边缘化的现实。十年前G7集团的GDP占世界的80%,而今G8集团也只占世界的一半。随着金融危机的爆发,西方发达经济体纷纷陷入衰退,世界重心开始加速向中国等新兴经济体转移。英国最有影响力的报纸《金融时报》曾撰文指出,"眼下的中欧关系,中国对欧洲的需求明显小于欧洲对中的需求。"高盛公司预测2050年全球六大经济体将变成中国、美国、日本、印度、巴西和俄罗斯,欧洲主要大国均无缘前六。面对危机,英国、德国等国一再表示难以再加大经济刺激力度,肯盼中国能在刺激世界经济复苏方面发挥更大的作用。金融危机发生后,中美"G2"、"中美共治"、"中美国"成为世界热词,欧洲事实上被边缘化。中国影响的迅速上升让自恃优越的欧洲"黯然神伤"。欧洲的"软实力"失去了"硬实力"这一基础,变成了"无米之炊"。G2能否拓展为G3,关键要看欧洲自己,欧洲能否用脱颖而出成为第三支力量,要看欧洲能否发出统一的声音。

中国是欧洲值得信赖和依仗的朋友。中国和欧盟是世界上最大的发展中国家和最大的发达国家集团。中欧迄今已建立六十多个各级别的磋商和对话机制,涵盖了政治、经贸、科技、能源、环境等各领域。作为中国最大的贸易伙伴和最大的出口市场,欧盟现已成为中国最大的进口来源地。中国的巨大市场给欧洲企业带来了广阔的商机。中国出口到欧洲商品已让欧洲民众得到了实实在在的实惠,让每个欧洲家庭每年节省约300欧元。中欧关系具有全球战略意义,中欧有政治互信、发展经贸、交流文化的物质基础。

2009年5月20日,被推迟了5个月的第十一次中欧峰会在捷克首都布拉格举行。中欧峰会是中国和欧盟官方最高级别的定期沟通机制,每年一次轮流在欧洲和北京举行。十一年来仅2008年被推迟。原定于2008年12月1日在法国里昂举行的第11次中欧峰会,因当时的欧盟轮值主席国法国总统萨科奇执意要见达赖,严重干涉中国内政,为此中方推迟峰会。德国经济亚太委员会地区主任施特拉克随后对路透社表示:"我们必须坦率地说,我们对德国这次不处在讨论的中心感到庆幸。"他警告说,德国政界必须要重视中国在西藏问题上的敏感性,在与北京对话时必须对中华人民共和国内部事务给予尊重。

随后,在双方共同努力下,欧方转变了立场,中欧交往得以恢复。2009年被推迟的峰会再次举行。为了布拉格短短2个半小时的会议,中国总理来回飞越20个小时,用实际行动表明了中国对中欧友谊的珍视,传递出愿与欧洲一道共克时艰的美好愿望,展现出了中国作为一个崛起中的大国所具有的责任感和领导素质。

未来中欧关系走向,不能只靠中国一方的努力,同样需要欧洲认真自我检视,调整好"中国观",信守自己的承诺,以更加开放的心态,用客观公正的眼光和态度来看待中国。正如英国外交大臣米利班德在接受英国《卫报》专访时所说:"没有中国,你不可能解决世界经济问题;没有中国,你不可能解决气候变化问题;没有中国,你不可能解决世界贸易问题;而不理解中国在非洲所扮演的新的角色,你也不可能与非洲建立真正意义上的合作关系。"

欧洲不应效美对华两面派

2010年10月10日,68岁的中国总理结束了欧亚访问行程回国。在这长达8天的时间里,温家宝总理密集访问了欧洲多国,参加了几十场会见,发表多场重要演讲。温家宝总理用自己的行动完整、真实地向欧洲传递了中国愿与欧洲增信释疑、加强合作的不变立场,圆满完成了自己的使命。

温总理在中欧工商峰会上的演讲再次表明,中国了解并高度重视欧洲的利益和关切。基于中国的一贯对欧政策和立场，欧洲没有理由不将中国视为可信赖的现实和战略伙伴。因此，做实中欧全面战略伙伴关系的关键在于欧洲是否真正有诚意与中国合作。

一个月前，欧盟外交与安全政策高级代表兼欧盟委员会副主席阿什顿女士曾高调访华。期间，阿什顿女士既到访了中国的经济中心，也访问政治中心，既目睹了东部沿海地区的活力，也亲历了西部地区的待发展。这是欧盟高层领导少有的"了解之旅"。正如阿什顿女士本人所说的那样，这样的访问有助于欧盟和她本人更好地了解中国。应该说，阿什顿女士此次访华是冒着一定程度的政治风险的。由于坚持此次访华，阿什顿女士错过了参加在华盛顿举行的以巴新一轮直接谈判，并由此受到成员国法国等国的严厉批评。法国外长库什内称："作为巴勒斯坦最大的救助国和中东和平组织的成员，阿什顿的缺席将为欧盟蒙羞。"显然，在后危机时代，阿什顿女士将欧盟外交的"宝"压在了中国。欧洲的立场一度让中国看到了加强合作的强烈愿望。当中欧双方都静下心来认真地了解对方时，中欧全面战略伙伴关系便有了更坚实的基础。

但遗憾的是，欧洲2010年在对华问题上的做法却和美国对华"两面派"做法非常类似。就在阿什顿女士访华的同时，欧盟委员会再次决定拟对中国的调制解调器展开反倾销调查。2010年初以来，欧盟已多次展开或拟展开带有明显保护主义特征的措施，如对从中国进口的塑料袋、鞋类、自行车及其配件、钢索钢缆、螺母、铜版纸、瓷砖、数据卡等展开反倾销调查或征收高额反倾销税，其力度之大、频率之繁历史罕见。

在2010年9月4日举行的G20财长会议前，有消息称，欧盟将一改往日的立场，就人民币问题向中国施压，要求人民币升值。如果说反倾销是欧洲企业自下而上的行为，欧盟委员会无权过问的话，就人民币问题对华施压，则明确表明欧盟委员会立场的转变，对中国挥舞制裁大棒。欧盟的这一立场转变与去年初以来，欧盟内部一直存在的要求改变对华策略的呼声相契合。

一方面欧盟主张加强中欧双边关系，不断要求和中国对话，不断强调增信释疑；另一方面却不断找各种理由对华施压，欧洲开始在对华政策上效仿美国。2010年9月29日，美国众议院的"人民币法案"终于在一片争议声中获得通过。美国开始不断增压要求人民币汇率升值。在人民币汇率问题上曾一直持较为中立和客观立场的欧洲，在面对"站队"的选择时，选择站在了美国一边。在温总理访欧期间，不断能听到欧洲人民币升值的"杂音"。

欧洲两手做法自然有其自己的如意算盘，但欧洲需要注意的是，欧洲毕竟不是美国，对于后危机时代应该有一个清晰的自我定位，不然很可能会陷入"邯郸学步"的尴尬境地。

欧盟目前虽已在经济总量上超过美国，成为世界最大经济体，但却不具备同等分量的国际影响力。尤其是在受到美国金融危机和希腊债务危机连续两次冲击后，欧盟目前"弱化"问题严重。法国强制遣返罗马尼亚籍的罗姆人，便是明显不顾欧盟内部团结，有悖欧洲自我标榜的"民主和人权价值观"的做法。丹麦、荷兰、瑞典先后出现的狭隘民粹主义和反伊斯兰情绪，再次凸显在当前走出危机的困难时期，欧盟一体化影响力的下降和成员国自决倾向的上升已成不争事实。

在多极化日趋明显的后危机时代，以中国为代表的新兴国家的崛起已成事实。事实一再证明，中国可以是，也应该是欧盟可以信赖的伙伴。尚需进一步加强内部整合的欧盟应该树立积极思维，用心了解中国，切不可效仿美国对华采取两面派的做法，不应该做有害中欧全面战略伙伴关系的事。

提升中东欧在中欧关系发展中作用

下一步发展中欧关系的指导原则是：经贸是基础，大国是关键，中东欧是新支点。

2009年10月16日，时任中国国家副主席习近平对欧洲展开为期两周的访问。这是习近平担任国家副主席后首次到访欧洲。在习副主席到访的五国中，有三个是中东欧国家。加上国家主席胡锦涛2009年6月才到访过的斯洛伐克和克罗地亚。短短五个月，中国国家高级别领导人已经五度访问中东欧。中国国家高级别领导人对这一地区如此高频率和高级别的出访，表明中国已将这一地区的政策将纳入对欧政策的整体框架之中，并正成为中欧关系发展中的新亮点。

中国与中东欧国家关系有着友好的传统历史。中国与中东欧国家的关系发展虽有起伏，但总体上呈向前发展趋势。虽对于中东欧范围存有争议，但一般认为"中东欧"主要包含三大区域共15个国家：狭义的中欧国家（波兰、捷克、斯洛伐克、匈牙利、斯洛文尼亚)、波罗的海三国(爱沙尼亚、拉脱维亚、立陶宛)和巴尔干国家(包括保加利亚,罗马尼亚及西巴尔干五国,即克罗地亚、波黑、塞黑、马其顿和阿尔巴尼亚)。

20世纪50年代,中国与中东欧国家的关系处于全面发展时期;60年代,双边关系受中苏关系逆转的影响出现了不同程度的摩擦乃至破裂;70年代后期,中国与中东欧国家的关系开始回暖,许多国家为中国重返联合国做出了积极贡献。80年代末90年代,多数中东欧国家新政权上台,出于内政转变和外交西靠的需要,各国相继提出了以加入北约和欧盟为优先目标的"融入西方"战略,致使双边关系趋冷。

2002年,欧盟委员会根据"入盟标准"对十个中东欧正式候选国(除西巴尔干五国)所作的达标评估报告指出,这些国家在政治上已基本形成了多党议会民主制度,三权分立框架也初步确立,并具备了确保国家机构稳定的能力;在巩固与深化民主、遵守法制、尊重人权及少数民族权利等欧洲基本价值观方面也取得了显著成效。2002年底,欧盟哥本哈根峰会正式做出决定,于2004年5月吸收波兰、匈牙利、捷克、斯洛伐克、斯洛文尼亚、立陶宛、拉脱维亚、爱沙尼亚等八个中东欧国家入盟,罗马尼亚和保加利亚的入盟日期定于2007年。2003年6月在希腊召开的欧盟—西巴尔干国家峰会上,欧盟首次确认了西巴尔干国家"未来成为欧盟成员国的前景"。

进入21世纪后,中东欧国家对外政策逐渐走向成熟,对外关系朝均衡方向发展。在优先发展与美欧关系的同时,中东欧国家越来越看重发展与包括中国在内的其他国家的关系。波兰、匈牙利、罗马尼亚等国已将中国纳入重点发展关系的对象国之列。中国与中东欧国家高层互访增多,经济合作突飞猛进。

中东欧国家外交政策的调整是基于其国家利益和经济利益考虑。同样,加强与中东欧国家的交流与合作也符合中国的利益。中国与西欧的关系现已日臻成熟,中东欧将成为未来中国对欧政策的亮点。

第一,中东欧地区蕴含巨大商机。中东欧地区经济总量超过俄罗斯。中东欧地区人口超过已经超过1亿人,占整个欧盟27国总人口的比重超过20%。波兰的人均GDP仅为欧盟平均水平的60%,具有巨大的上升空间,市场容量巨大。

第二,中东欧市场已与西欧市场高度一体化,基础设施较为健全,且进入门槛较低，因此可将中东欧作为中国商品和资金进入西欧的"桥头堡"。中东欧地区地广人稀，适合加强农业方面的合作。

第三，中东欧地区的80%的人口受过较高程度的教育，劳动力素质较高，但劳动力成本却大大低于西欧。适合中国企业在此设立面向欧美市场、对劳动者素质要求较高的企业。

第四，随着欧盟一体化进程的推进，中东欧在欧盟的作用将进一步增大。由于中国与中东欧的各方面依存越来越深，预计未来中东欧对华政策会延续当前的友好政策。与其建立更加紧密的关系有助于制定更加友好的对华政策。

最后，中东欧地区由于与中国曾具有同样的历史经历和政治、经济体制，中东欧具有较为良好的对华民意基础。尤其是老一辈中东欧人对华十分友好。中国已用60多年来与这一地区建立友好关系，如此良好的民意基础应该加以利用。

巩固中德关系

2010年7月18日，德国总理默克尔圆满结束对中国长达4天的"伙伴之旅"。默克尔总理对当前中德关系给予高度评价，称其进入更加坦诚的新阶段。温家宝总理亦积极回应，称其访华具有"历史意义"。默克尔此次访华，不仅收获了经贸大单，看到了中国愿意与德国积极展开经贸交流和技术合作，以实际行动坚持自由贸易，共同促进世界经济稳定和复苏的诚意，更重要的是，与中国进一步加强了战略互信，建立起了"后危机时代"值得倚重的战略伙伴关系。

在中德关系中，经贸关系是双边关系中非常重要的组成部分。2009年，中德两国的贸易额为920亿欧元，中国贸易顺差近200亿欧元，德国的机械设备和汽车等产品在中国拥有非常好的口碑和销售市场。2009年德国对外出口下降18%，对华出口是唯一例外，出口额不降反升7%。中国现在是德国最重要的海外市场，德国也是中国在欧洲最大的贸易伙伴。经贸交往为双边关系发展提供了夯实的基础。中德此次签署的总额超过40亿美元的经贸合作协议，涵盖了财政、环保、文化等诸多重要领域，再次表明双方有着巨大的合作空间和意愿。其中，双方在节能环保、新能源和绿色经济领域的交流与合作，将成为今后中德关系发展中新的亮点。未来中国经济转型，对德国经贸和技术需求巨大，而德国经济发展和产业结构升级也需要广阔的中国市场，双方经贸合作空间巨大。

但中德关系的"抗冲击性"不能仅仅依赖经贸这一单一支柱，因为经贸合作易受政治和媒情舆论风向变化的影响。在"后危机时代"，中德携手向前必须在经贸关系这一支柱外，找到另一支柱。此次默克尔来访，中德两国领导人共同签署的《中德关于全面推进战略伙伴关系的联合公报》，为未来中德关系的发展建立起了"政治支柱"。中德之所以在时隔38年之后才发表第二份联合公报，既表明双方对彼此关系走向均非常审慎，更表明在当前国际格局面临重大调整的时代背景下，中德建立"战略伙伴关系"时机已经成熟。中德已经认识到应从全球战略的高度来定位和运作双方关系。未来中德两国高层的定期会晤和对话磋商机制将有助于双方增信释疑，全球提升中德关系。中德两国间的人文交流和良性认知也将随着政治互信的增强，进一步丰富和朝着积极方向变化。

中德进一步走进的意义已经超越了双边关系层面。"后危机时代"，一国无力单独应对气候变化、防扩散、打击恐怖主义、解决贫困和发展不平衡等重大全球性问题，亟须通过G20等多边机制共同应对。在此背景下，中德两个有影响力的大国作为发达国家和新兴市场国家的重要代表，加强磋商交流、携手合作不仅将有助于增强多极化世界格局的稳定性，还将增加应对全球性问题的有效性。此外，中德关系的不断深化还将为中国同欧盟及其他成员国双边关系的发展提供蓝本和标杆。中德关系式中欧关系的重要组成部分，健康稳定的中德关系将对整个中欧关系产生积极影响。

相信，只要中德携手一道，朝着双方联合公报确定的方向和目标努力，加强两国政治互信、提升经贸合作、丰富人文交流、拓展多边合作，中德战略伙伴关系必将因此不断迈上新台阶，并为建设和谐世界作出贡献。

平常心看待有些国家领导人的高调访华

2010年4月28日法国总理萨科齐率领豪华代表团高调访华。据报道，萨科齐是唯一在世博会期间对中国进行国事访问的外国领导人。除总统夫人外，多位法国内阁要员、参议员和国会议员随访。此外，法国名列前20名的跨国集团的总裁也随同萨科齐访问。萨科齐豪华代表团的成员几乎涵盖了所有两国交流与合作的重要领域。访华代表团规模之大、级别之高足见法国对华关系的重视。有意思的是，按计划4月29日欧盟委员会主席巴罗佐也将到访中国。萨科齐提前一天访华，抢风头的意味十分明显。访华时机的选择也从一个侧面反映出法国对华关系的重视。

如果说2009年4月1日中法发表联合新闻公报是一度受冷的中法关系转暖的转折点，那么此次萨科齐来访毫无疑问意味着中法关系的全面恢复正常。法国《费加罗报》甚至对此访意义给出了更高评价："萨科齐访华将彻底结束中法关系的不和谐。"但鉴于萨科齐上台执政以来中法关系波折的教训，对萨科齐访华用一颗平常心来看待可能更好。考虑到当前法国面临的内政外交现状，萨科齐重视发展对华关系是客观必然，未来中法关系发展仍需小心"呵护"。

第一，在后危机时代，新兴国家国际地位上升已是不争事实。金融危机对欧洲造成严重冲击。欧盟地位事实上在一定程度上有所下降，更遑论法国。萨科齐近期多次表示将重视发展同新兴国家的关系。作为新兴国家的代表，中国的发展正是法国的机遇。由于在诸多重大国际问题上，如全球经济复苏、国际货币体系改革、加强金融监管等，中法立场相近，在一些问题上，法国希望能够得到中国的支持，如伊朗核问题、中东和平进程、应对气候变化等，深化同中国的关系无疑将有助于提升法国的国际地位和影响力，也为法国发展同其他新兴大国的关系起到示范作用。法国重视发展对华关系有其时代背景。

第二，经济基础决定政治生态。法国对华经贸需求巨大，深化同中国的关系符合法国的利益。据中国海关统计，2008年中法进出口总额达到389亿美元，在欧盟27国中位居第四，而波兰、匈牙利等12个后入盟国家对华进出口额之和才为383亿美元。中国从法国的进口额仅次于德国，达到156亿美元，是中国在欧盟成员国第二大进口国。2007年萨科齐访华时，中法签署了总值为270亿美元的商业合同。2009年12月20日，为萨科齐访华铺路的法国总理菲永再次签下15亿美元的核电、航空大单。据报道，此次萨科齐访华期间，中法同样将签署多项基础设施、环保等合作协议。虽然法国有意淡化萨科齐访华背后的经济背景，而突出强调此次访问的政治意义，但20多位法国商界人物的随访，仍难掩经济意义的重要性。正如一位法国网民在给《费加罗报》留言时所说的："中国是法国国债的重要资金支持"，"非常高兴看到我们的总统与将要成为世界一流强国的中国重新走上外交道路"。

第三，深化同中国的华关系将为萨科齐执政加分。2010年3月14日和21日，法国先后举行了6年一次的两轮大区议会选举。此选举系2012年总统大选前和立法选举前的最后一次全国性选举，各政党均高度重视，全力投入选战。但是萨科齐领导的人民运动联盟全线溃败，其反对党社会党则成为最大赢家。社会党与其他左翼政党共获得53.7%的选票，控制了22个本土大区中的21个以及总共26个选区中的24个。人民运动联盟的右翼阵营仅获得35.2%的选票，只在阿尔萨斯大区和海外领地印度洋的留尼旺岛保住了自己的地盘。大区选举的惨败无疑说明了萨科齐执政绩效不得人心。2007年萨科齐执政以来，强力推行各项经济、社会改革，不少选民利益受损。金融危机再次重创法国，法国失业率创新高，社会不满情绪日益高涨，并不断发生大规模全国性游行示威活动。败选沉重打击了萨科齐及人民运动联盟，党内怨气沸腾、矛盾加剧，反萨科齐言论不断。为走出败选后的困境，有志连任总统的萨科齐除了亟须改革当前对内政策外，还需在对外政策上找到亮点。搞好对华关系无疑将是萨科齐对外政策的得分点。当世界都在关注中国时，"娴熟"驾驭中法关系必将为萨科齐赢得喝彩声。

第四，搞好对华关系，有助于法国平衡对美关系。2010年3月29~30日，萨科齐对美国进行了国事访问。在一片祥和的气氛之下，其实难掩法国对美政策的调整。萨科齐是以"亲美"姿态走上法国政治舞台的，但是一直希望能在世界舞台发挥领导作用的"法国雄心"及金融危机暴露出美国模式诸多弊端，让萨科齐执政后刻意与美国保持距离和展示其独立性。此外，2010年是美国国会的中期选举年。为选举造势，奥巴马提出了增加就业、扩大对外出口的政策主张，这将加大美国与法国、德国等欧洲国家对世界市场的争夺。在中、美、欧三角关系中，法国必然会导向中国，寻求"战略支持"。

考虑到萨科齐一贯的实用主义政策取向、善变的性格和一意孤行的行为风格，很难保证萨科齐未来两年的任期内不再为中法关系发展"添堵"，很难断言此次萨科齐高调访华后未来中法关系肯定一帆风顺。但可以肯定的是，中法关系无论发生何种波折，携手向前将是大势所趋。

用战略自信回应外界对中国加强与欧洲国家自贸区的不实揣测

2013年4月15日,中国与冰岛结束历时6年共计6轮的自贸区谈判,正式签署中冰自由贸易协定,这是中国首次与欧洲国家建立自贸区。中国主流媒体对中冰自贸区意义及前景持积极乐观的态度。而部分西方媒体却抛出中国与冰岛建立自贸区另有目的论调。有媒体揣度,鉴于冰岛位于北极的特殊区位,中国与冰岛建立自贸区并非出于经贸利益考虑,中国的真实意图在于借冰岛"撬开"北极大门,"插手"北极事务。

支撑上述论调的是已经过气了的"冷战思维"。中国作为一个负责任的新兴大国,内怀战略自信,外凭战略定力,对流言蜚语定可坦然面对。

经贸合作是中国发展与冰岛自由贸易的首要考量。新一代中国领导人已在不同场合多次重申,经济建设仍是新一届中央政府的工作轴心,是实现"中国梦"的经济途径。中国发展对外经贸追求的是合作共赢,实现世界共同发展。中国无意也无力插手他国事务。中国和冰岛经贸总额虽然较小,但是增幅较大,2012年增幅超过20%,未来仍有很大的上升空间。冰岛在地热和水电能源方面拥有专长,这是中国发展低碳经济所急需的。中国经济目前正处于低碳转型之中,开发地热资源可以帮助中国城市改变依靠化石燃料供暖的传统,地热还可用来发电,以及成为新的旅游资源。中冰合作领域广阔。

2008年冰岛银行系统陷入瘫痪,四处求助无门之际,是中国向冰岛伸出了援手,与其签署了货币互换协议。此后,中国一直在与冰岛就如何帮助冰岛复苏进行谈判。而英国和荷兰却在索赔银行损失问题上步步紧逼,甚至恐吓冰岛,要将其告上国际法庭。中国用行动展现了一个负责任大国的形象,赢得了冰岛的信任。中冰深化经贸合作是水到渠成之事。

中国一向主张扩大开放,反对保护主义、将经贸问题政治化。习近平总书记在博鳌亚洲论坛2013年年会上明确阐述,坚决反对任何形式的保护主义,积极推动建立均衡、共赢、关注发展的多边经贸体制,重申了中国开放的大门不会关上,驳斥了外界对未来中国经济政策转向的不实论调。中国与冰岛签署自由贸易协定,用行动表明中国言行一致。

目前，美欧正掀起一轮双边自贸谈判热潮，这些自贸谈判一个共同的特征是无一例外的将中国排除在外。在中国与周边区域经济一体化面临较多困难和障碍的情况下，中国与冰岛签署自贸协定将成为撬动中国和欧洲、多边区域经济合作的重要杠杆。中冰自贸协定就服务贸易做出了高于 WTO 的承诺，在投资、自然人移动、卫生与植物卫生措施、技术性贸易壁垒、原产地规则、海关程序、竞争政策、知识产权等方面做出了具体规定。中冰高规格的自由贸易区向外界表明，即使不承认中国的市场经济地位，中国依然会遵守国际经济规则，在平等互惠基础上中国愿意与他国或地区建立高规格的自由贸易区，中国并不是封闭市场，愿意与世界分享中国成长带来的商业机会。

在参与北极事务问题上，中国一向持谨慎态度，并没有所谓的"北极战略"。其一，中国已同欧洲建立了全面的战略伙伴关系，扩大对欧洲各个层面包括北欧国家的贸易投资是正常的，也是应该的，北欧国家现在也迫切希望了解中国、认识中国，发展和中国的关系。把中国在北欧的正常商业投资活动与战略控制北极相联系，只是臆测。其二，中国积极参与北极事务，并非为了争夺、挤占他国在北极地区的利益，而是出于应对气候变化和共同开发的考虑。中国是北半球面积最大的国家之一，北极地区的气候与环境变化对中国有直接而快速的影响。在全球关注如何有效应对气候变化的大背景下，中国开展并加强北极科考活动是十分自然的事情。中国开展北极科学考察起步于 20 世纪 90 年代后期，落后于美、俄、英、法、加、日等许多国家。中国政府 1999 年才首次组织了北冰洋地区部分海域的综合考察。在 2003 年、2008 年和 2010 年三次对北冰洋地区科考过程中，中国邀请了美、俄、日、法、韩、芬兰等国科学家参与，整个科考过程完全公开透明。其三，随着气候变暖，冰雪融化，一个连接亚洲、欧洲和美洲的北极新航道渐成现实。有分析指出，北极航道可能与 100 多年前苏伊士运河开通一样，给全球贸易格局带来一场革命。冰岛已主动向中国发出合作邀请，愿与中国共同开发北极航道。中国没有理由放弃这一经济契机。如果北极地区的航道开通，将使上海到欧洲（汉堡）缩短约 6400 公里，从上海到北美洲东岸（纽约）的海运里程缩短约 5500 多公里。中国是北极航线的最大潜在使用者之一，北极航道也将因为中国的使用更具商业价值。

中国与冰岛建立自贸区，不会对任何国家构成威胁，有关国家的"担忧"，如果不是"中国恐惧症"发作，惧怕别人来"分蛋糕"，那么就是恶意炒作给中国发展添堵，但无论哪种动机都改变不了大势。

附录

一、朝花夕拾

二、美欧自贸区谈判前景

三、欧元前世今生（1999~2011）

附录1　朝花夕拾

荷兰印象

2010年9月，有幸受邀赴荷兰访问，诸多感悟至今仍在心中萦绕。

9月的荷兰虽少了郁金香的绚烂与清香，却同样宁静祥和。在欧洲，人们通常把荷兰人称为欧洲的中国人，一是因为荷兰人很勤奋。早上5点多钟，写字楼里的灯就已亮了一半。二是荷兰人的家庭观念很重。离婚率在发达国家中较低，每1000对夫妇中仅有2对散伙。三是荷兰人很谦虚。与很多欧洲人不同，荷兰人在谈到荷兰时，并不避讳荷兰国土面积的"小"。因为是个"小国"，尤其是在当今的世界，荷兰很难将自己的意志强加于其他国家，这种危机感让荷兰人努力学习如何让他人真心接受自己，在大国夹缝中左右逢源。

现在，北京每天都有多班直飞荷兰的航班，时间和航空公司有许多选择，非常便捷。我出发的日子并非节假日，但飞机却同样爆满。在飞跃了广袤的俄罗斯和欧洲大陆之后，飞机于当地时间晚上十点多在阿姆斯特丹的史基浦国际机场降落。史基浦国际机场是荷兰乃至欧洲大陆主要的进入门户,仅次于伦敦希思罗机场、巴黎戴高乐机场、法兰克福国际机场与马德里巴拉哈斯机场,是欧洲第 5 大机场,世界第 14 大机场。在我看来,虽然机场不如北京首都机场宏伟,但小巧而精致。

因天气不佳,飞机晚点一个多小时。见到接我的司机时,我连忙致歉,但司机却耸耸肩,一脸茫然地对我说"没关系,这又不是你的错,再说在这等总比待着办公室好"。顿时我直观感受到了荷兰人的幽默和直爽。荷兰首都阿姆斯特丹距离政府所在地海牙 60 公里。一边驾驶,司机一边指着窗外对我说:"这条连接阿姆斯特丹和海牙的公里是欧洲最好的公路了"。司机告诉我他没去过中国。望望窗外,我想,如果他到过北京和上海,自豪感可能就不会如此强烈了。

荷兰司机的公共外交

访问期间,荷兰外交部为我指定了专职司机,50 多岁,头发有些花白,土生土长的荷兰人,除了荷兰语外,还能说较为流利的英语和德语。在荷兰,这并不稀奇。从小学开始,荷兰学校便要求学生再选修一到两门外语。司机一直尊称我为"先生",每次停车时,司机会职业性的主动下车为我开门。开始,司机的话并不多,只是专心开车。一次车停稳后,我主动提出以后不用他下车,我自己开门,毕竟让一个"老者"跑前跑后地为自己开门于心不忍。对于我的"要求",司机先是一愣,随后会心一笑。从此,我一上车,司机便会主动找话题和我交谈。他跟我讲荷兰的风土人情,我则有对比的将中国情况告诉他。他告诉我普通的荷兰人其实对生活都没有太高的要求,比较务实,消费上也是量力而行。当说到中国时,他眼神中充满了期待。他告诉我他也很想去中国看看,现在荷兰的电视、报纸上到处都是关于中国的消息,只是中国离荷兰太遥远了,并坦言去中国的旅费实在是一笔很大的开销。

司机的话匣慢慢打开,我和司机更加熟悉起来。有时我会请他一起吃午饭,他则经常从家里带些零食来让我尝尝地道的荷兰风味。在会议间隙,他主动为我当起了导游和翻译。在最后一次开车送我时,司机对我说,今天是他妻子的生日,本想早点回去的,但看到我日程安排上没有去海边的计划,便主动提出要送我去看一看。站在海滩上,海风阵阵吹过,看着远处若隐若现的英伦之岛,我深深地感受到,无论是中国人,还是外国人,只要我们敞开心扉,便能真诚相待,因为人的本性都是善良的。在回饭店的路上,我送给他一个中国结，告诉他这是表示祝福的意思。他非常高兴，说要把这个中国结作为生日礼物送他妻子。

时下公共外交正是热议的话题之一，其实我们每一个普通人，无论种族、无论地位，都可以用自己的行动来为国家间的友谊大厦添一块砖，加一片瓦。我想这便是公共外交的真谛。

荷兰人的中国印象

在荷兰走走、看看、谈谈，便可感受到越来越浓的"中国热"正扑面而来。似乎一切有关中国的事物荷兰人都很好奇。长城、奥运会、人民币汇率自不必说，汶川地震、北京堵车、高房价、水污染同样为一些荷兰人熟悉。一些荷兰人对中国政经情况的了解甚至超出了我的预想。会议中，荷兰政经人士与我谈论最多的是如何寻找新和合作领域。套用当前时髦的话来说，与中国合作"神马都不是浮云"。据荷兰方面统计，荷兰是中国在欧盟27个成员国中第二大合作伙伴，40%的中国海外投资是通过荷兰鹿特丹港口进入欧洲，近一半的中国海外企业投资选择在荷兰。

与中国整体综合国力上升相伴的是，在荷华人地位的提高。多位当地华人告诉我，现在华人在欧洲人眼中的地位已经发生了天翻地覆的变化，他们深深感受到作为中国人的荣誉感和自豪感。

由于荷兰开放较早，且其经济主要是转口贸易，荷兰人对外部世界的认识较为客观。荷兰人对于中国经济发展取得的巨大成就表示钦佩，尤其是在此次金融危机中的表现，荷兰人已经认识到中国正成为世界经济重要的稳定力量。但受部分不客观新闻舆论的引导，使一些荷兰人对中国的崛起存在一些脱离实际的看法，甚至是存有疑虑。有荷兰人认为中国已不是发展中国家，应该和发达国家一道承担更大的国际责任。一些欧洲人认为中国经营环境不透明，操纵汇率，对中国在荷投资持警惕态度。有的荷兰人甚至认为中国文化和行为方式让欧洲人很难理解，担心中国的一些国际主张，如"和谐世界"理念带有意识形态色彩。

不信任和疑虑往往主要源于陌生。如何用西方人理解和接受的表述方式来阐释中国，对中国的公共外交来说仍任重而道远。

荷兰未来发展约束

高度重视教育和创新，已使荷兰成为全球的重要创新基地之一。2008年，按购买力平价计算的人均劳动生产率，荷兰在欧盟27国中排名第五，高于德国和瑞典。但客观地说，荷兰未来发展仍面临着两大"人"的因素制约。一是人口老龄化。荷兰中央统计局公布的数据表明，荷兰今后几年人口老龄化进程将加快两倍。2011～2015年，65以上老人人口将增加50万人，而在过去5年中这一组人口只增加了25万人。2016～2040年之间，65岁以上者将增加150万人，2040年荷兰老年人口将达460万人，而目前这一数目为260万人。荷兰65岁以上人口相对15～64岁之间人口的比例已由1960年的14.6%升至2000年的20%，高于同期的8.6%和10.1%，更是高于印度的5.4%和7%。虽然荷兰目前的社会保障体系是欧洲最为成功的，但受金融危机影响，荷兰养老金体系也受到前所未有的冲击。如何在产生足够的财富来赡养大幅增加的老龄人口的同时，加大对创新行业的投资力度，增强荷兰与其他人口相对年轻、生育率较高国家的竞争力，正成为摆在荷兰面前的一道难题。

二是移民融合。随着外来移民的不断增加和越来越多的荷兰人移居海外，荷兰的人口构成将发生明显改变。预计到2050年，荷兰本土人口将从目前的1320万降至1200万人，在总人口中所占比例将从目前的81%降至71%。而移民及其后代人口比例将从目前的19%升至29%。为解决长期国内劳动力供给不足，荷兰势必会放松当前十分严苛的移民法案。涌入的外来移民除了来自发展中国家，还有一些中东欧国家，甚至包括西班牙北部和意大利南部的人口也可能向荷兰移民。如何管理外来移民，尤其是来自其他欧洲国家的移民，促进他们融入本地社会，正成为困扰荷兰政府的一个非常重要的问题。让法国焦头烂额的"罗姆人问题"问题同样可能困扰荷兰。荷兰社会研究所所长鲍尔·舒奈贝尔教授无不忧虑地对我说，穆斯林人口在荷兰迅速增加，但有相当数量的穆斯林拒绝融入欧洲社会，不少在荷兰生活了十多年的北非、土耳其移民仍然不会说荷兰语，由此产生了一系列社会问题。荷兰警方近来频频在境内逮捕恐怖疑犯，再次暴露出移民问题必须予以高度重视，否则其很容易为恐怖分子"藏污纳垢"提供社会土壤。

荷兰面临的一些发展问题同样是中国目前正在遇到和今后可能碰到的问题，学习和借鉴有关经验，中国便可在自身的发展中少走弯路。其实，中欧合作领域很多，关键在于用什么样的眼光来看，用什么样的心态来做。

法国的不幸

法国民议会2010年11月27日以336票赞成、233票反对的结果艰难通过了退休制度改革法案。至此，萨科齐政府提出的退休制度改革法案算是在政治精英层面闯关成功，但法国政治中的民主赤字问题并未就此缓解，300万法国人走上街头，用罢工和游行表达了对法案的强烈不满。

包括法国在内的欧洲高福利体制能否在提高幸福水平的同时，不断增强欧洲未来发展的竞争力，正受到越来越严峻的考验。在遭受美国次贷和希腊债务双危机重击之后，高福利对欧洲发展和社会调整的桎梏愈加明显。

法国人一直享受着欧洲最好的社会保障。政府在社保方面的支出占到GDP的比重超过30%。法国政府公布的数据显示，随着人口老龄化问题不断加剧，如不进行必要改革，法国2010年退休金赤字将达323亿欧元，2018年将达423亿欧元。养老金体系破产对法国来说已不是危言耸听。包括法国在内的欧洲各国在福利制度改革问题上已无路可退。萨科齐的前任将改革的"重任"推给了自己，萨科齐的个人政治前途很可能将成改革的必然代价。民意支持率的骤降已成萨科齐个人的不幸。

1789年法国制宪会议发布的《人权宣言》明确提出"人生而平等"这一朴素理念。法国民主、革命和维权思想影响了代代欧洲人，也培养了法国人"天生反骨"的性格。在欧盟委员会建议将退休年龄延长至70岁时，法国人却在为退休年龄推迟两年而愤怒不已。与18～19世纪不同，现在法国人正采取越来越极端的方式来发泄所谓的"法兰西之怒"。这本质上是"被惯坏了"的法国人运用近乎"革命"的手段来维护其保守思维和既得利益。在民主社会下，手段越极端，越暴露出法国人对全球化的不适应。游行队伍中不断增多的学生和青年人身影令人担忧，如果处理不当，这将是法国未来发展的不幸。

18世纪末，正是法国的政治革命和英国的工业革命共同开启了人类社会进行"现代社会"的序幕。法国人曾给人勤劳、创新的印象，但今天的法国人学习和接受新鲜事物意愿下降。据欧盟统计，从2007年以来，法国经季节调整的失业率从未低于过7.6%，高于同期欧盟27国平均失业率水平。2009

年二季度法国的失业率高出同期荷兰6个百分点。从1998年至2008年，法国相对于其他欧盟国家的劳动生产率指数不是上升，而是相对下降。面对愈加激烈的竞争，法国显得苍白和无力。据统计，2007年法国每十万人中死于神经系统疾病和自杀的人数高达40人，远高于同期欧盟的平均水平（27人），法国人似乎正变得越来越脆弱，难以承受外部压力。在欧洲其他成员国都纷纷强调学习和充电的重要性时，法国人却仍在享受地中海美丽的海滩和阳光。法国25~64岁之间仍然坚持参加终身教育、接受培训的人口只占总人口的7.8%（2008年），与2003年相比仅增加了0.1%，而同期欧盟平均水平则由2003年的8.5%增加到了9.6%，瑞典这一比例更是分别高达31.8%和32.4%。法国不幸再次落后。法国现在忧虑的已不仅是福利改革"寡"、"均"的问题，而是法国未来竞争力问题。

对自身存在的问题，法国人没有认真、深刻地反省，法国总统萨科齐也没有。可怜的"罗姆人"成了一切问题的"替罪羊"。其实，就算是萨科齐能将在法国的数十万罗姆人全部驱逐出去，法国的问题并不能就此根本解决。中国人常说"人无远虑，必有近忧"。法国现在的问题已是近忧、远虑并存。

拯救法国的选择其实就在法国人自己手边。法国人应正视现实，以一种更加开放和平和的心态来看待自身存在问题和外部世界变化，少点抱怨，多点实干。

支持欧债纾困并非买债一条路

据彭博社报道，2011年9月13日，希腊1年期国债收益率飙升至114.4%，2年期和10年期国债收益率分别达到67.9%和22.9%。希腊国债收益率飙升导致国债价格下跌，中国先前买入的希腊国债出现缩水。中短期来看，中国通过购买国债支持欧洲的努力只剩下政治价值。

希腊危机尚未解除，意大利问题接踵而至。英国《金融时报》称，意大利政府为筹资应对，也开始向中国求援，希望中国购买"相当数量"的国债。

在欧债危机尚未见底，而且存有可预见的巨大风险时，是否支持欧债纾困仅买债一条路，值得认真思考。笔者认为，当欧元区内部一些成员国如德国、瑞士、芬兰在购买重债国国债问题上都犹豫不决时，中国贸然继续买进是不合时宜的。

继续较大规模购买欧洲国家国债，短期内很有可能因国债价格下跌而遭受损失，中长期来看，可能会陷入类似购买美债的尴尬局面，出现欧债困境。中国外汇储备中大量持有美国国债。结果造成明知美元未来会持续贬值，但中国却无法大量沽出美债，因为这只会导致美债资产更快缩水。少数美国政客称美国财政被中国挟持，事实是中国被美国绑架。

中国已在多种场合公开表达了支持欧债纾困的铮铮之言，并通过购买欧债履行了对欧洲的承诺。"明知山有虎，偏向虎山行"。中国用行动证明了中国是一个负责任的发展中大国，一个值得欧洲信任的伙伴。根据美国官方的统计数据，按购买力平价计算，2010年中国人均GDP为7600美元，世界排名第125位，而要求中国购买其国债的意大利、希腊、西班牙、葡萄牙人均GDP则高达30500美元、29600美元、29400美元和23000美元，分别是中国的4倍、3.89倍、3.87倍、3.02倍。一个世界人均GDP排名100位之后的穷国却在节衣缩食地帮助最富裕的国家们（意大利排名第43位，希腊第47位，西班牙第48位，葡萄牙第57位），道义上中国占据了制高点。

中国的外汇储备是中国人民辛勤劳动、牺牲资源和环境一点一点积攒起来的，中国不是慈善家。更何况中国经济自身也面临着生产过剩、信贷过热、依赖出口和外资等经济难题，人民的生活、教育等亟待投资改善。欧债涉及数量太过庞大，欧债危机的解决终归要靠欧洲自己，走出危机必须依靠欧洲自身的通力合作。

欧洲要想赢得中国的支持，"好意思"继续要求中国伸以援手，那么欧洲必须展现自己的诚意。第一，必须改变一方面要求中国加大对欧投资，另一方面猜测中国投资动机的做法。对中国在欧作用进行正面宣传。对解除对华高技术产品出口限制、军售禁令以及承认中国市场经济地位等中方长期关切的问题，欧盟旧政策应该有所调整。

第二，真正开放市场，让中国资金更加顺畅地进入欧洲工业部门和金融行业。为削减赤字，希腊政府推出了未来5年内总额500亿欧元的私有化计划，葡萄牙政府也在考虑出售部分国有资产。从具体内容看，私有化计划所涉及的并非劣质资产。如葡萄牙在风能等新能源的利用和开发方面处于世界领先地位，投资这些领域可促进中国企业的技术进步和产业升级。

在金融领域，中欧之间有非常广阔的合作空间。受欧债危机恶化影响，美国美元货币基金开始撤离欧洲市场，欧元区银行的美元融资已逐渐陷入困境。2011年9月14日，穆迪调降法国兴业银行和法国农业信贷银行长期信贷评级。为给上述两家银行提供美元融资，欧洲银行以1.1%的固定利率紧急拨付5.75亿美元。为补充美元流动性，9月15日欧洲央行宣布联手美联储、日央行、英央行和瑞士央行，在2011年年底之前安排三次美元流动性操作。考虑到中国拥有巨额美元外汇储备，欧洲银行可考虑引入中国的战略投资，欧洲央行也可考虑与中国人民银行展开美元互换等项目合作，这都是有利于中欧双方的互利之举。

第三，加强政策领域协调与合作。中欧都是金融危机和债务危机的受害者，中欧在宏观政策制定、国际金融体系改革和全球经济治理等方面具有合作的利益基础，双方的合作将让世界看到中欧抱团的影响力。

第四，为切实保障中国在欧资产安全，欧洲受资国应考虑为有关中国援欧资金提供政府担保或提供抵押品，用切实行动表明保障中国援助资金安全的诚意。

作为一个负责任的大国和欧洲重要的经贸伙伴，中国将会一如既往地支持欧债纾困，温家宝总理在大连达沃斯经济论坛上已经庄严承诺，中国愿意对欧债问题伸出援助之手，但在具体做法上，随着形势的变化，面对命运多舛的欧债危机，我们应该在支持欧洲时应该秉承如下原则：保持力度，多元投资，警惕风险，用活用好国民的外汇储备。

金瑞郎，能解瑞士经济之困？

欧债危机的恶化，美国经济复苏的乏力，导致国际避险资金抢购瑞郎，推动瑞郎快速升值，对欧元升值幅度一度超过20%。2011年9月6日，瑞士国民银行（瑞士的中央银行）宣布，瑞郎以1∶1.2的固定汇率与欧元挂钩，并表示为将汇率控制在该水平之下，将"无限量"购入外币。这是近十年来，瑞士央行采取的最激进的汇率政策。

瑞郎重现避险货币光芒

瑞士法郎自20世纪以来一直是最稳定的货币，因此被视为最重要的避险货币。自 1999 年欧元问世后,瑞士法郎在国际储备中的比重一直稳定在 0.1%～0.4%,而此间美元和日元的比重则分别从 1999 年的 70.9% 和 6.4% 将至 2011 年一季度的 60.7% 和 3.8%。在 IMF 储备货币体系中,瑞士法郎目前是排在美元、欧元、日元和英镑之后的第五大储备货币。

瑞士虽然国土面积狭小,但就其经济量而言,在欧洲当属较大经济体。按购买力平价计算,瑞士 2010 年 GDP 为 3245 亿美元,世界排名第 38 名。瑞士的财政状况更是令人艳羡,2010 年瑞士政府的财政赤字仅为 GDP 的 0.4%,公共债务率仅为 38.7%。

2010 年瑞士经济率先复苏,势头高于欧元区整体水平,更高于美日的经济增速。2010 年三四季度和 2011 年一二季度,瑞士的经济增速分别为 0.7%,0.6%,0.6% 和 0.4%,而同期的欧元区为 0.4%,0.3%,0.8% 和 0.2%,美国为 0.6%,0.6%,0.1% 和 0.2%,日本为 1.0%,-0.6%,-0.9% 和 -0.3%。2008 年金融危机爆发后,瑞士因其良好的财政状况和经济复苏再次让瑞郎成为市场追捧的对象。

但瑞士经济是出口导向型经济,2010 年瑞士进出口总额占 GDP 的比重为 141%,瑞士法郎的快速升值给瑞士经济造成较大冲击。许多以海外市场为主的大型企业海外利润下降,一些小型出口企业关门破产,坚挺的瑞郎给瑞士国内旅游业、酒店业、零售业等行业带来严重负面影响。2010 年瑞士经济项目顺差占 GDP 的比重为 13.3%,受瑞郎升值影响,预计 2014 年瑞士的经济项目顺差占 GDP 的比重将降至 6%。

为抑制瑞郎的过快升值,瑞士央行数度出手干预汇率。2011 年 8 月初瑞士国民银行宣布将利率降至接近零,并增加市场的瑞郎现金供应量,但效果不明显。8 月 11 日,欧元对瑞郎的比价跌至 1.01,创下历史最低纪录。

央行入市干预蕴含风险

瑞士国民银行的做法很容易让人联想到 1997 年亚洲金融危机中马来西亚的做法。当时为求自保,马来西亚将林吉特与美元挂钩,不仅遭到了整个国际社会的一致声讨,外资也因此却步,生产技术的更新换代停顿不前,经济至今尚未摆脱阴影。

对瑞士国民银行干预汇市的做法,瑞士出口企业自然是欢欣鼓舞,向瑞士借贷的国家也倍感欣慰。但在看到政策受益的同时,更应看到政策背后隐含的问题。毕竟通过中央银行干预的方式来固定汇率不是市场行为,必然会产生一定的负面溢出效应。

其一,瑞士国民银行干预汇市能否成功,关键要看瑞士央行和瑞士政府能否承担起买进外币的成本。从2010年6月开始,瑞士国民银行开始干预汇市,结果导致瑞士央行外汇储备猛增。截至2010年12月,包括黄金在内的瑞士外汇储备总额已高达2703亿美元,比2009年增加了1350亿美元,远高于挪威的528亿美元和瑞典的483亿美元。此外,由于之前干预措施效果并不理想,并未有效抑制住瑞郎的升值。瑞士国民银行2010年因此出现了200亿瑞郎的汇兑亏损,2011年上半年又亏损了100亿瑞郎。

其二,理论上,瑞士国民银行只需要开动印钞机就可以将瑞郎控制在任意水平,完全有能力控制住瑞郎的升值,但这将牺牲瑞郎的币值信誉。因为政府采取的是违背市场原则的干预措施。瑞郎币值信誉是几十年积攒下来的,瑞士国民银行必须十分谨慎地考虑如何管控瑞郎汇率,不能过度消费瑞郎的币值信誉。

其三,瑞士国民银行为对冲外币,过度投放瑞郎,必会引发通胀。瑞士国民银行的货币政策核心目标是保持价格水平的稳定。为维持瑞郎与欧元的最低汇率,瑞士国民银行不仅将违背其货币政策目标,而且为对冲外币,必须投入大量瑞郎流动性,而瑞郎流动性的增加必将引发瑞士国内的通胀。瑞士曾在1978年与当时的西德马克实行固定汇率,迫使本币贬值了20%,但这导致了瑞士国内的通胀水平由1978年10月的0.4%一路飙升至1981年末的7.5%。

其四,瑞郎走强很大程度上是因为欧债危机持续发酵,世界经济前景黯淡,只要这些问题依然存在,瑞士法郎的升值压力就会继续存在。瑞郎将自己身家与欧元捆绑在一起,虽然能遏制瑞郎的升值,但如果欧洲主权债务危机加重,欧元继续下跌,瑞郎也会反受其累,遭受损失。

其五,瑞士国民银行将瑞郎与欧元硬挂钩实质上市将问题留到了明天。为对冲外币,瑞士国民银行必须向市场注入瑞郎,为降低通胀,瑞士央行又将不得不在将来某个时段内发行国债,回收前期投放的流动性。此外,由于瑞士国民银行外汇储备中的大部分都是以欧元形式持有。未来再度对外汇储备多元化,也将是瑞士国民银行头痛的问题。

其六,未来世界经济可能长期低迷,短期不会有所改善,这一时期将可能持续数年。瑞郎面临的将是长期的升值压力。如果瑞士国民银行坚持对冲外币，这将使瑞士央行的货币政策长期受制于外部，而非基于本国国内经济状况。瑞士国内极右的人民党一贯主张政策的独立性，丧失独立性的货币政策将给人民党更多反对执政党的口实，制造政治混乱，影响瑞士国内政局。

其七，瑞士的做法将给他国干预汇市树立"坏榜样"。面对疲弱的市场，资金必将会四处寻找安全避风港。经济基本面较好，币值稳定的北欧国家货币，如丹麦克朗、挪威克朗和瑞典克朗等都可能成为投资者抢购的对象。为对抗热钱来袭，挪威、瑞典、丹麦等国中央银行可能都将出手干预。

此外，东欧国家曾在2004~2005年间大量借入了以瑞郎等外国货币计价的贷款。据统计，匈牙利64%的抵押贷款与54%的企业债务以外币计价，其中主要为瑞郎。瑞郎的持续升值势必加重这些国家的债务负担。若瑞郎持续升值，为避免该因素重创本国经济，东欧国家可能被迫出手干预汇市，甚至是更为激进的资本管制。虽然这些国家由于经济量相对较小，自保本币的做法虽尚不至于引发货币战争，但其势必会加剧货币政策的协调难度，引发贸易紧张关系。

考虑到干预汇市可能带来的诸多负面后果，瑞士国民银行是否需要通过将瑞郎与欧元挂钩来抑制瑞郎的升值，值得再思考。其实，瑞士央行可以考虑通过回购此前发行的瑞士国债，以此制造流动性，或者是出售其一千多亿美元的非欧元外汇储备，用以购买欧元。

"财政悬崖"并非迈不过的槛

2012年末，媒体对美国"财政悬崖"问题的关注度陡增，美国经济能否躲过这一"生死大劫"成为热议话题。"财政悬崖"问题最早由美联储主席伯南克提出，在2012年2月7日的国会听证会上首次提出，用以形容在2013年1月1日这一"时间节点"上，自动削减赤字机制的启动，会使政府财政开支被迫突然减少，使支出曲线看上去状如悬崖，故得名"财政悬崖"。但笔者认为，"财政悬崖"是个问题，应当关注，但无需过度担忧，用"斜坡"代替"悬崖"可能更精准。

美国知名民调机构皮尤研究中心与《华盛顿邮报》的一份民调显示，近半数受访美国人对"财政悬崖"的具体影响并不清楚。新华社驻美国记者在走访了美国东部、中部、南部十余个州,与上百名美国普通民众进行交流后发现,约半数的小企业主、工人、农民无法完整说出"财政悬崖"这个名词。这从一个方面反映出"财政悬崖"问题影响面明显小于次贷危机和金融危机。

经过近一年的市场反复炒作和消化,其已不可能对市场发起"非预期性冲击",短期内对市场,尤其是金融市场的利空冲击已基本消化。一些美国大型企业已开始提前分红,规避明年可能的增税政策。为了保住利润,全美最大四十家上市企业中,已有半数宣布将削减资本支出。

摩根士丹利公司在对其客户的一项非正式调查发现,高达60%的客户都认为"财政悬崖"问题能够避免,仅有7%的客户认为国会会把美国经济推下悬崖。"财政悬崖"问题虽然是由民主和共和两党之争造成的,但没有了大选的压力,找到一条为两党所能接受的"第三条道路"阻力已极大地减少了。

首先,两党都希望避免"全面开支削减计划",这就从根本上决定了双方一定能找到一个妥协方案。根据全面开支削减计划,未来9年内将削减总额为1.2万亿美元的支出,其中"军事"范畴和"非军事范畴"都将各削减一半,而共和党反对大幅削减国防预算和增税,民主党则反对削减社会福利和医保开支。

其次,虽然民主和共和两党仍坚持各自的政策主张,互不相让,争强斗狠,但随着"财政悬崖"问题的逼近,没有哪一个党派能够承担起让经济跌落悬崖的骂名,更何况共和党还想四年后重夺总统宝座。共和党会为民主党设置障碍,但不会将其逼上绝路。

目前两党就应对"财政悬崖"的谈判陷入僵局,但从双方的表态来看,僵局随时可以打破。众议长博纳办公室发表声明称,"沟通途径依然开放",白宫也表示会继续保持沟通。双方的表态意味着仍然有讨价还价的空间。越来越多的共和党议员意识到,在征税问题上共和党能够讨价还价的筹码已经越来越少,奥巴马的连任表明民众认同提高高收入者个税税率和资本利得税率的做法。一些曾经保守的共和党议员立场上出现松动,甚至是反水。

美国共和党大佬参议员夏布里斯(Saxby Chambliss)、参议员葛兰姆(Lindsey Graham)、罗姆尼竞选顾问经济学家哈伯德(Glenn Hubbard)等都公开呼吁共和党改变策略,接受奥巴马提出的预算架构。在夏布里斯看来,"我比较在乎的是我的国家,而不是20年前的承诺"。这意味着两党就"财政悬崖"达成一致的难度可能没有之前预期的大。

预计民主党和共和党最终会继续延长税收政策、基本维持现有开支水平，为"财政悬崖"问题找到解决方案，无需过度担忧美国经济会跌落悬崖。真正需要担忧的是未来美国经济刺激政策的退出问题。市场对"财政悬崖"的担忧，其实暴露出来的是市场对美国经济失去刺激后的忧虑。

2013年是个多事之秋

（一）党争对美国经济的影响既有负面，也有正面

2012年美国经济走出"W"形复苏轨迹，表明当前美国经济复苏进程仍然存在相当大的不稳定性。2012年一季度美国经济延续2011年4季度复苏势头，增幅达到2%。随后受商业投资乏力、企业高库存、春季裁员等因素影响，二季度增速放缓至1.3%。三季度得益于强劲的贸易表现、政府和消费支出力度加大等有利因素的支持，经济增幅反弹至3.1%。四季度由于受财政悬崖、飓风桑迪、欧债危机反复和新兴市场增速放缓等因素影响，预计增速又将回落至1.2%。全年看，预计GDP增速将在1.8%~2%之间，虽低于年初预期，但优于2011年，复苏势头未发生逆转。

财政紧缩隐忧可能拖累2013年的GDP增长，但据预测，即使发生，最迟2014年下半年GDP也有望重拾复苏步伐。2013年随着经济基本面的不断夯实，美国经济有望实现强劲复苏。

第一，房地产市场反弹。房地产是美国经济的重要组成部分，房地产对美国经济的拉动作用在1至2个百分点。次贷危机始于此，美国经济的全面复苏也有赖于此。目前，美国房地产市场复苏苗条已经出现，美国近一半的主要房地产市场都出现了价格的上涨。由于金融危机压制，未来房地产市场的持续复苏将释放出巨大的需求。

第二，金融市场再度繁荣。在引起政治争议和负面消息频传的背景下，美国银行也复苏的速度超过所有人的想象，资本和流动性已恢复到几十年来未见的水平。美国银行业目前贷款意愿强烈。根据美联储的数据，银行未偿还贷款总额现已超过9.8万亿美元，达到纪录高点。

第三，家庭消费意愿增强。目前家庭债务占 GDP 的比重，已从 100%将至 87%，接近长期趋势水平。未来，随着房价的上涨和金融市场的回暖，家庭的财富总量将会增加，在财富效应的带动下，消费支出有可能会增大。

第四，制造业繁荣。在美国政府一系列制造业振兴措施的扶持下，美国制造业的单位生产成本降低了 11%，而全球几乎所有其他发达国家的制造业成本都在上升。美国制造业振兴，尤其是高端制造业的发展，不仅将创造大量就业，更有助于抢占未来世界经济发展制高点，继续保持美国未来的工业竞争力，推动美国经济的长期可持续发展。

第五，新油气革命。美已正式开始页岩气和页岩油的商业开发，这不仅将改变美国的能源供给结构，更加给美国经济和地缘政治带来深远影响。2007~2011 年，美国的页岩气产业年均增幅近 50%，推动了页岩气价格的下跌。页岩油开发目前虽然处于初级阶段，但其开发速度正超过页岩气。

在看到向好的经济基本面的同时，也应高度关注美国经济面临的下行风险，如债务上限将再次来临、社会福利开支继续扩大、未来美国经济刺激政策退出带来的不确定性等。

未来要让美国经济达到奥巴马所说的"长期繁荣"，美国亟须进行一系列改革。其中最重要的三大改革应着力推进：

一是推动税制改革。目前美国收入水平分化严重，美国 1%最富有人群在全国调整后总收入中所占份额达到了 20 年来的最高点，同时，这个群体的平均税率跌到了至少 18 年来的最低水平。收入水平分化严重，给美国经济和社会两个方面都带来了不容忽视的后果。强化税制的"再分配"色彩，实属必要。

二是进一步完善医改方案。奥巴马极力推动的医改方案的长期意义在于减轻政府和企业负担，激发经济活力。但短期内，仍需巨额财政投入，预计在未来 10 年政府需投入 8710 亿美元。在目前美国财政吃紧的状况下，如何在加大对新兴高技术产业的投入的同时，保持对医疗体系的投入，是奥巴马必须解决的难题。

三是全面落实金融监管。奥巴马第一任期内推出了战后最为严厉的金融监管法案——《多德—弗兰克法案》。如何将纸面文字落实到行动，防范系统性风险，保护消费者利益，矫正美国金融机构的贪婪文化，是奥巴马第二任期的重要任务。

上述一系列改革都将面临一个绕不开的"槛"——共和党的掣肘。从大选和财政悬崖中两党相互攻击和围绕增税和减支的恶斗来看,奥巴马政府,甚至美国经济复苏进程都可能受到民主、共和两党"政争"的干扰。

但两党党争对美国经济也有正面意义。

首先,迟滞了美联储量化宽松政策的退出。彭博社对40位经济学家的预测中值显示,联邦政府停摆使美国第四季度增长放缓,美联储首次缩减量化宽松(QE)的计划推迟到2014年3月。国际信用评级机构标准普尔公司发布的研究报告指出,2013年联邦政府关门至少已造成美国经济损失240亿美元,美国经济2013年四季度按年率计算的增幅受到影响,从上月预测的3%调至2%。政府经济数据处理部门由于属于非核心部门,政府停摆后,大部分员工暂时离岗,数据公布工作受到影响。而2013年10月29～30日美联储召开货币政策会议在即。芝加哥联储主席查尔斯·伊文思称,美国政府关门对于经济数据的公布造成了很大的影响和干扰,美联储需要更多的数据和时间来研究经济情况。

其次,股市和房市繁荣或将延续。截至2013年10月21日,标准普尔500指数1744.66点,较2012年12月31日1426.19点,上涨了22.3%;道琼斯工业平均指数15392.2点,相对于2012年12月31日的13104.14点,上涨了17.5%;纳斯达克综合指数3920.05点,相对于2012年12月31日的3019.51点,上涨了29.8%。美国股市和房市的繁荣虽已经蕴涵风险,但这一繁荣可能继续延续。政府关门、债务上限之争暂时化解后,2013年四季度美国股市上涨的五大障碍中的四个已经基本清除,另外两个分别是叙利亚危机、新联储主席人选。唯一不确定的是美联储的货币政策走向,现在看量宽政策延续的可能性很大。达拉斯联储主席费舍尔认为,在美联储继续购买住房抵押债券的刺激下,美国房地产市场仍将保持当前发展势头。因为在美联储每月850亿美元的量化宽松操作中,购买的住房抵押债券(MBS)占到了400亿美元。

再次,两党争斗扭转了年初以来美元持续走强的态势。2013年10月18日,两党达成协议后,美元指数大幅走低,已从高位时的接近85,降至现在的79,美元指数跌至八个半月低位。摩根大通证券分析认为,美元指数在跌破80.5～81的支撑区域后将很有可能继续下行。美元的走弱,短期内有助于推动提升"美国制造"的出口竞争力,促进美国的对外出口。

最后，两党的争斗让共和党加大力气进行内部整合。路透的一项调查显示，两党虽就避免债务违约和结束政府关门达成妥协，这场危机令两党声誉都受到严重影响，但共和党受到的打击更大。虽然有33%的民众对众议院民主党不满意，但对众议院共和党不满意的比例更高，达到47%。如果共和党不加强党内整合，让茶党继续走极端民粹主义路线，在2014年的中期选举，共和党将不得不吞下自酿的苦果。共和党已经受到来自商界的巨大压力。一些商界和游说团体发出威胁。《纽约时报》报道称，大多数企业领袖认为共和党用关门或者更严重的债务违约迫使奥巴马让步是徒劳的，也是危险的。如果共和党不能挟制党内的茶党分子，将考虑改变他们的支持立场。据美国媒体报道，共和党，尤其是党内的资深党员已着手压制茶党激进分子。2013年10月20日，参议院少数党领袖共和党人麦康内尔在接受CBS采访时表示，在过去的16天中，由于政府关门，共和党支持率下降，共和党上了一堂痛苦的政治课。他反对再次将政府关门与废除奥巴马医改方案做捆绑。如果共和党领导人能重新控制茶党的保守派，未来美国两党的政治斗争的烈度和对美国经济的伤害将会有限。

（二）美联储QE3.5隐患不小

2012年12月，美联储推出了货币刺激"新政"，用新一轮的宽松货币政策来替代年底到期的"扭曲操作"。根据美联储公开市场委员会发布的政策声明，"扭曲操作"到期后相关操作将不再延续，联储将用效力更强的"量化宽松"政策取代，从2013年初开始每月增加450亿美元的长期国债购买。在购债比例上，5~10年期国债的比重将占68%，10~20年期国债比重占2%，20~30年期国债比重占27%，操作重点是压低中长期国债收益率。由于该政策不设规模上限和截止日期，与第三轮量化宽松政策"QE3"同属"无限量"的开放式宽松货币政策，因此有机构和媒体称其为第四轮量化宽松政策"QE4"。

其实，货币刺激"新政"并非是在延长"扭曲操作"的同时，推出的新的宽松政策，且从规模上看，与"扭曲操作"每月的"卖短期、买长期"操作规模一致，都是450亿美元，因此算不上新一轮的量化宽松政策，但由于美联储是用效力更强的政策工具"量化宽松"政策来置换"扭曲操作"，因此称此"新政"为"QE3.5"将更为合适。

美联储在2012年9月推出第三轮量化宽松货币政策"QE3"后，3个月内再次动用QE政策工具，表明美国经济仍存在相当的复苏风险，美联储希望继续保持对经济的刺激。按照美联储的计划，从2013年1月起，"QE3.5"将和"QE3"政策相叠加，每月购债规模850亿美元，将有效防止债券市场因需求不足而出现剧烈波动。

此外，随着2013年1月1日的临近，所谓"财政悬崖"问题对美国经济的影响引起市场和媒体的关注。"QE3.5"的推出，有助于在财政政策前景不明的情况下，在货币政策方面给出明确信号，消除因对未来货币政策的胡乱猜测而引发的市场恐慌，降低在"财政悬崖"悬而未决之际市场的不确定性。

目前美国10年国债收益率为1.69%，处于2007年以来较低的历史水平，美联储持有的5年期以下国债量已不足4000亿美元，占所持国债总量比重降至历史低位，表明"扭曲操作"在调节债券结构、稳定市场预期方面已见成效，这为美联储进一步实施量化宽松政策，扩张资产负债表提供了一定的政策空间。另外，美国目前的通胀水平低于政策目标，长期通胀水平也趋于稳定，为实施"QE3.5"提供了低通胀的市场环境。应该说，美联储此刻推出"QE3.5"是经过深思熟虑的，是希望抢抓经济刺激的机遇期。

值得一提的是，在美联储公开市场委员会发布的政策声明中，美联储首次明确给出了"零利率"政策的退出条件——失业率降至6.5%以下、长期通胀率低于2.5%且通胀预期稳定。伯南克担任美联储主席以来，一直希望改变格林斯潘的模糊和语焉不详的风格，致力于提高货币政策的透明度，用政策的确定性对冲市场的猜测情绪。美国《商业内幕》将美联储给出硬性目标视为一项重大的"历史决定"。

但是与前三轮量化宽松政策一样，"QE3.5"存在巨大的政策隐患。其一，前三轮量化宽松政策令美联储资产负债表规模急剧膨胀，骤增至3.5万亿美元，"QE3.5"的实施将增大美联储资产负债表中坏账发生率，增加系统性安全风险。

其二，自2008年以来，美联储已采取了超常规的宽松货币政策，向市场投放超过2万亿美元的流动性，未来美国经济面临的最大风险在于经济刺激政策的如何退出。"扭曲操作"的到期本来为美联储收紧货币政策提供了机遇，但是美联储不但未借机降低刺激力度，反而推出了效力更大的"QE3.5"，实际上是将问题往后拖。

其三，美联储的做法给欧洲、日本等树立了一个错误的模范，欧、日甚至新兴市场国家也将继续维持或实施新的经济刺激政策，加速下一轮危机的来临。

（三）美股虚火太旺

进入 2013 年以来，美国股市一路高歌猛进，不断刷新危机以来最高收盘记录。标准普尔 500 指数目前距离重要心理位 1600 点仅有一步之遥。道琼斯工业股票平均价格指数也逼近 15000 点。

美股快速上涨令市场对未来走势产生分歧。有机构和投资者对美股前景乐观，认为美国经济已重拾增长步伐，美国正成为带动世界新一轮增长的新动力，这将提振美股继续走强。与这一观点截然相反的是，末日博士麦嘉华则认为美国股市下半年或将崩盘。与麦嘉华的悲观态度相似，著名投资家罗杰斯在接受采访时也发出警告称，美股不断创新高是一种"虚假繁荣"，最终可能会以悲剧结束。在笔者看来，美股崩盘的可能性不大，但近期美国股市过快上涨令美股虚火太旺，冲高回落的可能性增加。

其一，经济基本面是股市涨跌的价值准绳。2013 年以来，标普 500 指数累计涨 12%，道指累计涨幅达 13%，均远高于同期美国 GDP 的增幅。一季度美国 GDP 增长年率预计为 0.3%，第二季为 1.6%。2013 年全年美国经济预计仍将维持温和低速增长。据彭博社获得的一份 IMF 报告显示，IMF 预计美国经济 2013 年增长 1.7%，低于前一次预期的增长 2%。一项针对 80 多位美国经济学家的调查显示，业界对 2013 年全年美国经济增长的平均预期为 1.9%，低于 2012 年的 2.2%。美国股市的高歌猛进与温和低速增长的经济基本面相背离。

其二，推动此轮股市上涨背后的重要政策动力是美国的量化宽松政策。只要美国的量化宽松政策持续，股市就有继续推动上涨的流动性支持。近期已经出现不少关于量化宽松政策退出及时机的讨论。从提前泄露的最新联储会议纪要中可以看出，美联储已开始考虑缩减量化宽松政策的实施力度。曾任里根总统预算主任的斯托克曼在《纽约时报》撰文称，美联储在信贷危机后推出的宽松政策通过资金推高了股市，联储式经济泡沫不可持续，必将破裂。未来一旦联储结束量化宽松政策或明确表露出相关政策意向，股市很可能立马应声下跌。

其三，缺乏强力基本面支撑。2013年4月8日美国铝业公布一季度财报，拉开了2013年美国上市公司一季报的大幕。一季度美国铝业的营业收入为58.3亿美元，比上年同期下跌3%。业界普遍预计，一季度美股上市公司盈利可能出现2009年以来的首次下滑。彭博社对1万多名分析师的调查中值显示，业界预计标普500指数成份公司的收入第一季度将下滑1.8%。

此外，从技术指标上看，美股已处于超买状态，回调压力上升。2007年美国股市创下历史高位时，美国企业的销售额增幅为11%，而现在增幅仅为2%。从该指标上看，道琼斯蓝筹指数12个月的市盈率（本益比）为15.87，而2007年创下高位时是16.99，从经周期调整的市盈率（CAPE）指标看，最近美国的CAPE值达到了23.6，远高于长期平均水准18.7，也高于同期的加拿大16.6，德国13.4，英国11.7，法国11.5。

另据媒体披露，美股屡屡创造"奇迹"，其实背后的推手是美国政府持续暗中出手购入股票，美国股市是人为托高的结果。香港《文汇报》评论文章指出，托高"道指"违反了"股市需要实体经济作后盾"的基本原理，如果经济复苏无力，托高的"道指"就会变成"虚火"，将"变本加厉"地酿造超级泡沫。

从美股历史波动上看，二季度通常是美股相对疲软的一个季度。此外，由于2013年4月中旬美国白宫和国会又将展开一轮关于预算和削减赤字的艰苦谈判，美股势必会受到两党政治博弈的负面冲击。这一时段美股很可能会出现一轮向下调整。

（四）2013年10月17日会是美国财政危机的大限吗？

美国的政府停摆和债务上限谈判成为外界关注焦点。美国财政部长雅各布·卢给出的10月17日这一时点，被媒体渲染成了一个时间大限。笔者认为，10月17日会是一个重要的时间节点，因为截至10月17日，美国财政部的非常规融资工具将会用尽，届时其手中仅有300亿美元现金，然而债务上限谈判并非不可能延迟到10月17日之后。

首先从技术层面看，美国债务要真正出现大规模违约进入11月份才会发生。按国会预算办公室（CBO）和两党政策中心（BPC）计算，由于财政部将有资产收入进账加上所持现金，10月18~23日财政部仍有能力支付一切债务和社保金。但从10月24日开始，收支之间的差额会扩大。10月24日，美国财政部需要支付570亿美元的国债本息。10月31日,需要支付1210亿美元的国债本息。从10月24日开始,美国债务才真正进入违约期,主要是技术性违约,因为财政部可以通过拆东墙补西墙,优先处理部分还款,保障最重要债券和款项的支付。随着时间的推移,这种腾挪空间将越来越小。按两党政策中心预测,美国政府出现重大债务违约,可能要等到11月1日以后。即便如此,在10月18日到11月15日这20个工作日里,财政部面临的资金缺口也仅为1060亿美元。

其次,虽然华尔街主流观点认为美国不会违约,但政府部门和一些银行和券商已着手为应对债务违约制定预案。据路透社报道,美国财政部和美联储官员正为违约可能制定计划,其包括可能选择性优先支付部分债券和款项。代表数百家证券公司、银行和资产管理机构的行业协会美国证券业与金融市场协会(SIFMA)草拟了计划,以保证一些交易平台依然能处理违约的那些美国国债。SIFMA考虑在美国财政部宣布无法兑付某只债券以前发布声明,这将让金融市场意识到那些金融产品可能违约。SIFMA总裁称,只要及时通知,系统就可以调整,将美国国债视为安全。彭博社也透露,高盛、美银美林等美国金融机构已开始着手研究如何对违约后的美国国债进行定价,如何计算折价率问题。根据金融市场学理论,当事件依预期而发生,由于之前有所预期并预做准备,事件的负面影响将被提前消化,其真正影响低于预期。

再次,美国政府停摆,两党围绕提高债务上限问题纠缠不休并非首次。历史上看,美国曾有过17次关门经历,其对股市有影响,但有限。1995年美国联邦政府经历了两次停摆。第一次是1995年11月14日至19日,持续5天;第二次是从1995年12月16日至1996年1月6日,长达21天,其给美国政府运作和社会影响并不十分严重,对全球市场也冲击较小。关于债务上限问题,奥巴马任内已经就提高上限展开过四次谈判。2009年2月17日,奥巴马入主白宫不久,便就提高债务上限问题与共和党展开谈判,通过谈判将债务上限提高了7890亿美元。其后,又分别在2009年12月28日、2010年2月12日和2011年8月2日三次通过谈判,分别将债务上限上调2900亿美元、1.9万亿美元和2.1万亿美元。历史上,美国政府也确实发生过债务违约的事件。1979年4月26日,一笔1.22亿美元的美国短期国债到期,财政部没能按期还钱。此次违约的直接后果是美国短期国债利率上涨了60个基点,美国政府为此多支付了120亿美元的利息。

需要特别指出的,此次美国债务违约的一个重要背景是,美国海外债主持有美国国债金额的大幅上升。美国国会研究局2013年6月24日公布的一份研究报告称,截至2012年12月底,美国海外债主持有的国债金额已经达到5.57万亿美元,较2008年12月底增加了2.49万亿美元。美国国内政治斗争引发的财政风险让海外债主面临的资产损失越来越大。海外债权人正为民主、共和两党的政治斗争分担越来越大的经济成本。如果赌徒玩的不是自己的钱,那他就愿下更大的赌注,从事风险更大的赌博。

最后,此次美国之所以可能发生债务违约,主要是因为两党党争而起。两党都知道在此问题上长时间恶斗对双方都将不利,但这是一个胆小者游戏,双方都希望对方迫于压力首先让步。正如美国前财长保尔森打趣说的那样,"这些家伙可能会拿自己的老妈做人质来威胁,但他们永远不会伤害老妈"。17日之前两党可能会达成协议,但这不是最终时间点,最终时间点可能是在11月中旬,相信在此之前两党会有一个了断,达成最终协议。

2014年美国经济表现抢眼,收获意外大礼

2014年,在世界经济总体疲弱的背景下,美国经济表现抢眼。一季度因极寒天气等不可抗因素的影响,意外收缩2.1%。随着天气的回暖,二季度随即出现报复性地反弹,当季增幅达到4.6%。三季度经济继续强劲扩张,终以5.2%增幅高收。四季度有望仍保持3%左右的增速。经济向好带动失业率下降,危机期间一度高达10%的失业率,终在年内跌至6%以下。美股延续2013年的牛市,继续昂首向前。

面对经济成绩,奥巴马政府并不谦让,第一个发声将成绩归功于政府政策得当。2014年12月18日,美国白宫发表声明称,经济复苏在今年迈出重要一步的原因主要是政府经济政策推动,奥巴马总统在2014年用行动兑现了承诺。成绩是否应该归功奥巴马,拿年初国情咨文做一对照便知。国情咨文是美国总统下一年度的施政纲领,具有重要的指示意义。

在2014年1月28日的国情咨文中,奥巴马承诺投资支持新计划,将利用行政命令再开设四家制造业创新机构,并希国会再创建45家类似机构。随后,奥巴马的确在重振制造业方面采取了一系列实际举措,包括:投资10亿

美元建立 8 个联合政府、企业、大学、社区和培训机构的制造业创新研究所，从事先进制造业技术研发和提供高收入就业；将联邦政府对先进制造业研发的投资从 2011 年的 14 亿美元提高到 20 亿美元；为制造业企业提供价值 50 多亿美元的启动设备等，但奥巴马期望的在国会支持下更多创新中心的期许，由于府会分治而落空。

奥巴马在国情咨文中声称，已制定出一套壮大中产阶级，推动社会平等，增加社会向上流动性的具体方案，但事实是美国社会贫富分化问题并未出现缩小迹象。2014 年内奥巴马政府也未出台任何新的公司税抵扣和薪酬税优惠政策。奥巴马在年初许下的将把联邦雇员最低时薪提高至 10.1 美元的承诺，直到 12 月 19 日才有下文。当日奥巴马才宣布，将在 2015 年将提高员工时薪 1%，对象仅为联邦政府雇员。

奥巴马要提出积极推动出口，尽快完成 TPP 和 TTIP 谈判。年内美国商务部扩大了在 78 个国家的代表处，并大幅增加经贸使团的派出数量，但是 TPP 和 TTIP 谈判毕竟不是美国一家的独舞，由于谈判双方分歧难解，进展缓慢，出口增幅有限，2015 年恐难实现"出口倍增计划"目标。

在国情咨文中奥巴马誓言增加就业，促进海外制造业回归。年内美国内失业率的确明显下降，海外制造业回美设厂的数量也有所增加，但这并不全是奥巴马政府经济政策所致。美国经济形势自 2009 年二季度正式复苏，经济向好对就业的拉动作用，在经过一段时间的时滞后，终于传导到就业市场，带动就业形势不断改善。美国企业回流的主要诱因是美国页岩油气革命的兴起和国际油价的下跌，大幅降低了美国国内制造成本，增大了本土生产的竞争优势，并非奥巴马政府推出了新的重大吸引资本回流的新举措。

奥巴马将应对气候变化视为未来美国经济的新的增长点，但直到年底才给出美国的减排目标，赶在年末之前兑现了在年初国情咨文许下的承诺。在奥巴马看来，降低碳排放将刺激美国在清洁能源技术方面的投资和创新，为美国企业带来新的商机，但其随即遭到了来国会共和党的强烈抵制和抨击，奥巴马的绿色经济之梦是否能够成真恐怕还需时日。

全年看，奥巴马在年初提出的雄心勃勃的经济计划，受制于国会的掣肘，大多雷声大雨点小，真正对经济起到较为明显的推动作用的并不多。2014 年美国经济的向好更大程度上是因为美国经济目前已进入自主复苏轨道，危机期间受到抑制和破坏的消费和投资需求开始释放，同时美联储虽结束了第三轮量宽，但货币政策的主基调依然宽松，继续对经济进行政策刺激，所以说，2014年奥巴马很幸运，收获一份"意外"的经济大礼。

2015年美国经济：延续增长态势 两大亮点表现突出

2015年的美国经济虽有起伏，但总体仍延续上年增长态势。从全球走势上看，美国经济运行轨迹符合此前预期，并无新意。但从货币政策调整和争夺后危机时代国际经济秩序主导权的角度看，两大亮点十分突出。

第一大亮点是美联储酝酿加息成为贯穿全年美国经济的一条主线。

美联储2014年10月完全结束第三轮量化宽松政策后，外界一直预计美联储会在2015年加息。由于此次加息是美联储过去十年来首次加息，不仅指示意义重大，且具有"牵一发而动全身"的全球影响力，因此，对何时加息及如何加息，不仅美联储非常谨慎，市场亦高度关注。2014年12月16~17日，美联储召开2014年度最后一次议息会议。会议最终决定修改长期以来一直沿用的"在相当长时间内维持低利率"货币政策的措辞。这一做法更让市场坚信美联储会在2015年加息。

美联储本有意在2015年3月加息，但由于一季度美国经济从2014年四季度的2.2%大幅回落至0.2%（后被上调至0.6%）而被推迟。在3月举行的美联储议息会议上，虽未作出加息决定，但仍然决定对惯用的货币政策表述作出重大调整，删去"耐心"两字。此举被外界解读为美联储在加息问题上失去耐心，最快可能在年中加息。

但进入6月后，国际金融市场动荡加剧，加息计划再次被打乱。国际货币基金组织、新兴市场国际等纷纷站出来明确反对美联储加息，担心这将加剧国际市场动荡，增加有关国家经济困难，甚至引发新的国际经济危机。

2015年8月27日，美国商务部公布二季度经济数据，对7月30日首次公布的经济数据进行了大幅修正，二季度美国GDP增幅从此前的初值2.2%大幅上调至3.7%（随后又被进一步上调至3.9%）。此时，美联储十分看重的就业率和通胀率也显示加息条件基本具备。7月美国失业率为5.3%，十分接近充分就业条件下的失业率估值（5%至5.2%）。美国工人6月较去年同期增长近2%，其他工资指标指示美国劳动力市场日益回暖。三季度似乎成为美联储加息的合适时机。但随后公布的1.5%（后被修正为2.1%）的三季度GDP增幅，再为日益升温的加息预期浇上冷水。市场疾呼美联储推迟加息，担心加息后美国经济将难以实现自主复苏。在诸多压力之下，9月17日，美联储召开议息会议，决定将联邦基金利率保持不变，暂不加息，市场紧张情绪暂时缓解。

12月15～16日，美联储将举行年内最后一次议息会议。这是最后一次有新闻发布会的议息会议，有助于对外解释美联储决策动机，安抚市场情绪。因此，普遍预计美联储会在此次会议上做出加息决定，但首次加息的幅度可能较小。

2015年美国经济的另一大亮点是两"T"协定谈判取得重大突破。

"跨太平洋伙伴关系协定"（TPP）谈判的完成和"跨大西洋贸易与投资伙伴协定"（TTIP）谈判的大幅推进，令美国"一体两翼"的外贸格局日渐成型，美国对后金融危机时代国际经贸规则的掌控力有所增强。

为推动两"T"谈判，奥巴马政府从年初开始就加大了对国会的工作力度，希望国会能授予其"贸易促进授权"（TPA）。这也是其他谈判国在美国进行两"T"谈判时的最大顾虑，也是讨价还价的主要借口。因为如果奥巴马政府没有TPA授权，他们与美政府达成的协定就可能因为无法获得国会批准而成一纸空文。为获得TPA授权，奥巴马亲自打电话给国会议员，同时，与国内利益团体展开对话。在其大力游说下，114届国会在2015年年初正式将TPA立法列为年内优先议题。4月16日，参议院财政委员会与众议院筹款委员会达成一致，同意联合推出给予总统TPA授权的法案。6月19日，众议院投票通过TPA法案。6月24日，参议院表决通过了众议院版本的TPA法案，至此，TPA法案所有国会立法障碍被扫除。6月30日奥巴马正式签署TPA法案。

奥巴马总统拿到TPA授权后，沉闷的TPP和TTIP谈判随即被激活。10月5日，TPP12个成员国谈判代表在美国亚特兰大就协定内容达成一致，结束了耗时数年的谈判进程。协议达成后，美国官方随即发表声明，对此高度肯定。奥巴马总统称，TPP具有历史上最严格的环境和劳工标准，将为美国民众创造公平的国际竞争环境，加强美国与亚太盟友的战略关系。

在TPP谈判完成后，美国政府趁热打铁，推动TTIP谈判取得重大突破。10月23日，美欧在美国迈阿密结束第11轮TTIP谈判，双方就97%的商品进口关税减让方案达成一致,承诺未来加快剩余3%敏感商品关税减让谈判。

两"T"谈判的推进不仅具有区域影响,更具有全球行的战略意义。区域层面,在双"T"框架下,参与双"T"的成员国间市场准入门槛将被强制性拆除或大幅降低,成员国间"边境后"规则的统一将推动成员国间经济和产业链的整合,提高成员国之间的经济效率,削弱非成员国的竞争力。全球层面,双"T"协定是新型自贸协定,内容涵盖贸易、投资、服务等诸多领域,涉及知识产权、原产地原则、劳工和环境等诸多意义,具有明显的标准高、开放度大的特点,其势必会成为新一代国际经贸规则构建的领跑者,美国亦将借其进一步巩固对后危机时代国际经贸规则的主导权,在一定程度上迟滞美元国际影响力的过快下降。

2016年美国经济增长面临内外风险考验

2016年的美国经济,由于一些内外部风险的存在,经济增长面临压力可能超过2015年。

2015年美国经济总体保持上年增长态势,经济继续扩势,全年增速有望达到2.5%左右。

从几大主要指标看,2015年的美国经济表现不错,总体已恢复到危机前水平。一是经济增长率回升。对比危机前的2005年和2006年,美国实际GDP增长率分别为3.3%和2.7%,与目前水平差距不大。二是个人可支配收入明显改善。危机前的2005年和2006年,美国个人可支配收入分别增长0.6%、3%,而2015年前3季度个人可支配收入分别增长3.3%、0.5%和2.7%。三是就业形势好于危机前水平。2005年、2006年美国失业率分别为5.1%和4.6%,目前失业率已恢复至5%水平,形势较为乐观。

美国经济在2016年面临的最大风险主要来自外部。其中一部分来自于中国等新兴市场经济的显著放缓。中国经济的放缓将导致对美国商品进口需求的下降。此外,未来包括股市在内中国资本市场改革及其带来的市场波动将是美国经济所不得不面对的外部影响因素。2015年6月以来,中国股票市场的大幅波动引发了美国股市的连锁反应。2016年中国股市的熔断再次对包括美国股市在内的国际市场产生了影响。中国股市2016年1月7日第二次触发熔断机制，引发美股大幅下跌，道指下跌392.4点跌幅2.32%。上述现象表明中国经济对世界影响力的已开始通过资本市场显现。

除中国外，其他新兴经济体2015年的总体表现也不尽如人意。大宗商品价格的大幅下跌导致俄罗斯和巴西等主要新兴市场遭受重创，土耳其、马来西亚、南非、印尼等新兴经济体在2015年的货币汇率均出现了较大幅度贬值。

外部风险另一部分来自于美联储加息带来的反作用。美联储在2015年末最终做出加息决定，美元将随美联储在2016年的多次加息进一步升值。美元升值将会导致发展中国家以美元计价的债务金额进一步增大。IMF在2015年9月发布的《全球金融稳定报告》指出，在主要发达经济体实行低利率的大背景下，主要新兴经济体的企业债已从2004年的4万亿美元增长到2014年的18万亿美元。美联储加息、美元升值会增加重债国的偿债成本，从而使这些国家面临破产违约的风险。

美元升值虽然会推动国际资本回流美国，但这是一把双刃剑，美元升值将打击美国对外出口。奥巴马提出的出口倍增计划，即到2015年末实现出口总额较2010翻一番的目标，已经落空，美元升值将导致上述目标在2016年更难以实现。

此外，考虑到虚弱的日欧经济在2016年只能给美国提供有限的外部需求拉动，因此今后美国经济的增长需要挖掘国内需求。2015年欧洲央行虽然推出了多轮大规模量宽刺激，但欧元区经济增长仍然仅增长1.5%，表明欧元区深层次矛盾积重难返。在安倍经济学拉动下，2015年日本经济增长率也仅为0.6%，很难期望日本经济在2016年出现明显改观。

2016年美国经济面临的内部风险主要有：一是国际油价的持续低迷将引发与油气资源开发利用相关的经济、金融风险。低油价对美国国内油企产生较大成本压力。油价持续低迷必然会在2016年引发美国国内油企进一步兼并重组。一些企业的破产和效益的下降将会引发附着在其上的金融资产和衍生品价格波动。从而引发新一轮市场波动。二是美国制造业指数放缓。美国供应管理协会（ISM）2016年1月公布的最新12月非制造业采购经理人指数（PMI）为55.3，为2014年4月来最低，低于外媒调查访问67位分析师预期的56.0，全国工厂活动指数从上月的48.6下降至48.2，就业指数从51.3下降到48.1。这让人担心以制造业为代表的美国实体经济的重振是否会在2016

年放缓脚步。三是风险投资交易量的下跌。市场研究公司 CB Insights 发布的最新报告显示,2015 年第四季度,风险投资交易量跌至近两年来最低点。2015 年第四季度,私营创业公司获得的投资总额环比下降 30%,至 273 亿美元。完成的交易量环比下降 13%,至 1743 笔,创下 2013 年第一季度以来最低点。风险投资着重的是有市场潜力、科技含量较高的企业或领域,其交易量的减少让人担心美国经济持续创新动力的下降。

附录2 美欧自贸区谈判前景

2013年2月,美国与欧盟领导人发表联合声明,宣布双方将于2013年6月启动以自贸区为核心的"跨大西洋贸易与投资伙伴协定"(TTIP)谈判。美欧深化经济合作的想法由来已久,此次决心最大。未来美欧自贸区谈判最终能否"修成正果"需经受重重考验,其对中国的潜在影响不容忽视。

一、发展脉络

1995年美国总统克林顿启动"新大西洋进程"(New Transatlantic Agenda)后,美国一度打算将双边合作推进到自由贸易层面,建立自贸区成为当时美欧热点话题。但由于美国和欧盟在法律、技术标准等领域的分歧,双方关注的焦点是在世界贸易组织框架下发展多边贸易,加之前南斯拉夫地区形势恶化,这一构想被搁置。

1998年欧盟委员会提出"新跨大西洋市场计划",重提建立一个广泛的欧美自由贸易区的设想。但美国通过带有域外法权性质的《赫尔姆斯—伯顿法》和《达马托法》令欧盟强烈不满,导致该计划搁浅。

2007年布什政府提出加强跨大西洋经济合作，并联手德国成立了"跨大西洋经济理事会"（Transatlantic Economic Council）。该理事会的工作重点是加强会计、电动汽车、纳米技术等领域的法律法规建设和监管合作，消除两大市场间的制度障碍，建立跨大西洋的统一市场，加强美欧经济联系。但理事会的工作很快因为美国对欧出口氯洗鸡的技术纠纷遭遇逆风。之后，该理事会成为美欧政策协调的平台，谈的多，落实少。2011年之前，双方仅达成"开放天空"协议，以及在知识产权、创新、能源及化工等领域的一些"初级"合作协议。美国专家形容上述进程之艰难，"就像堂·吉诃德追求西妮亚公主那般，基本上是幻想"。

2012年11月，奥巴马连任后再次倡议推动建立美欧自贸区。2013年2月上旬，美欧成立的"高级别工作小组"向双方领导人提交了谈判建议。奥巴马在2013月2月12日的《国情咨文》中正式将推动美欧自贸区谈判提上日程，"向欧盟伸出拥抱的双臂"。随后，奥巴马、欧盟理事会主席范龙佩、欧盟委员会主席巴罗佐发表联合声明称，将在2014年前完成美欧自贸区谈判。美国副总统拜登表示，如果谈判成功，"成果将是无限的"。德国总理默克尔称之为"未来最重要的项目"。英国首相卡梅伦表示，在其担任2013年八国集团峰会主席时将着力推动谈判取得进展。从目前谈判的缓慢进展看，显然当初各方对谈判前景过于乐观。

二、基础和条件

由于美欧启动自贸区谈判的基础条件已经具备，因此美国除了政界右翼人士支持外，一部分历来反对自贸协定的左翼人士也对自贸区持欢迎态度，甚至在劳工标准方面一向要求苛刻的美劳工组织也是一反常态，支持美欧自贸谈判。

第一是理念基础。美欧具有共同的价值观，市场监管法律也类似。美国副总统拜登2013年2月1日接受德国《南德意志报》采访时说，美欧仍具软实力优势，希望双方能在共同历史和价值观基础上加强合作。普林斯顿大学国际政治教授亚伦·弗里德伯格认为，在过去的20年中，美国的战略重心从欧洲转移到了中东和波斯湾，现在又进一步转向亚太，但在一些重大问题上，如干预叙利亚或对伊朗采取行动，美国需要欧洲盟友的支持，美欧盟友关系不会改变。欧洲也认识到，只有与美等西方国家联手，才有可能捍卫和传播其追求的自由、民主、法治等普世价值①。

第二是经济基础。美欧保持着世界上规模最大的经济联系。美在欧投资是其对亚洲投资的3倍，欧在美投资是其对中印两国投资总额的8倍。2010年末，美国企业在欧洲投资额接近1.5万亿美元，欧洲企业在美投资额也接近这一水平。围绕这些投资产生的年销售额超过4万亿美元，这一数字远超美国与其他国家的双边经贸额。据欧盟估计，美欧自贸协定可使欧盟和美国的国内生产总值在2027年前每年分别增加约0.5个百分点和0.4个百分点。而美国商会预计，如果美欧达成自贸协定，双方的经济增速可提高1.5个百分点。

第三是谈判基础。英国《金融时报》称，目前，美欧之间商品贸易的关税已经很低，双边平均关税分别为3.5%（美）和5.2%（欧）。目前在美欧存在争议的领域，双边贸易额在欧美贸易总额中的比重已不足10%，商品和服务贸易额大约只占欧美商品和服务贸易总额的1%~2%。阻碍自贸区谈判的障碍主要是政治上的，而非经济上的。现在双方领导人都传递出加强合作的政治意愿，政治上的障碍越来越少。

第四是现实基础。美欧均受到金融危机的严重冲击，美国现已实现经济复苏，但仍面临内外风险。美国经济的复苏离不开大的国际环境，建立美欧自贸区，有助于美扩大对外出口，实现奥巴马的"出口倍增计划"，减少财政紧缩带来的经济冲击等负面影响。美国总统经济顾问委员会前成员马修·斯劳特称，奥巴马总统在第一个任期内，没有与任何贸易伙伴商谈新的自贸协定，如想实现出口倍增计划，美国必须大胆执行更为自由的贸易政策。同时，贸易协定不能有重商主义倾向，拓展出口市场的同时也要放开进口市场。美国前贸易副代表、通用电气分管全球政府事务的副总裁卡兰·巴蒂亚称，签署美欧自贸协定"不用花纳税人一分钱"，却是"最大的尚未使用的经济刺激手段"。对于仍挣扎在复苏边缘的欧洲经济来说，对美贸易自由化有助于增大欧洲对外出口，帮助其尽快走出危机。据英国《经济学家》杂志预测，2013年十大收缩最快的经济体中有七个在欧元区。德国的乐观派认为，"跨大西洋

---

① Friedberg, "The Euro Crisis and US Strategy", Survival, Volume 54, Issue 6, 2012.

自由贸易区协议"是"一个便宜的刺激计划",是从外部给欧洲经济打的一针强心剂,因此默克尔政府态度非常积极。

第五是战略基础。德国马歇尔基金会在《跨大西洋趋势2012》中指出,伴随着新兴国家崛起,美欧面临越来越大的经济和外交挑战。奥巴马的第二任面临一系列的头痛问题,包括伊朗、阿富汗、叙利亚、巴以冲突、阿拉伯世界的动荡、极端势力的威胁等,欧洲也面临类似的内外困境[1]。美希望欧洲在战略上支撑美国。美国战略界也关注到,受债务危机持续困扰,欧洲正在兴起民粹主义和欧元怀疑论,欧洲的"大西洋主义者的身份"受到质疑。因此,推动发展跨大西洋经贸关系有助于欧洲经济尽快走出危机,坚定欧盟一体化的信心,巩固美因战略中心东移而有所疏远的跨大西洋关系。

三、影响和意义

美欧自贸协定是"立足于下一代"的贸易新体制,它有别于一般性的自贸协定,规格非常高。欧美经济合作新构想的意义已不仅仅局限于经济本身,更成为后危机时代西方国家应对新兴国家崛起的外部压力、维护国际经济秩序、重塑主导权的重要步骤与手段。

第一,促进贸易。尽管欧美之间商品贸易关税已降至低位,平均约4%,但由于双边贸易基数很大[2],若上述4%的税负得以消除,在2027年前,其对美欧经济的促进作用每年将分别达到0.4个百分点和0.5个百分点,美国GDP年增650亿欧元,欧盟GDP年增860亿欧元[3]。在服务业方面,跨大西洋两岸未开放的服务业产值占美欧GDP总和的20%,高于农业和制造业的产值之和。根据专家统计,美欧完全消除服务业壁垒带来的收益将相当于关贸

---

[1] Daniel Hamilton, "US – EU Relations During Obama's Second Term", http://transatlantic.sais-jhu.edu/publications/articles/us%20eu%20relations%20obama%20second%20term.pdf.

[2] "High Level Working Group on Jobs and Growth Final Report", http://trade.ec.europa.eu/doclib/docs/2013/february/tradoc_150519.pdf.

[3] "European Union and United States to Launch Negotiations for a Transatlantic Trade and Investment Partnership", http://trade.ec.europa.eu/doclib/press/index.cfm?id=869.

总协定和世贸组织货物自由化 50 年以来的价值总和①。而且，双方在消除非关税壁垒及规则整合方面的获益将更大。当前跨大西洋贸易面临的最主要壁垒不是关税，而是非关税壁垒。消除 50% 的非关税壁垒就可为欧美分别带来 0.3 个百分点和 0.7 个百分点的增长②。

《纽约时报》称，如果克服技术障碍，那么该协定规模上可与北美自贸协定媲美，成为促进欧美贸易的捷径。美欧建立自贸区将进一步降低商业成本、减少进口关税和开放双方市场。欧洲"国际政治经济研究中心"的报告显示，降低关税后将使美对欧出口量提高 17%，欧对美出口量提高 18%；未来五年，美欧贸易额将增加 1200 亿美元，经济总量增加 1800 亿美元。德国估算，美欧建立自贸区可使美国、欧盟和德国 GDP 分别增长 2.2%、1.7% 和 1.6%，整个自贸区将拥有 8 亿消费者③。

第二，联手垄断世界标准制定权。美欧官方共同成立的"高级别工作组"，职责是确定哪些政策和措施应该包括在美欧自贸谈判中。该工作组最终报告建议，在监管问题和非关税壁垒方面建立未来监管合作框架。

欧盟委员会贸易委员德古赫特 2013 年 3 月 2 日在哈佛大学演讲时称，由于美欧及新兴经济体立场不同，世界贸易组织框架下的自贸谈判长期停滞不前，而经济一体化的日益加深，迫切需要制定新的国际贸易与投资规则。美欧自贸谈判可在监管壁垒、竞争政策、本土化、原材料、能源等方面成为新贸易规则的"实验田"。由于美欧在世界经济中的分量，双方所达成的任何规则都将吸引其他经济体向该规则靠拢。美欧除消除几乎所有投资壁垒等传统谈判项目外，还可能会将标准制定权扩展到制造业、金融及电信领域。美欧自贸谈判还涉及未来可能的经济增长点，如页岩气市场、网络知识产权等。英特尔公司全球贸易政策主管萨特尔认为，美欧有望设定知识产权保护等领域的"金本位制"，中国和印度等新兴市场将不得不予以尊重④。

---

① Daniel Hamilton, "Create a New Transatlantic Partnership That Is More Than Free Trade", http：//www. huffingtonpost. com/dan – hamilton/ create – a – new – transatlanti_ b_ 2669700. html.
② Nichokas Kulish and Jackie Calmes, "Obama Bid for Trade Pact with Europe Stirs Hope", New York Times, February 14, 2013.
③ "Ways and Means towards a Future EU – US Trade and Investment Agreement", http：//www. europarl. europa. eu/committees/en/inta/studies download. html? languageDocument = EN&file = 77691.
④ Patryk Pawlak and Eleni Ekmektsioglou, "America and Europe's Pacific Partnership", http：//www. iss. europa. eu/publications/detail/article/ america – and – europes – pacific – partnership/.

第三，掌控后危机时代的世界贸易格局。美国通过美欧自贸区收获的地缘政治红利将格外丰厚。美国正积极推动"跨太平洋伙伴关系协定"（TPP），以实现"回归亚洲"的战略意图；如果美欧自贸区建成，基于美欧之间特殊的政治与军事联盟关系，双方针对亚洲的政策协调程度无疑会明显加强，亚太地区许多国家会进一步随美国而动，美国借助跨大西洋体系的能量推动跨太平洋体系建设的步伐就会大大加快。

若将美欧自贸区、"跨太平洋伙伴关系协定"与早已建成的北美自由贸易区（NAFTA）放在一起来看，美国"一体两翼"自贸区建设布局已经悄然展开。TPP已将中国排除在外，美欧自贸区也仅限美欧双边，中国若想在全球贸易中立于不败之地，自然不能冷眼旁观，需要尽早谋篇布局。

第四，联手应对新兴国家的群体性崛起。对于西方来说，未来几十年的趋势是"他者的崛起"。美国有线电视新闻网主持人、《时代》周刊特约评论员和专栏作家扎卡利亚在《后美国世界》一书中称，过去500年中，世界范围内发生了三次结构性权力转移，重塑了国际政治、经济和文化生活。目前正处于苏联解体之后的第三次权力转移，其代表性特征是"他者的崛起"。20世纪90年代以来，中国、印度和巴西等国成为世界重要经济力量。美国国会研究局报告称，根据购买力平价计算，中国、印度、巴西和俄罗斯已经跻身世界十大经济体之列，墨西哥、印尼、土耳其也分别位居第11位、15位和16位。随着在WTO参与度的提高，新兴国家与美在经贸领域的摩擦和纠纷显著增多，拒绝美国贸易和市场准入的底气越来越足[①]。《华尔街日报》称，如果说从1995年到2007年，美欧依仗明显的经济优势还能在自贸区谈判问题上拖得起的话，那么现在面对中国等新兴国家巨大的全球贸易能力，美欧必须马上行动起来。美国国家情报委员会《2030年全球趋势》预测，亚洲的全球势力将很快超越北美和欧洲。在这样的地缘政治背景下，欧洲和美国前所未有地更需要对方，这使得加强跨大西洋合作变得至关重要。

尤其值得注意的是，美欧"抱团"背后的中国因素。欧洲欧亚关系研究所报告称，中国经济和影响力的上升被美欧政府和媒体视为刺激美欧加强经

---

① Raymond J. Ahearn, "Rising Economic Powers and U. S. Trade Policy", Congressional Research Service, December 3, 2012.

济合作的主要原因①。随着中国的迅速崛起，中国与美欧碰撞面不断增大。在美国人眼中，中国已成为竞争对手，中国用国家资本主义模式，通过政府扶持增强国有企业的"不正当"竞争优势。因此，美欧需要从战略层面规范中国，而美欧自贸区将为美欧联手规范中国提供一个范本。美国彼得森国际经济研究所的国际贸易政策高级研究员杰弗里·司格特称，美欧自贸区谈判需要考虑新兴经济体的因素。英国智库查塔姆豪斯主席罗宾·内布莱特指出，加紧监管合作有助于美国和欧盟应对来自中国的不公平竞争②。美国贝塔斯曼基金会跨大西洋关系部主任蒂森·巴克尔在《外交》杂志上发表文章表示，面对可能将于2016年成为世界第一大经济体的中国，美欧加强合作将制衡中国，并可形成合力，挑战中国的原材料出口限制、知识产权保护不力等做法。

四、困难和掣肘

美欧虽誓言两年内建成自贸区，但自贸谈判由于涉及多方利益，仍面临不小的阻力。

第一，国内政治斗争。目前美共和、民主两党斗争极化现象严重，在"财政悬崖"问题、自动减支谈判问题上固执本党主张，罔顾国家利益，各不相让。共和党"逢奥必反"，极有可能在美欧自贸区谈判问题上给奥巴马出难题。《华尔街日报》预测国会的共和党人不愿看到奥巴马积累政治战果，可能阻止奥巴马政府进行广泛的条约谈判。在欧洲方面，欧委会对自贸区最为热心，但成员国却"冷热不均"。例如，德国许多学者明确反对，法国总统奥朗德日前也强调，食品安全、转基因作物种植及文化视听服务等是不可谈判领域。考虑到法国经济形势恶化（被《经济学家》杂志称为欧元区的"定时炸弹"），以及奥朗德总统低迷的支持率，奥朗德如果支持开放农产品市场无异于政治自杀。

第二，标准和法规差异较大。美欧在农业、食品安全、汽车安全标准和气候变化方面的法规存在较大差异。欧盟长期奉行"从严预防原则"，对任何

---

① David Fouquet, Jiang Shixue, "Transatlantic FTA's Strategic Re-pivoting and Balancing from Asia", EIAS, Febuary, 2013.
② Robin Niblett, "Transatlantic Trade-Offs", Project Syndicate, Febuary 25, 2013.

可能不利于人体健康的食品均拒之门外。以欧盟禁止进口美生猪和经乳酸清洗过的牛肉为例，美国于 2010 年 12 月递交书面报告，证明有关进程是安全有效的。2011 年 7 月，欧洲食品安全局同意解除禁令，但遭到法国等欧盟成员国反对，理由是可能伤及消费者信心。直到 2013 年 2 月，欧委会才宣布正式解除对美活猪、牛肉等产品的进口禁令。在欧洲深受马肉风波困扰的情况下，欧洲领导人更不敢在食品安全标准上轻易松口。有学者称，欧美短期内完全统一标准是"不可能完成的任务"。欧盟委员会贸易委员德古赫特称，目前谈判难点是公共采购、服务贸易、监管趋同等，因此谈判达成协议需要双方更加务实并具有创造力[①]。

第三，国内利益团体的掣肘。美国国内一些保守派指出，美国自 1994 年以来对外建立的自贸区对美国来说都是灾难性的，如 1994 年的北美自贸区和 2001 年与中国的永久贸易伙伴关系，带来的是失业和逆差；过去十年，美国对中国的贸易赤字由最初的 300 亿美元猛增到 3000 亿美元。据此推测，美欧自贸区亦将同样如此[②]。美国农业游说团体要求欧洲减少对转基因土豆和激素处理过的牛肉的贸易壁垒。美国猪肉生产者协会致函美国贸易代表柯克表达了对自贸协定负面影响的担忧。欧美跨大西洋消费者保护组织（TACD）同时致函美国贸易代表柯克和欧委会贸易委员德古赫特，呼吁谈判双方不得以牺牲消费者利益、损害对消费者保护为代价，自贸协议文本不得限制美国、欧盟及其成员国制定和实施高于协议规定的消费者保护水平。在反对自贸谈判利益集团的游说下，蒙大拿州的民主党参议员保科斯在致柯克的公开信中提出希望在美欧自贸谈判中达到的目标，该目标包括废除欧盟对转基因粮食的限制，允许对牛使用激素。美参议院金融委员会主席于 2013 年 2 月 12 日要求柯克在对欧谈判中必须切实维护美产品和服务出口、知识产权保护、推动监管合作、加强贸易争端解决机制等方面的利益。

[①] Stormy Mildner and Claudia Schmuker, "Lots of Talk, Little Action? Chances and Impediments for a New EU – U. S. Trade Agenda", American Institute for Contemporary German Studies, December, 2011.
[②] "What to Watch for in 2013: The US – EU Free Trade Agreement", America's Economic Report – Daily, Febuary 6, 2013.

附录3　欧元前世今生（1999～2011）

一、新货币诞生

1999年1月1日，欧洲单一货币——欧元横空出世。几代欧洲人终于在30年的漫长等待后将"同一个欧洲，同一种货币"的梦想变为现实。

1969年3月，当时的欧共体6国领导人聚会荷兰海牙，提出建立欧洲货币联盟的构想，并委托卢森堡首相的皮埃尔·维尔纳就此提出具体建议。也正是在这一年，"欧元之父"蒙代尔撰写了《欧洲货币案例分析》、《欧洲货币规划》，更加明确地表达了建立共同货币的主张。

皮埃尔·维尔纳（1913～2002），卢森堡政治家。生于法国，后随父母移居卢森堡。纳粹占领期间，是卢森堡的银行家，暗中向抵抗组织提供支持。1953年至1959年任国防兼财政大臣，1959～1974年和1979～1984年两次任卢森堡首相，同时兼任文化大臣。

时任欧盟委员会经济与金融事务的副主席的雷蒙·巴尔（后于1976年当选总理）曾向蒙代尔询问，如果欧洲已经有了统一货币的政治协议，那么统一货币要过多久才能变为现实？蒙代尔的回答是"可能需要3周的时间"。听后，雷蒙·巴尔笑了。事实证明，所需的时间竟然是30年，因为光达成政治协议就花了20年。

1971年3月，被后人称作"维尔纳计划"的方案得以通过，欧洲单一货币建设迈出了第一步。"维尔纳计划"主张在10年时间内分三个阶段建成欧洲经济货币联盟，实现资本完全自由流通，各成员国确定货币固定汇率，最终以单一货币取代各国货币。1972年，欧共体部长理事会决定，各国货币与美元挂钩，对美元汇率的上下波动幅度为2.25%，欧共体各国货币间的波幅为1.125%，即"蛇形浮动机制"。

雷蒙·巴尔（1924～2007）出生于法国海外省留尼旺岛的圣但尼。法国中间偏右的政治家和经济学家。曾在巴黎政治学院执教多年。从1976年至1981年在吉斯卡尔·德斯坦手下担任总理。

但随后发生的石油危机和金融风暴致使"维尔纳计划"搁浅。1973年，布雷顿森林体系崩溃，美元接连贬值，在美国的煽动和支持下，以色列和阿拉伯国家在中东地区的战争一发不可收拾，石油价格一夜之间提高了几倍，导致了"二战"以后，影响最大、持续时间最长的资本主义世界经济危机，西方各国深受打击、无法自拔，意大利、英国、爱尔兰、法国纷纷退出"蛇形浮动机制"。

1978年7月，实现共同货币的设想再一次被提了出来，时任法国总统德斯坦和联邦德国总理施密特在欧共体首脑会议上，联合提出了建立欧洲货币体系的建议。在法国、德国两国的推动下，法国、意大利等欧共体8个成员国达成了协议，决定于1979年建立

罗伯特·蒙代尔（1932～），生于加拿大。美国哥伦比亚大学教授、女娲亚太基金会国际资深顾问、世界品牌实验室（World Brand Lab）主席、1999年诺贝尔经济学奖获得者、"最优货币区理论"的奠基人，被誉为"欧元之父"。

"欧洲货币体系"，希望借此摆脱对美元的过分依赖，削弱美元在欧洲货币市场上的作用。

德斯坦（1926~），1974~1981年任法国总统。2003年被选为法兰西学院院士。德斯坦从踏入政坛开始就持"欧洲合众国"理念，是欧洲宪法的热情支持者。因主持和起草《欧盟宪法条约》，被誉为"欧盟宪法之父"。

1979年3月，在法国和德国的大力倡导和努力下，欧洲货币体系宣告建立，同时欧洲货币单位"埃居"诞生。1989年6月，欧共体12国在马德里召开的首脑会议，通过了欧共体委员会主席德洛尔提交的"德洛尔报告"。与"维尔纳计划"类似，报告主张分三个阶段创建欧洲经济货币联盟：第一步完全实现资本自由流通；第二步建立欧洲货币局（即欧洲中央银行的前身）；第三步建立和实施经济和货币联盟，以单一货币取代成员国货币。鉴于德洛尔为欧洲货币联盟的建立作出了巨大贡献，因此被誉为"欧洲经济货币联盟之父"。

1991年12月10日，欧共体首脑会议在荷兰小城马斯特里赫特召开，通过了《欧洲联盟条约》，包括《欧洲经济货币联盟条约》和《欧洲政治联盟条约》（通称《马斯特里赫特条约》，简称《马约》），同时决定将欧共体改称为欧洲联盟。《马约》确定了加入经济货币联盟的"趋同标准"。《马约》规定，最迟在1999年1月1日，经欧洲理事会确认，如达到"趋同标准"的成员国超过7个，即可开始实施单一货币（见图1）。

雅克·德洛尔（1925~），法国经济学家和政治家，1981~1983任经济财政部长，1983~1984年任经济、财政和预算部长。1985~1994年任欧盟委员会主席。德洛尔开创了"欧洲振兴"的局面，"德洛尔时代"也被载入欧洲历史。1995年5月，被时任德国总理科尔授予大十字荣誉勋章，以表彰其在推动欧洲一体化中做出的贡献。

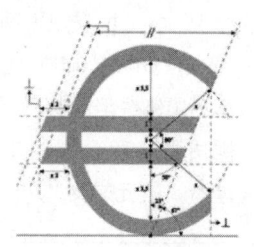

图1　欧元符号绘制标准

附录 3
欧元前世今生（1999~2011）

施密特，1918 年生于德国汉堡。1939 年被征入伍。1945 年在西线对盟军作战时被俘，四个月后被释放。后进入汉堡大学学习国民经济学，于 1949 年获得硕士学位。1972 年任财政经济部长，1974 年担任联邦德国总理职。施密特现是周报 Die Zeit 的联合发行人，大西洋桥梁联合会成员，德英联合会名誉主席，德国国家基金会和前国家领导人俱乐部名誉主席。

1995 年 11 月，欧盟扩大到 15 个成员国。12 月 15 日，在马德里举行的欧盟首脑会议决定将欧洲单一货币定名为"欧元"，取代欧洲货币单位"埃居"，并一致同意单一货币于 1999 年 1 月 1 日正式启动，2002 年 1 月 1 日开始进入流通领域。1998 年 5 月，欧盟布鲁塞尔首脑会议正式排定欧元创始国名单。欧盟 15 个成员国中，英国、丹麦和瑞典因政治原因暂不加入欧元区，希腊因经济不达标而落选，其余 11 国均成为首批欧元国。希腊在努力达标后，于 2001 年 1 月 1 日正式进入欧元区[①]。

1999 年 1 月 1 日，欧元诞生。1 月 4 日，欧元在国际金融市场正式登场。

专栏 1：德洛尔报告

德洛尔报告与魏尔纳计划相似，规定从 1990 年起，用 20 年时间，分三阶段实现货币一体化，完成欧洲经济货币同盟的组建。

1. 第一阶段。阶段性目标：与建立内部大市场的步调保持一致，加强经济与货币政策的协调，进一步推动财政一体化，大力推进结构政策与地区政策，增加执行结构政策与地区政策的基金，以减轻成员国的发展不平衡。货币一体化方面的具体目标：所有欧共体成员国的货币均纳入汇率联合干预机制，而且还要求各国采行同等的汇率可容许波动幅度。此外，第一阶段还要求清除所有在私人使用欧洲货币单位方面的障碍。

2. 第二阶段。阶段性目标：继续加强结构政策与地区政策，继续充实结构基金。进一步协调经济政策，并逐步运用多数表决原则制定共同体的政策目标。货

---

① 2009 年末发生的希腊债务危机表明，当时希腊为加入欧元区而数据造假。这一方面反映出，加入欧元区对欧洲穷国的巨大诱惑，另一方面也暴露出欧元区监管的严重缺失。

币一体化方面的具体目标：(1) 要求建立欧洲中央银行体系（European System of Central Banks, ESCB），它不排斥各成员国的中央银行，而是一个中央银行的中央银行。(2) 将逐步收缩汇率可容许波动幅度，并尽量避免法定汇率的调整。(3) 适当聚集各成员国的部分外汇储备。特别重要的是：各成员国货币政策的决定权将逐步让渡给共同体，由欧洲中央银行体系制定整个共同体的货币政策。

3. 第三阶段。阶段性目标：大力推进财政协调，对各成员国财政作出一些限制性规定，逐步扩大共同体制定经济政策的权利。货币一体化方面的具体目标：(1) 外汇市场干预应尽可能使用共同体成员国货币，必要时才使用第三国的货币。(2) 进一步集中成员国的外汇储备。(3) 要求以欧洲共同体货币取代各国货币。

德洛尔计划的关键是第一阶段，事实证明该计划最终达到了目标。

二、新货币"出身不好"

首先，这种货币覆盖区域并非一个国家，而是由11个独立的成员国组成，各国在立法体系、税收制度、政治、文化、经济周期等方面都存在相当程度的差异。如在欧洲，德国人一向以严谨、认真著称于欧洲，而意大利人却以慵懒、享受著称。德国的公共交通可以精确到秒，而意大利的公共交通迟到却是非常常见的事情。站在此次欧洲主权债务危机中心的希腊人，更是异常懒散。有这样的说法：在希腊，除了飞车党，所有人都在比慢。

其次，该货币背后的政策支持只有货币政策，而无财政政策。将各国货币政策统一起来的是诸多"纸上"条约。1992年的《马斯特里赫特条约》和1997年的

特里谢，1971年进入法国财政部。1987~1993年任法国财长。后任法国央行行长，同时兼任国际货币基金组织（IMF）的轮值主席，国际清算银行的常任理事。2003~2011年担任欧洲央行行长（ECB）。特里谢性格沉稳，做事不拘一格。在担任法国央行行长期间，对法郎在转换成欧元期间依然保持强势地位，推进欧洲货币一体化起到了重要作用。

施罗德（1944~），德国政治家，1998~2005年任德国总理。他的政治生涯从左派德国社会民主党（SPD）开始，领导了SPD和德国绿党组成的联盟。在成为专职政治家之前，是一名成功的律师。

《稳定与增长公约》、《新的货币汇率机制》、《欧元的法律地位》以及1998年的《阿姆斯特丹条约》等文件对成员国的政府财政预算赤字、预算平衡和公共债务、通货膨胀率、利率做出了规定和制度性安排，欧元币值的稳定有赖于成员国对这些"一纸条约"的忠实履行。

《马斯特里赫特条约》规定，货币政策由欧洲央行负责，其唯一目标是保持货币政策稳定性，维持一般物价水平的稳定（CPI不得超过2%）。财政政策则是由各国自行制定，各国政府可以在一定限度内自主运用公共投资和财政政策。工资、社会福利政策的制定权和国内金融监管权仍由成员国政策掌握。

第三，国际货币却缺乏明确的"国际形象"代表。欧洲经货联盟、欧元集团、欧洲中央银行从各自职能结构和组织目标上看都不是欧元利益的明确代表。欧洲经货联盟的监管内容虽覆盖了财政政策、货币政策、市场结构和汇率四大部分，但其所有政策的都是围绕促进经济增长和就业展开的。欧洲央行负责制定货币政策，但财政政策的制定权在成员国手中。欧元集团的主要职能是协调集团内部国家间政策，对成员国财政状况和宏观经济发展进行监控[①]。欧元启动时是作为一种超国家性质的法定货币出现的，这使欧元成为一个没有祖国的货币，而美元、日元等都拥有单一主权国家作为坚强后盾。

虽然尚未完全具备最优货币区理论所需的全部条件，外界仍心存疑虑，但"出身不好"的欧元还是在强烈的政治意愿下诞生了。饱受战争摧残的经历使欧洲各国认识到只有走联合的道路，欧洲才能远离战争的泥沼，重新发挥重要影响力。欧洲人希望通过欧元开创新的时代，重塑世界政治经济格局。欧洲人相信，单一货币将使欧洲用一个声音说话，也只有这样，欧洲才能发

---

① Cohen, Benjamin J., "The Euro in a Global Context: Challenges and Capacities", in Kenneth Dyson, ed., The Euro at Ten: Europeanization, Power, and Govergence, Oxford University Press, 2008, pp. 37–53.

挥更大影响力。美国前国务卿基辛格认为，统一的欧洲货币将成为21世纪影响大西洋两岸关系的重要因素。欧元的积极推动者其实同样深知欧元背后的制度缺陷，但坚信"办法总比问题多"，先用欧元这样一根纽带将欧洲连接成一个利益共同体，再通过成员国的共同努力，不断的改革，缺陷一定会被弥补起来。

正是在这样一种理念下欧元诞生了。但欧洲人的庆祝还没有结束，各种质疑言论便纷纷掷来。"欧元存在的时间不会太久"，前美联储主席格林斯潘给出了这样的判断；诺贝尔奖得主米尔顿·弗里德曼也同样悲观，在给欧央行第一任首席经济学家易辛的信中写道："衷心地祝贺您接下了这份难以完成的任务"；时任德国总理施罗德则说得更加直白，认为"欧元是个'病态的早产儿'"。当被问及对欧元的看法时，时任美国财政部长的萨默斯（Lawrence Summers）甚至不屑于回答这样的问题，只说了句："美元命运依然掌握在美国人手中"。在美国人看来，欧元不可能挑战美元的地位①。

专栏2：欧元

欧元纸币用绵纸制造，有特殊的手感，有一部分会凸凹不平，并有一条防伪线，且纸币上端的面值数字使用变色油墨印刷（见图2）。欧元纸币共分为5、10、20、50、100、200、500欧元7种面值，尺寸和颜色各不相同。1欧元=100分。每种面值的纸币都显示一个欧洲建筑时期、一张欧洲地图和欧洲旗帜。

图2 欧元纸币

欧元硬币（见图3）的正面都是相同的，但背面则是由各个国家自行设计。尽管摩纳哥、圣马力诺和梵蒂冈并不是欧盟国家，但是由于他们以前使

---

① http://www.piie.com/publications/chapters_preview/4303/03iie4303.pdf.

用法国法郎或者意大利里拉作为货币,现在也使用欧元并获授权少量铸造欧元硬币。目前共有 8 种面额的欧元硬币,分别是 1 分、2 分、5 分、10 分、20 分、50 分、1 元和 2 元硬币。

图 3　欧元硬币

三、欧元诞生以来币值变化

欧元自诞生以来,其币值整体呈先跌后扬再落的走势。欧元 1999 年面世时,欧元兑美元的比价是 1∶1.18。但是之后欧元币值大幅下跌,2000 年 10 月 26 日欧元跌至 1∶0.823 美元的历史低位。随后欧元开始经历一段复元期。2001 年初,欧元升至近兑 0.96 美元。随后欧元又踏入下跌期,最低跌至于 2001 年 7 月 6 日的兑 0.834 美元。受美公司丑闻影响,欧元兑美元于 2002 年 7 月 15 日升值到接近 1∶1,到了 2002 年末,欧元达到了 1.04 美元,并持续攀升。2003 年 5 月 23 日,欧元第一次超越了它面世时 1.18 美元的汇率水平,并于 2004 年 12 月 24 日冲破了 1.35 美元。因美元的贬值,2004 年 12 月 30 日,欧元创下了 1.367 美元的最高纪录。2007 年 8 月 13 日,欧元达到了 1.37 美元。2007 年 11 月 23 日,欧元达到 1.49 美元。2008 年 4 月 22 日,欧元更是达到十年来的历史新高 1.599 美元[①]。之后,欧元兑美元币值开始震荡走低。2008 年 10 月 27 日,欧元对美元的汇率降到了 1∶1.24 的低点[②]。

---

① European Commission,"Success and Challenges after ten years of Economic and Monetary Union", European Economy 2,2008.
② 数据来源:EUROSTAT, http://ec.europa.eu/eurostat/。

欧元币值早期的下跌一个重要的原因是因为欧元还未正式形成，市场对欧元的信心不足，仍存怀疑，而且欧元纸币和硬币的发行当时尚未开始，部分投资者怀疑其仍有流产的可能。但是，当欧元以现金方式流通时，市场对欧元的信心增加，越来越多的人相信欧元会继续流通，这令欧元币值上升。

欧元早期下跌的另一个原因是，很多投资者和金融机构原来持有多国货币是要避免单一货币汇率下跌带来的风险。但当汇率一旦被确定，他们就会大量沽出所持有的本国货币。另外，在这期间有大量黑钱被兑换成为美元，以避免进行欧元的公开兑换①。

杰弗里·弗兰克尔，1952年生于美国旧金山，1978年从麻省理工学院获得经济学博士学位。现为哈佛大学肯尼迪学院资本积累和增长讲席教授。美国国家经济研究局国际金融和宏观经济学研究项目的负责人，也是经济周期评定委员会的成员。弗兰克尔教授曾任美国克林顿政府时期总统经济顾问，主管国际经济学、宏观经济学和环境问题的研究。在1999年进入哈佛大学任教以前，曾任加州大学伯克利分校的经济学教授。并在众多研究机构担任职位，其中包括美国联邦储备委员会、国际经济研究所、国际货币基金组织、密歇根大学和耶鲁大学。

2002年以后，欧元开始由谷底开始回升。促使欧元走强的其中一个重要原因是由于欧洲的利率具有比美国更大的吸引力。2001年欧元区的中央银行的借贷利率为4.25%，而同期的美联储的借贷利率仅为1.75%。巨大的利差吸引大量美元涌入，推高欧元。推高欧元走强的因素除了利差外，一个很重要的因素是美国经常账户上有庞大且不稳定的逆差。市场普遍关注美国的双赤字问题，此问题令美元陷于弱势。包含资金流动在计算内的经常账户，是最常用的贸易指标，其逆差于2004年的第二季达至1661.8亿美元。在从2000年到2007年的8年间，美国的经常项目均为赤字，赤字额最高达到GDP的6.2%，而同期欧元区只有三年是赤字，其余五年均为盈余，赤字最高也仅为GDP的0.6%②。2007年以来受美国次贷危机的影响，美元更是一路走弱，相对稳定的欧元曾乘势走强。

---

① National Audit Office, "Tackling the hidden economy", HC 341 Session 2007 – 2008, April 3, 2008.
② European Central Bank, "1998 – 2008 10th Anniversary Of The ECB", April 9, 2008.

但是，随着金融危机的愈演愈烈，欧洲也遭受重创。希腊债务危机更是让欧洲雪上加霜。许多早期试图通过增持欧元规避风险的投机性资金，开始持悲观和观望的态度，对欧元的信心开始动摇，这便导致了2008年二三季度开始的欧元币值下跌[①]。

四、辉煌成就

欧元虽然"出身不好"，但由于其为全球经济提供了美元之外新的选择，以及在欧洲强大经济实力的积极推动下，从1999年至2009年，欧元从无到有，从小到大，10年间取得巨大成就却是不争事实。在质疑声音中，欧元迅速成长起来，欧元对美元的汇率从最低的2000年10月26日1:0.825升值到2008年7月15日的1:1.599，7年的时间里欧元对美元累计升值幅度达到93.8%。在国际舞台上迅速占据了第二大货币的地位。

从全球影响看，欧元的国际影响力不断提升，突出表现为欧元在世界外汇储备中的比重日趋上升。据统计，2000年欧元占全球外汇储备总额的比重为18.3%，同期美元为71.1%；到2003年，欧元所占比重上升至23.6%，而美元比重却降至67.5%。根据IMF统计，金融危机发生前，2008年一季度欧元占同期外汇储备的比重已达到26.8%，美元份额继续下降，为63%[②]。德意志银行估计到2010年欧元所占比例将进一步上升到30%[③]。哈佛大学经济学家弗兰克尔甚至预言在15年后欧元将取代美元成为世界第一货币[④]。

对于外界担心欧元可能因为金融危机和希腊债务危机影响而地位下降的担忧，欧洲中央银行2010年7月14日发布报告称，虽然金融和经济危机给全球造成了动荡，但欧元的国际地位基本稳定，仍是世界第二大储备货币。欧洲央行在这份年度报告中称，作为继美元之后的第二大国际储备货币，欧元的地位在2009年基本保持稳定。虽然经历了金融和经济危机的冲击，但欧元

---

① 余翔:《欧元十年回顾》，国际资料信息，2008年11月。
② "Goodbye to all that currency instability", FT series: The euro at 10, *Financial Times*, Dec. 16 2008.
③ Carmen M. Reinhart, Vincent R. Reinhart, "Capital Inflows and Reserve Accumulation: The Recent Evidence", NBER Working Paper 13842, March 2008, p. 19, http://www.nber.org.
④ Menzie D. Chinn, Jeffrey A. Frankel, "The Euro May Over The Next 15 Years Surpass The Dollar As Leading International Currency", NBER Working Paper 13909, April 2008.

在市场动荡中所受的直接影响微乎其微。报告显示，欧元在国际外汇储备中的份额从前一年的27%，上升至2009年的27.4%；以欧元发行的债券占国际债券发行总额的比重由2008年的32.7%下降至去年的31.4%；欧元的跨国贷款下降了1.6%，跨国存款和外汇交易则几乎没有变化。对于2009年欧元对美元汇率大幅下跌，欧洲央行认为其变化是正常的，与金融和经济危机前的波动幅度并无二致。

> **专栏3：越来越多的国家把欧元作为储备货币之一**
>
> 欧盟中16个国家将欧元作为本国唯一法定货币，这16国也因此被称为欧元区。一些非欧盟国家和地区，比如黑山、科索沃和安道尔，也单方面使用欧元作为支付工具。欧元区共有人口3.3亿，如果加上与欧元固定汇率制的货币，欧元影响到全球4.8亿人口。

与欧元国际地位上升同样值得关注的是，在这10年中，欧元区经济整体抵御外部冲击的能力也有所增强，并对世界经济起到了一定程度的稳定作用。欧元的国际化使欧洲经货联盟成员国在国际流动性方面获得了较大改善。在过去，欧洲国家的国际收支赤字需要外币来融资，现在可以用欧洲自己的货币来融资，欧洲市场操作的独立性较以前大幅提高。10年来，欧洲经货联盟经受了全球经济周期、美国网络泡沫破灭及其带来的经济衰退等一系列外部冲击，但得益于欧元，欧元区国家受到的冲击较欧元启动之前小得多，其经济发展也较同期欧洲非欧元区国家更加稳定。

2008年第四季度，受金融危机冲击，冰岛数家大银行破产，致使不少英国和荷兰储户遭受损失。英荷两国政府不得不拿出大笔资金救助这些储户，随后要求冰岛政府赔偿损失。

2009年全球性金融危机再次验证了这一点。2008年12月中旬，英镑兑欧元的实际汇率低至1:1.089，这是欧元诞生以来英镑兑欧元首次跌至1:1的汇率水平。欧盟主席巴罗佐说，此次金融危机使英国认识到欧元的价值。英国商务大臣曼德尔森也公开表态，称英国政府保持加入欧元区这个长期目标是正确的[①]。

---

① 《欧元十年》，环球财经杂志，2008年12月26日，http://www.sina.com.cn。

未加入欧元区的冰岛昔日人均GDP曾高达世界第四,为世人瞩目富裕繁华的人间天堂,在遭遇了金融飓风的重创后,国家财政赤字高居不下,冰岛现已成为世界上人均负债最高的国家。不到一年间,冰岛本币克朗兑美元贬值幅度超过48%,克朗兑欧元汇率缩水3成,成为全球贬值最快的货币。由于冰岛的银行资产比GDP高出10倍,政府已经无力出资救助。在2008年遭受金融危机重创后,冰岛国内支持加入欧盟的呼声越来越高。2009年7月,冰岛正式向欧盟提出入盟申请。从长期看,加入欧元区才是冰岛真正的目的所在。

此外,在新入盟但尚未加入欧元区的中东欧国家中,匈牙利福林兑美元和欧元的贬值幅度超过了20%,波兰、捷克和罗马尼亚等国的股票市值大幅缩水,曾获"波罗的海老虎"美誉的爱沙尼亚和拉脱维亚两国经济从2008年初开始衰退。

相比之下,欧元区作为一个整体在这次金融危机中表现出了较强的抗冲击能力[①]。在整个危机应对期间,欧元区国家间首脑不断通过各种形式加强政策协调,采取统一救市措施,在一定程度上提振了市场信心。欧盟委员会2008年11月14日正式宣布欧元区经济出现技术性衰退[②]。排除时滞性因素的影响,欧元区经济进入衰退的时间较非欧元区经济要迟,而且程度要轻。有理由相信,如果没有欧元,欧元区受此次金融危机的影响将会更严重[③]。

欧元的成功更大程度上体现为对欧元区区内政治融合和经济发展的推动。政治上,目前,欧洲经货联盟成员国已就建立健全公共财政和实现产品、劳动和金融市场进一步一体化达成了共识,并成立了相关协调机构,如欧元集团现已成为欧元区财长们解决有关欧元事务的重要论坛。在政策协调、危机管理以及国际金融体系改革等一系列问题上,欧洲的声音不断放大,由欧元集团主席、欧洲央行行长和欧盟委员会经济货币事务委员组成的"三驾马车"在中欧双边对话和2007年IMF牵头应对全球失衡问题行动中均发挥了重要作用。

欧元对于经济发展的促进作用,主要表现在以下五个方面。

一是为欧元区营造了相对稳定的宏观经济环境。自欧元启动以来,欧元区将通胀控制在较低水平,2000～2007年的通胀率一直控制在2.1%～2.3%

---

① "The Bank must act to end the euro's wild rise", *Financial Times*, Sep. 5 2008.
② "Eurozone to enter first ever recession", BBC report, 14.11.2008, http://euobersver.com/9/27015.
③ "Onwards and Upwards", *Financial Times*, Dec. 31 2008.

巴罗佐，1956年生于葡萄牙里斯本，毕业于里斯本大学法律系，1978年获日内瓦大学政治学硕士学位，通晓英语、法语和西班牙语。1980年加入葡萄牙社会民主党（社民党），步入政坛。2002年3月社民党在议会选举中获胜后，于4月出任葡萄牙政府总理。2004年11月首次就任欧盟委员会主席。2009年9月17日，欧洲议会全会在法国斯特拉斯堡召开，成功获得连任，任期2014年10月31日结束。

之间，而同期美国通胀率均高出欧元区；欧元区的名义利率也从20世纪八九十年代的12%和9%大幅下降；欧元区国家财政受到了《稳定与增长公约》等法律性条约的严格控制，财政赤字和国债占GDP比重持续下降①，即使是在2002～2003年经济低迷期，欧元区公共财政赤字水平仍控制在3%左右。

二是促进了贸易发展。欧元问世消除了区内国家的汇率风险，降低了其跨国交易成本，从而促进了欧元区国家商品和资本市场的融合。欧元区内货物贸易总值占GDP的比重由1998年的26%增加到了2007年的33%，服务贸易占GDP的比重由5%增加到了7%②。区内国家间的商品出口额高出欧元区国家对非欧元区国家3%，进口额高2%③。据测算，统一货币推动欧元区国家间双边贸易增长了9%～14%，欧元对加速欧元区内贸易的贡献作用达到50%④。在欧元区全部对外贸易中使用欧元计价和结算的比重占50%，在准备加入欧元区的国家和欧元区国家的邻国中，半数以上在国际贸易中使用欧元计价和结算⑤。

三是推动了对外直接投资（FDI）。据统计，2000～2005年期间，欧元区国家FDI流量占世界总量的57%。欧元区内FDI总量占GDP的1/3，而10年

---

① "Time to loosen the criteria for joining the euro", *Financial Times*, Dec. 17 2008.
② 笔者根据相关数据计算得出。数据来源：EUROSTAT, http://ec.europa.eu/eurostat/。本文数据若无特别注明均来自EUROSTAT。
③ European Commission, "European Economic Statistics", 2008 edition, http://ec.europa.eu/eurostat.
④ Chintrakarn, Pandej, "Estimating the Euro Effects on Trade with Propensity Score Matching, Review of International Economics", 16 No. 1, Feb. 2008.
⑤ Bun, Maurice, and Franc Klaassen, "Has the Euro Increased Trade? Tinbergen Institute Discussion Paper", TI 2002 - 108/2, 2002.

前仅为 1/5,欧盟委员会专家认为,这一增幅中的 2/3 归结为欧元的应用①。

此外,欧元区居民持有的国际股票和债券投资从 2001 年的 34% 增加到了 2006 年的 44%。欧元区企业的跨境并购活动也日趋活跃,其中制造业的区内并购力度增加明显,投资额占该行业跨境并购总额的比重由 1993～1998 年年平均 20% 增加到 1999～2004 年年平均 35%。相对于仅占世界经济总量 25% 的欧元区经济规模来说,欧元在促进资本流动,尤其在促进欧元国家间资本流动方面起了积极的促进作用②。

四是加速了欧洲金融市场的整合。建立有效的金融市场是实现"单一欧洲市场"(Single European Market)计划的重要组成部分,欧盟 1999 年《金融服务行动计划》的出台是这一进程的重要里程碑。在世界范围内,以欧元计价的国际债券总值在 2004 年就超过了以美元计价的国际债券。在 1997～2006 年的 10 年间,欧元区居民投资组合中以欧元计价的资产量显著增长。据有关机构测算,欧元促进欧元区股票交易增加了 3.5%,债券和票据交易增加了 4.2%;非欧元区国家投资欧元区债券和票据的资金量也大幅增长③。

弗雷德·伯格斯坦(1941～),曾获得文学硕士学位、法律外交学硕士学位、弗莱彻学院法学和外交系博士学位。1977～1981 年曾任职美国财政部。伯格斯坦于 1981 年创立了彼得森国际经济研究所,并一直担任该所所长。该所是美国唯一的研究国际经济问题的大型研究所,被誉为"世界最有影响力的思想智库"。

此外,欧元推动了银行的跨境扩张活动,欧洲 16 家最大银行的境外资产持有量已高出其境内资产 25%。

五是创造了更多的就业机会。欧元启动后,欧元区劳动力市场和社保体制改革取得了较大进展,区内国家共创造了创纪录的 1600 万个就业岗位,就业人数增加了 15%,失业率降至 7%,欧元区就业增长幅度超过了包括美国在

---

① European Commission, "European Economic Statistics", 2008 edition, pp. 97 – 135.
② IMF, "World Economic Outlook – Housing and the Business Cycle", April 2008, http://www.imf.org.
③ Galati, Gabriele, and Philip Woodridge, "The Euro As a Reserve Currency: A Challenge to the Prominence of the US Dollar", BIS Working Papers, No. 218, Oct. 2006.

内的成熟经济体。

欧元已迅速成为仅次于美元的第二大国际货币，16个国家加入到了欧元区。2010年6月7日，欧元区16国财长会议上，各国财长再次确认爱沙尼亚在通货膨胀、政府财政状况、长期利率水平和汇率稳定程度以及国内立法与欧盟规则的协调一致性等5个方面均满足了加入欧元区的条件，决定于2011年1月1日吸纳其加入欧元区，届时欧元区成员国将扩大到17国[1]。这一决定向其他准备加入欧元区的国家表明，尽管债务危机缠身，欧元区并没有停止扩大步伐。能否加入欧元区已经成为新兴欧洲国家经济发展和民主化进程"最好的褒奖"。

五、欧元一路走来的四个条件

条件一：欧元具有内在优势。作为一种单一货币，欧元有助于减少多种货币汇兑带来的交易成本，从而便利贸易和投资的跨国、跨地区行动；它可以减少货币的波动性，降低投资的利率风险，从而有利于创造欧洲经济的规模效应，提高欧洲内部各种经济金融信息传递效率，提高欧洲经济体系的生产效率；它减少了国家间为争夺铸币税而展开的无谓竞争[2]，从而大幅促进了贸易的增长；它还有助于欧元区国家形成统一的对外身份标识，推动欧洲的政治一体化，尤其是缓和法德之间历史上形成的矛盾和敌意，最终实现欧洲持久的和平和稳定。

条件二：政治意愿推动。欧元是在各成员国让渡货币主权的基础上实现的，而货币主权通常是一国主权的重要组成部分。欧洲国家为了实现共同利益，将货币主权交由统一的中央银行，这是二战以后世界历史上的第一例，体现了这些国家领导者高度宽广的政治胸怀和战略眼光。从这一意义上说，欧元国际化的政治意义大于其经济影响。

条件三：以欧元区强大的经贸实力为后盾。按照市场汇率计算，2008年

---

[1] 在2004年加入欧盟的10个中东欧国家中，爱沙尼亚将成为第5个迈入欧元大家庭的国家，并将是波罗的海三国中第一个使用欧元的国家。

[2] M. D. Bordo, Harold James, "A Long Term Perspective on the Euro", NBER Working Paper 13815, Feb. 2008.

初欧元区15国的GDP总量已超过美国,成为世界上最大的经济体。2006年欧元区进出口贸易总额相当于当年GDP的42%,而同期的日本和美国分别为32%和28%。欧元区出口额占世界出口总额的18%,相当于美国(12%)和日本(6%)市场份额之和,比世界10个主要石油输出国的出口总额占世界比重还要高8个百分点①。

条件四:美元犯错。美国国际经济研究所所长伯格斯坦曾指出,欧元要想崛起,则美国需要犯一系列严重的错误。就实力来看,欧元是美元的最强有力竞争者。但为了打破美元的"在位优势",欧元仍需等待机会。金融危机曾一度为欧元的崛起提供了机会。随着金融危机的蔓延,随着美国不断"印钞票"弥补赤字,全世界都开始讨论美元的衰落,越来越多的国家尝试以其他币种进行国际结算,减少本国外汇储备资产中的美元。

保尔森(1946~),生于美国佛罗里达州棕榈滩。1970年获美国哈佛大学MBA学位。1974年,加入高盛芝加哥分部工作,从此开始其职业投资银行家生涯。1982年,成为高盛公司的合伙人。2006年被时任美国总统布什提名为美国财长之前担任高盛集团的主席和CEO。

六、欧元成就让欧洲自傲

欧元用10年的时间走完了其他货币需要几十年才能走完的路。欧元对美元的汇率从最低的2000年10月26日1:0.825升值到2008年7月15日的1:1.599,7年的时间里欧元对美元累计升值幅度达到93.8%。国际清算银行的报告指出,其欧元存款比重已从2001年的12%增加到2004年的20%,并仍在持续升高②。欧元的成就让欧洲开始自我陶醉,自信心不断膨胀。

---

① European Commission, "European Economic Statistics", 2008 edition, p. 97.
② IMF, "Global Financial Stability Report – Containing Systemic Risks and Restoring Financial Soundness", April 2008.

> **专栏4：美元崛起的历程**
>
> 　　美国经济总量在1872年超过英国，但美元并没有马上成为世界货币。27年后，以英镑作为储备货币的世界外汇储备仍是美元等其他币种的外汇储备的两倍多。在对外贸易额和金融市场发展方面，直到20世纪初美国仍落后于英国。
>
> 　　在1913年美联储建立之前，美国的金融市场发展处于较为自由和混乱的阶段。自1915年美国对外出口首次超过英国开始，美国开始从一个净债务国变成一个净债权国。而英国经济的发展却相反，英镑的优势地位开始丧失。
>
> 　　但即使是这样，在20世纪40年代初，外国拥有的以英镑计价的资产量仍是以美元计价的资产量的2倍。美元取代英镑的垄断地位直到1945年才完成。

　　一些国家出于规避政治风险和经济风险的考虑，将欧元视为替代美元的最好选择。萨达姆时期的伊拉克曾在2000年将该国储备货币由美元改为欧元。2002年底，朝鲜用欧元代替美元作为对外流通和结算的主要货币。

　　一些拥有大量外汇储备的国家（如印度和中国）也纷纷增持欧元。欧佩克国家甚至也表示拟将贸易货币从美元改为欧元。2006年4月在阿拉伯联合酋长国首都阿布扎比举行的"海湾阿拉伯国家合作委员会成员国中央银行行长会议"上，一些中

> 萨科齐，1955年出生于巴黎，身高1.65米，父亲是匈牙利移民，母亲是法国人（犹太人）。在法国政坛属于少壮派人物。萨科齐是传统右翼代表，以"直言敢干"的强势作风著称。他支持自由市场经济，主张降低企业社会福利和税收负担，从而刺激经济发展以降低失业率；力主改革现行的社会福利和劳工制度，鼓励员工延长工作时间以增加收入；强调法国的"国民性"以及加强对移民控制，以此吸引"深右"选民。萨科齐的竞选口号是"团结起来，一切皆有可能"。

东国家纷纷表示将更多的外汇储备从美元转为欧元。卡塔尔央行行长表示可能会将欧元在外汇储备中所占的比例提高到40%。阿联酋央行行长也表示，阿联酋央行将考虑将10%的外汇储备从美元转为欧元[①]。2007年12月，伊朗

---

① Martin Wolf, "Fixing Global Finance", The Johns Hopkins University Press, 2008, pp. 111–121.

政府宣布由于美元不断贬值，已经不再是可靠的货币，伊朗决定在石油贸易中用欧元取代美元作为结算货币。2009年9月20日，伊朗总统艾哈迈迪·内贾德再次宣布，伊朗将使用欧元取代美元成为外汇储备货币。

2008年下半年爆发了美国次贷危机。危机暴露了美元单极国际金融体系的严重弊端。欧洲不但未及时出手相助，还隔岸观火，并纷纷发出谋变之音。欧洲政要纷纷公开表示要对现行国际货币金融体系进行根本性改革。此刻欧洲人对欧元的自信心膨胀达到了顶峰。

佩尔·施泰因布吕克（1947～）生于德国汉堡市，2002～2005年间担任德国北莱茵-威斯特法伦州州长，后任德国财政部部长，是德国社会民主党（SPD）内的重量级人物。

欧洲借金融危机对美国"落井下石"

针对时任美国政府财长保尔森要求外国政府参与救市的呼吁，法国总理府经济分析委员会主席布瓦西厄打哈哈说："美国必须担负危机的预算成本。我完全赞成跨大西洋团结，但这不包括此次的救市。"德联盟党议会党团副主席迈斯特则说的较为直接，"我怀疑这种做法是否最明智"。德社民党议会党团副主席保斯更是明确拒绝美国希望德国参与救市的要求。包括英、法、德、意在内的七国集团财长们对美国呼吁G7成员国实行大规模金融救助的请求也明确予以拒绝。

不仅如此，欧洲此刻几乎一致占到了美国的对立面，指责美国的经济模式的"罪恶"，试图通过抨击美国来抬高自己。德国财长施泰因布吕克指责是美国金融资本的贪婪本性导致了这场危机。施泰因布

容克（1954～）1979年毕业于法国斯特拉斯堡大学，获法学硕士学位。1989～1995年任卢森堡财长。1990～1995年间担任基督教社会人民党主席。1995～2013年当选卢森堡首相，并兼任财长。同时，还担任欧元集团主席一职。2014年7月15日，在获得主要欧盟政党欧洲人民党（中间偏右、自由保守主义）、欧洲社会党（中间偏左、民主社会主义）、和欧洲自由民主改革党（中间派）支持下，欧洲议会投票通过欧洲理事会的提名方案，任命容克为新一任欧盟委员会主席。任期于同年11月1日开始。

吕克在联邦议会发表政府声明时指出，美国"不负责地"夸大无约束的自由市场原则和美国金融资本的贪婪本性是导致了这场危机的主要原因。

克里斯蒂·拉加德（1956～）毕业于巴黎十三大学法律学院。获得劳动法学和英语双硕士学位。在德维尔潘担任总理期间，曾担任农业和渔业部长、贸易部长。2007年起担任法国经济、工业和就业部部长。2008年在《福布斯》杂志评选的"最有影响力的女性"中排名第14名。2009年11月16日被英国《金融时报》评选为"欧元区最佳财长"。2011年7月5日，出任国际货币基金组织总裁。

法国总统萨科齐在联合国大会上公开对美国倡导的自由的金融市场和全球贸易表示质疑。萨科齐称，次贷危机意味着美国"强加在经济领域的一些关于全球化理念的失败"，金融危机表明美国"金融资本主义的终结"，那种认为"市场万能、不需要任何规则和政治干预"的观点是"疯狂"的，市场经济应该有所规范，应该着眼于长期，最终目标应该是发展经济、服务社会、造福全民。在联合国大会上，萨科齐对世界发出强硬呼吁："全世界数百万人担心失去自己的养老金、公寓和银行存款，我们必须给他们一个明确的答复：谁应该为这场灾难负责并受到惩罚。"萨科齐还建议追究造成此次金融危机有关人员的责任。萨科齐的言论表面上是声讨美国的华尔街，实际上是在借机向美国叫板。一时间，欧洲站到了代表世界人民利益的道德制高点。

美国次贷危机愈严重，欧洲质疑美国的声音也愈强。德国财长施泰因布吕克在国会施政报告中表示，"美国将失去在全球金融系统中超级大国的地位。世界将变成多极的，亚洲和欧洲将出现更强大、更完善的资本中心，世界将从此不一样。"施泰因布吕克还对记者表示："十年后当我们回顾今天，将发现2008年是一次根本的转变"，并大胆预言，未来10年全球经济将由美元、欧元、日元和人民币四大货币主导，世界从此将走向多极，光靠七大工业国，已经无法解决全球的金融和经济问题，美国必须与盟友合作。

过高估计自己的实力

这次欧洲之所以表现出异乎寻常的高调和反美。除了是欧洲长期以来对美国压制不满的总爆发外,更重要的原因在于欧洲过高估计了自己的实力。

面对欧洲是否有能力应对次贷危机的质疑,欧盟委员会主席巴罗佐则自信满满地表示,欧洲的金融体系完全有能力应付危机。欧元集团主席、卢森堡首相容克在欧洲议会讲话时指出,中期预测虽然不乐观,但他认为未来几个月欧盟经济只会有一点点疲软。

阿克赛尔·韦伯(1957~),德国经济学家。自2004年以来任德国央行行长。2002~2004年任德国经济专家委员会委员,2002年起任德国央行专家顾问。

曼德尔森(1953~),在牛津获得了哲学、政治学和经济学三个学位。他与布莱尔、布朗等人被视为工党在20世纪90年代重新塑造"新工党"的功臣。2004年担任欧盟委员会贸易委员。2008年获继任首相布朗的邀请重返英国政坛,出任英国第一国务大臣、商业创新及技能大臣、贸易委员会主席兼枢密院院长等职。2010年因工党大选落败而卸任。

德国财长施泰因布吕克在德下议院举行2009年财政预算案辩论会之前表示,尽管美国发生的金融危机是几十年来最为严重的,但他预计不会在欧洲引发多米诺骨牌效应。金融危机对德国实体经济的影响有限,金融危机的程度不应被高估,在欧洲不会有全球性的大银行倒闭。

欧洲央行管理委员会委员、德国央行行长韦伯亦表示,德国金融体系整体强劲,对外部冲击的抵御能力也更强,因此并不担心德银行业出现问题。

法国财长拉加德也声称,金融危机对法金融业的影响有限,目前还没有一家法国银行因美国金融危机的爆发而面临难题。

欧洲唱衰美国的真实意图

站出来为受害者向美国讨公道,要求加强金融监管、提高跨国建议透明度等都是表象,欧洲的真实意图是通过改革当前金融体系来撼动美元霸权，提高欧元地位。

时任欧盟贸易委员曼德尔森在夏季达沃斯论坛上表示，"此次金融危机带给我们的启示是，全球一体化需要一套新的、更好的法规监管模式，这一模式应当更能反映我们的相互依存和全球经济的实际运作方式。我们发展培养多边主义的能力将决定我们经济生活的稳定性。"曼德尔森呼吁中国为解决国际金融危机作出贡献。

法国总统萨科齐说，"不能再用20世纪的国际经济管理工具管理21世纪的经济，不能再用过去的观念考虑今天世界的问题"，现行国际金融货币体系已经病入膏肓，需要"推倒重建"，就像当年二战后建立布雷顿森林体系一样，从而对经济与贸易全球化作出必要的"国际规范"。他表示需要共同重建一个受监管的资本主义体系，而不是仅凭市场运营者的判断来开展金融活动。

英国首相布朗在2008年联大一般性辩论中发言，呼吁建立全球金融新秩序。布朗说，"全球化时代的第一次真正的金融和资源危

布朗，1951年生于苏格兰柯克沃尔。16岁时获得爱丁堡大学奖学金，进入爱丁堡大学学习历史学，成为当地近30年来最年轻的大学生。1983年进入英国议会。自1997年工党执政起，一直担任财政大臣，连任三届，成为英国200年来任职时间最长的财政大臣。2007~2010年接任布莱尔，成为英国第52任首相。外界认为布朗做财政大臣比其任首相更出色。前美联储主席格林斯潘曾称赞布朗的经济决策能力"举世无双"。

机正在到来，世界各国只有采取全球性行动，才能应对全球信贷紧缩和物价飞涨的双重冲击。""当前的首要工作是尽一切努力，稳定住仍在动荡不安的金融市场。之后，国际社会应当共同努力，制订明晰的原则，重建世界金融体系。""二战后建立的国际金融机构已经无法适应变化中的全球经济，各国金融监管当局应当相互合作，制定规范的制度和原则，国际资本的流动也需要透明化。"

英国财政大臣达林也向七国集团财长会议建议基于超越国界的利益，成立一个国际性的监管组织来对银行、保险、证券领域的大型机构进行监督。

瑞典前首相林豪尔姆和法国前国防部长里夏尔提出，应建立联合国经济理事会以监管国际金融问题。他们认为，世界银行和IMF已经过时，中国金融资产庞大，世界无法忽视中国的声音。随着美国新领导人上台，美国单边

主义会有所减弱，因此在联合国下设立新的金融监管机构并非不可能。①

七、欧洲主权债务危机：美国对欧洲的报复

其实对于欧洲的"小九九"，美国人看得很清楚，心里很明白。只是碍于现实的困境，无奈只能忍气吞声。当美国经济好转，美国政府"腾出手"来，必然会对欧洲展开一场血雨腥风的"报复"。美国新总统奥巴马上台后就曾誓言绝不允许美国沦为第二。因此，所有对"世界老大"位置有想法的必然会受到打压，美国的盟友也不例外。

在拿迪拜这只"小白鼠"试试刀，检验了经历了次贷危机冲击的美国还有强大的反击能力后，美国便"挥刀"向欧洲"砍来"。

希腊成为第一张多米诺骨牌

要报复欧元，美国必须找到一个切入点。这个切入点需要有两个条件：一是欧元区国家，二是经济量小。撕开这样的缺口比较容易，且能够起到"牵一发而动全身"的效果，引发市场对欧元币值的恐慌。

希腊正好完全符合这样的条件。希腊2001年加入欧元区，经济规模很小，GDP占比还不到欧盟的2%，攻击希腊比攻击西班牙、意大利显然要容易得多，同时又能引发外界对整个欧元区的恐慌。

此外，华尔街做空希腊还有一个得天独厚的条件。2000年为加入欧元区，希腊曾请来美国投行高盛，为其改善财务状况。高盛当时制定了一项复杂的长期安排，使希腊能够把债务转换成欧元，然后以更优惠的利率重组债务，通过此举降低希腊的未偿债务。这个交易以秘密的方式进行。这看起来仿佛是一项双赢的交易：希腊借此粉饰了真实的债务，如愿加入欧元区，高盛也把3亿美元的丰厚交易佣金收入囊中。希腊加入欧元区之后不久，高盛和希腊政府还进行了一系列货币互换协议来帮助希腊掩盖其日益增长的赤字问题。2002年，欧盟看到的希腊交来的财务报表非常的光鲜。希腊的财政赤字仅占GDP的1.2%，完全符合欧盟规定的3%。财务状况比欧元区大国法国、德国

---

① 余翔：《欧洲人的如意算盘》，《世界知识》2008年第23期。

的看上去都要好。

但这也让华尔街对希腊的债务状况知根知底。华尔街早已心知肚明凭希腊自身无还债能力,其债务问题迟早会出问题。因此在为希腊融资的同时,悄悄低价买进大量的信用违约掉期(CDS)。为降低自身风险,高盛选择将德国和希腊变为一条绳上的"蚂蚱"——替希腊政府安排货币互换交易后,高盛向德国银行购买了20年期的10亿欧元CDS"信用违约互换"保险,即一旦希腊出现债务危机,将由出售保险的银行方支付10亿欧元。负责这单业务的德国银行投行部联合主席迈克尔·考斯其职业生涯也正是起步于高盛。一切准备妥当,只等"笨猪"长膘。华尔街在暗中偷笑,而欧洲对此却浑然不知。

令人不寒而栗的是,这样秘密的交易还有很多。《华尔街日报》更进一步披露,1998年至2001年,高盛为希腊进行了多达12桩货币互换交易,瑞士信贷也在同一时间内为希腊设计了一桩货币互换交易。

专栏5:信用违约互换

信用违约互换(credit default swap,CDS)是国际债券市场中非常常见的信用衍生产品。在信用违约互换交易中,违约互换购买者将定期向违约互换出售者支付一定费用(称为信用违约互换点差),而一旦出现信用类事件(主要指债券主体无法偿付),违约互换购买者将有权利将债券以面值递送给违约互换出售者,从而有效规避信用风险。

由于信用违约互换产品定义简单、容易实现标准化,交易简洁,自20世纪90年代以来,该金融产品在国外发达金融市场得到了迅速发展(见图4)。

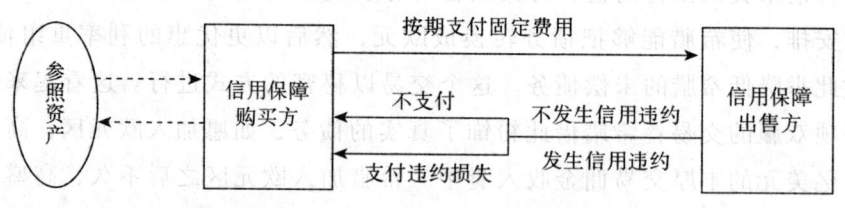

图4 信用违约互换

在希腊总理帕潘德里欧看来,用CDS避险,就如同允许一个人替邻居的房子买保险,然后再自己去纵火并索赔,易引发道德风险。

2009年10月，希腊政府发布了一条公开消息，这让美国认为报复时机已经成熟，打击欧洲计划正式启动。

2009年10月4日，刚刚主政16天的希腊新政府"出人意料"地宣布前任政府统计数据造假，2009年希腊财政赤字实际高达GDP的12.5%（后进一步修订为13.6%），为2008年的3倍，而政府负债占GDP比重达112.6%。按希腊人口1100万人计算，每个希腊人肩负2.67万欧元（约合人民币24万）的债务，对于希腊这样一个欧元区穷国来说，负担可谓是绝对的沉重。

随后，美国三大评级机构惠誉、穆迪、标普便轮番、多次下调希腊主权评级。2009年12月8日惠誉将希腊信贷评级由A－下调至BBB＋，前景展望为负面。12月16日标准普尔将希腊的长期主权信用评级由"A－"下调为"BBB＋"。12月22日穆迪2009年12月22日宣布将希腊主权评级从A1下调到A2，评级展望为负面。华尔街的金融大鳄同一时间大肆沽空欧元，本已千疮百孔的希腊债务大厦应声倒地。欧洲债务危机大幕由此拉开。

如果仅仅是希腊，对欧元不会有太大的影响，这也不是国际投机资金的最终目的。此时，有严重债务问题不只希腊一家。欧盟27个成员国中，24个成员国的赤字水平超标，只有爱沙尼亚、瑞典和卢森堡达到欧盟所规定的赤字占GDP比重不得超过3%的规定。欧盟27国2009年的财政赤字和公共债务分别占到其国内生产总值的6.8%和73.6%，均大大超出2008年的2.3%和61.6%的水平。备受外界关注的西班牙和葡萄牙，财政赤字和公共债务更是高达GDP的11.2%、53.2%和9.4%、76.8%。西班牙和希腊不可同日而语，其经济规模占到了欧盟的8.9%，拥有超过1万亿美元的债务。

就在欧盟还在为救助希腊僵持不下之时，国际炒家纷纷散布看空消息，称由于欧盟其他国家同样存在债务违约风险，欧盟可能陷入巨大债务漩涡。2010年4月26日，标普将葡萄牙主权评级下调两个等级；4月27日，标普直接将希腊信用评级下调至垃圾级；4月28日，标普将西班牙评级从AA＋下调至AA。

顿时市场恐慌情绪飙升，希腊、葡萄牙、西班牙、意大利、英国等国外汇市场、股票市场、债券市场全线下挫，金融恐慌程度（VIX指数）已经接近亚洲金融危机、9·11和贝尔斯登事件时期，"笨猪四国"的融资成本迅速提升。匈牙利、西班牙、葡萄牙等国债务的任何一点不利风声都会让市场心惊不已。由于笨猪四国均是欧元区国家，"猪"国被宰，必将重挫欧元。事实也的确如此，债务危机爆发欧元兑美元汇率最大跌幅达到15%，逼近2006年来的最低点（见图5）①。

专栏6：欧元兑美元汇率变化虽市场消息大幅波动

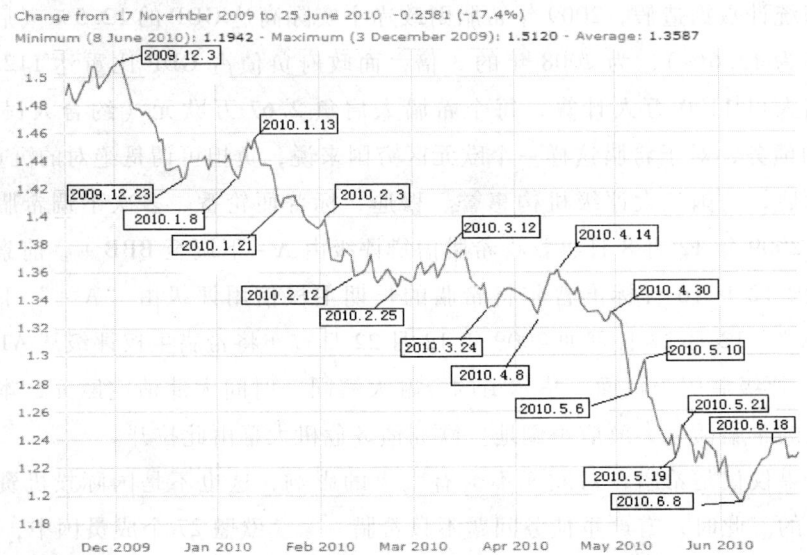

图5 欧元汇率变化随市场消息大幅波动②

2009年12月8日，惠誉将希腊信贷评级由A-下调至BBB+，前景展望为负面，欧元汇率暴跌。

12月16日，标准普尔将希腊的长期主权信用评级由"A-"下调为"BBB+"，欧元汇率继续下跌。

12月22日，穆迪2009年12月22日宣布将希腊主权评级从A1下调到A2，评级展望为负面，欧元汇率跌至低点。

12月23日，希腊通过2010年度危机预算案，市场信心有所提振。

2010年1月11日，穆迪警告葡萄牙若不采取有效措施控制赤字将调降该国债信评级。

2月3日，欧盟委员会宣布支持希腊削减赤字计划，但市场对计划的可行性信心不足，欧元汇率仅短暂反弹，便再次掉头下行。

2月9日欧元空头头寸已增至80亿美元，创历史最高纪录，欧元汇率

---

① 余翔：《"笨猪四国"拖累欧洲》，《时事报告》2010年第6期。
② 通常由于内幕消息等原因，市场会在正式消息公布前就有所表现。

再次下跌。

2月10日，巴克莱资本表示，美国银行业在希腊、爱尔兰、葡萄牙及西班牙的风险敞口达1760亿美元。

3月9日，欧盟委员会主席巴罗佐称，欧委会正在考虑禁止纯投机性的信用违约掉期（CDS）交易，这种投机行为被认为加剧了希腊债务危机。此外，欧盟呼吁美国加入他们的行列，共同打击针对一些国家主权债务的投机行为。欧盟的"坚定"表态，让市场似乎看到了希望，欧元汇率结束下跌行情。

3月11日，欧洲议会正式建议征收金融交易税。但同日，美国财政部长盖特纳致信欧盟官员，试图干预欧盟通过立法严管对冲基金。

3月15日，欧元区成员国财政部长举行月度例会。会上讨论了是否救助希腊，但未就此作出决定。

3月17日，德国总理默克尔再次重申了德国无意出资援助希腊的立场。默克尔表示，欧元区应设置"驱逐"机制，将威胁欧元区统一稳定性的国家剔除出去。希腊总理帕潘德里欧同日表示，希腊不可能退出欧元区。如果无法及时得到欧盟的内部援助，仍将向国际货币基金组织（IMF）求援。欧盟及成员国在是否救助希腊问题上的政治分裂，让刚刚有所提振的市场信心再度受挫，欧元汇率开始新一轮的下跌。

3月24日，出于对葡萄牙政府债务状况的担忧，惠誉国际信用评级有限公司将葡萄牙政府债务信用评级从"AA"级下调至"AA-"级，欧元汇率跌至四个月来的新低。

3月25日，默克尔坚持让国际货币基金组织（IMF）先出手援助希腊，欧元区国家随后表态将视情况决定是否施援手。

4月27日，标普下调希腊债务评级。

5月4日，对于希腊是否有能力偿还即将到期债危的担忧升级，欧美股市再次全线大跌。

5月10日，欧盟和IMF联手斥资7500亿欧元救助欧元区成员国。但该机制的长效性和可行性遭到市场质疑。穆迪当日宣布，可能在未来一个月内降低希腊和葡萄牙的主权信用评级。

5月19日，希腊获首笔145亿欧元救援金，按时将一笔总额为90亿欧元国债还清，欧元汇率止跌回稳。

> 5月28日，惠誉宣布将西班牙的主权债信评级由此前的"AAA"下调至"AA+"。
>
> 6月3日，匈牙利执政党青民盟（Fidesz）的副党魁Lajos Kosa表示，匈牙利正面临与希腊类似的主权债务危机。引起市场再次恐慌。
>
> 6月8日，欧元区成员国财政部长就7500亿欧元的欧洲稳定机制的最后细节达成一致，为其他可能像希腊一样陷入债务危机的欧元区国家启动这一救助机制扫清了所有障碍。市场信心大为提振，欧元强劲反弹。
>
> 6月14日，穆迪下调希腊主权债务评级，从A3级降为Ba1级，下调4个等级，沦为垃圾级。
>
> 6月15日，索罗斯称虽然他预期欧盟的挽救行动最终会导致欧元区解体，但是他现在仍然买入欧元，他相信要再过十至十五年欧元才会在国际金融市场上消失。欧元强劲反弹势头遭到打压，欧元恢复部分放缓。

美国找到拿捏欧元的"法门"

其实，外界一直在猜测谁是下一个在金融危机中摔倒的倒霉国家，巴基斯坦、拉脱维亚、甚至爱尔兰等曾都被预计可能是下一张倒下去的多米诺骨牌，但谁也没料到，在金融风暴掠过中东迪拜后，会直奔南欧而来。"笨猪四国"自己也没想到，即使有了欧元区的保护伞，厄运仍会降临。

华尔街黑手之所以敢在欧元区内大举"猎杀"，其根本原因在于华尔街看到了欧元背后存在的制度性缺陷，让华尔街找到了欧元这个蛋的"缝"。

缝一：经济结构不合理、周边欧元区国家对资金、技术及人才等要素的吸附导致的欧元区内部发展失衡是导致四国变"笨猪"的根本原因。欧元区在发展中已经逐渐形成以法国、德国、荷兰等为中心，包括笨猪四国在内的诸多国家为外围的"圈层式"发展模式。

南欧国家的产业经济结构单一，支撑经济发展的主要是旅游和房地产业，在传统的造船、汽车等工业已日渐萧条之下，新兴产业却几乎是白纸一张，缺乏能从根本上长期推动这些国家的发展的支柱性产业，笨猪四国政府也未能采取有效措施及时调整经济结构。在这样一种畸形的发展模式下，希腊、爱尔兰、西班牙、葡萄牙等外围成员国在欧元区内竞争力只会不断地被削弱。德、法等欧元区核心国却具有较强的经济竞争力，拥有支撑经济可持续发展的支柱性实体产业。面对德、法等国强大的竞争力，笨猪四国只能沦为产品市场和消费度假之地。

欧盟统计局 2010 年 6 月 21 日公布的数据显示，2009 年欧盟 27 国居民人均国内生产总值跨幅较大，贫富两极分化严重。这份统计数据假定欧盟平均水平为 100，照此计算，地处西欧的卢森堡最富庶，居民人均国内生产总值为 268，位居第二的爱尔兰为 131，而最穷的保加利亚仅为 41，不到卢森堡的六分之一。在欧盟 27 国中，13 个成员国的居民人均国内生产总值在平均水平以上，14 个低于平均水平。欧盟第一大经济体德国去年居民人均国内生产总值为 116，法国和英国分别为 107 和 117。

经济分化导致南欧国家陷入"增长陷阱"，经济发展主要依靠外来资金支撑，缺乏经济内生增长动力，对风险缺乏"免疫力"。在东家不差钱的时候，以国家信用作担保低吸借债，甚至拖欠一定的到期债务，倒也玩得转。但金融危机发生后，一切都改变了。一方面，经济发展羸弱的欧洲国家为避免深陷危机，巨额财政刺激计划令这些国家政状况更加恶化，国家信用也大打折扣。另一方面，债权国纷纷收紧信贷，民众勒紧腰包，流向这些国家的资金开始枯竭。

缝二：欧元制度"先天不足"累积债务风险，是危机发生的内在诱因。其一，欧元区货币政策虽已由欧洲中央银行统一行使，但成员国仍牢牢掌握财政、工资和社会福利政策权。这给经济羸弱的南欧国家留下了实施赤字财政的漏洞。其二，欧元区缺乏统一的跨国监管机制，各国监管标准也存在较大差异，未能发出债务问题风险警告。其三，欧元区根本大法《稳定与增长公约》虽对成员国财赤和外债有明确规定，但缺乏惩罚和退出机

卡梅伦，英国保守党领袖，2010 年任英国首相，为 1812 年来最年轻的首相。卡梅伦出生于伦敦，具有英国皇室血统。曾在英国伊顿公学。1988 年以最佳成绩毕业于牛津大学。2005 年就任保守党领袖之后，为 2010 年大选准备了 5 年。

制，德、法带头违约更使公约无力对债务问题实施有效管控。1997 年通过的《稳定与增长公约》规定，预算赤字和公共债务分别不得超过 GDP 的 3% 和 60%，而此后欧元区"金主"德国却成为第一个违规的国家。2002 年到 2005 年，德国预算赤字连续四年超过 3% 上限，但至今仍未受任何惩罚，同样，法

国和其他违约国家一样未遭处分。欧洲主权债务危机的发生在一定程度上可以说是，欧洲人为轻视自己制定的规则而受到惩罚。

缝三：欧盟国家缺乏团结协作的政治意愿成为危机蔓延"推手"。债务危机暴露出背后深藏的政治危机。欧元乃至欧盟本质上都是政治意愿的产物。特别是德国曾从政治高度出发，为欧元产生及欧盟发展做出了较大牺牲。但债务危机期间，德国领导人缺乏战略眼光和政治勇气，屈服于民意压力，没有发挥传统"欧洲优先"的"团结精神"，在救援问题上犹豫、迟缓。这不仅错失了救援最佳时机，严重打击了对市场欧盟信心，也让对冲基金看透了欧洲领导人缺乏合作的政治意愿，所以才敢对欧元区大举"猎杀"。

国际社会一直担忧的欧洲单一货币会引起经济发展不协调，成员国在货币政策方面无法实现统一，难以严守共同的公共财政纪律，终于在欧元买入第11个年头时出现了[①]。这反映出缺乏欧洲共同经济政策及其协调机制将从根本上做大做强欧元。欧元的出身不好终于成为进一步发展的障碍。

欧洲债务危机背后的操刀手和美国政府"黑影"

重创欧元的背后有一群看不见的刀手——对欧洲具体操刀的是华尔街金融大鳄们和评级机构。华尔街需要评级机构为他们粉饰门面，而评级机构则需要从华尔街获得相应的高额回报，双方各有所需。《华尔街日报》是这样描述国际投机大鳄们"密谋"做空欧元的："一伙势力庞大的对冲基金操作者煞费苦心地在曼哈顿的豪宅聚会，他们一边大嚼烤鸡和牛排，一边谋划着如何将全球第二大货币打倒的秘密计划"。俄罗斯国际问题研究专家萨芬说，"国际金融每一次重大事件的背后，总隐藏着华尔街的秘密。"而指挥这些刀手的则是美国政府。

虽然对于欧洲大陆指责华尔街对欧元进行"货币战争"的指责，美国人极力否认，并辩称"阴谋论"不过是欧洲的臆想罢了。但有证据表明，在此之前，美国政府已经捕捉到相关华尔街做空希腊的信息，但美国司法部仅将调查函发送到持有Markit Group[②]股份的各家银行，却未将有关情况通报给欧盟及有关机构，欧元浑然不觉危险的逼近。希腊债务危机爆发后，面对欧洲强烈要求美国

---

① Paul De Grauwe, "Let's Stop Being Gloomy About Europe", CEPS Working Document No. 293, May 2008, http://ceps.be.
② Markit Group 成立于2001年，股东包括摩根大通（JPMorgan Chase）、高盛（Goldman Sachs）、德意志银行（Deutsche Bank）、美国银行（Bank of America）和摩根士丹利（Morgan Stanley）。

调查华尔街做空欧元的要求,美国司法部曾信誓旦旦地表示将彻查和严惩,但最终却不了了之。正如瑞典经济学教授林德斯特兰德所说的,华尔街并不是最可怕的,最可怕的是美国政府对华尔街巨头们的做法姑息和纵容。

支持债务不断延续的是债权人相信债务人有还款能力,信心关键。美国国家债务远超过希腊,现在已超过 12 万亿美元。谁都知道,美国无论如何都无法还清这一债务。单利息就是美国财政的沉重负担,但美国却没有被信用评级机构大幅降级。原因很简单,全球三大评级公司——穆迪、标准普尔和惠誉,全是美国公司。国际评级的"美国化",使美国获得巨大收益,甚至无形中"控制"了危机发展的方向和节奏。美国政府也正是借用评级机构打掉市场对"笨猪四国"还款能力的信心,让这些国家变成了一只只还不起债的"猪"。欧洲主权债务危机从战略高度上看,实质上是美国政府借华尔街之手,用美元武器重创欧元。希腊只是引子,"笨猪四国"也仅是铺垫,削弱甚至打倒欧元才是美国的目标。

专栏 7:"金融大鳄"——高盛

自高盛帮助希腊"做假账"引发希腊债务危机的丑闻曝光后,高盛"天使"的那一面就不复存在,而露出制造国际金融动荡的"魔鬼"真面目。人们发现,高盛不但是一个制造国际上众多金融丑闻的老牌恶棍,而且凭着财大气粗、金钱开道在世界上政商通吃,黑白两道玩得如鱼得水。

法国《资本》网站称,成立于 1869 年的高盛为世界多国政府、最富有的家族、企业提供金

高盛为跨国银行控股公司集团,被《财富》杂志评选的美国财富 500 强企业之一,总部位于美国纽约。高盛的业务涵盖投资银行、证券交易和财富管理;业务对象为企业、金融机构、(国家)政府及富人。业务按地域分为三大块即美国、亚太地区和欧洲,在全球 23 个国家和地区(含美国)设有代表处。

融咨询和服务,擅长各种金融投资和炒作。高盛和多国政商高层有着千丝万缕的联系,两位高管保尔森和盖特纳先后当上了美国财长,一位当上了意大利央行行长;高盛还广泛吸收多国政商高层,欧洲央行的首席顾问就被该公司招募。世界银行行长佐利克是高盛的常务董事;被美国政府委派监管 7000

亿美元不良资产救助计划的卡什卡里,也曾经在高盛任职。尽管西方媒体上频频用"邪恶的金融帝国教主"、"世界经济的吸血大乌贼"、"最可怕的银行"、"(就像致人死命的)恐怖的阿米巴原虫"、"双面间谍"等语言形容描述恶贯满盈的高盛,但人们也担忧美国政府未必敢对高盛这样的"金融大鳄""动真格"的。倘若高盛真的倒下,谁来充当美国控制全球金融的"黑手"呢?

他们会是高盛潜伏在欧洲的"余则成"吗?

希腊债务危机爆发,愤怒的欧洲人突然发现,高盛已悄无声息地在美国本土之外扎根。其中最为显眼的高盛派政要是两度担任意大利总理的普罗迪,在1999~2004年间,普罗迪是欧盟最高执行机构之一的欧盟委员会主席。而1990~1993年间,普罗迪曾在高盛担任顾问。

现任意大利央行行长马里奥·德拉基曾在高盛"打过工"。1991~2001年曾任意大利国库部总干事。后跳槽至高盛欧洲总部,担任副总裁。2005年12月29日重回意大利,当选央行行长。马里奥·德拉基在高盛期间,正好是高盛跟希腊对赌货币互换的时候。

据英国《每日电讯报》报道,从罗马诺·普罗迪的履历表看,他在美国待了很长时间,完全有可能是马里奥·德拉基的同门

米歇尔·巴尼耶(1951~)法国政治家,欧洲人民党副主席。2007~2009年曾任法国农业和渔业部部长,2009~2010年任欧洲议会议员,2010~2014年任欧盟委员会内部市场和服务委员。2016年10月担任代表欧盟的"英国脱欧"事务首席谈判官。

师兄弟。更为巧合的是,在普罗迪担任欧盟委员会主席这段时间,马里奥·德拉基正好在高盛效力。那时德拉基正代表高盛跟希腊政府及其他欧盟成员国政府做对赌生意。身为经济学家的普罗迪很可能知道高盛的做空行为,而只是有意睁只眼闭只眼罢了。

美国削弱欧盟自救能力

债务危机已经让欧元区开始对自身存在的问题进行十年来最深刻的反思,

并寻求在多个方面推动欧盟经济改革。2010年2月、3月、5月，欧洲国家元首和政府首脑多次开会讨论应对希腊债务危机，法德等国也向欧盟提出加强投机资金监管的议案。欧盟已有意筹建欧洲债务署（EDA）、欧洲货币基金组织（EMF）、欧盟应急基金，并拟建立成员国债务早期预警系统，创建一家欧洲自己的信贷评级机构。有关想法若能付诸实践，无疑将是欧元区自1999年诞生以来意义最深远的一次改革。

但对欧洲自己需求的应对方案，美国多持反对态度，希望打消欧盟一切志在增强自救能力的努力。2010年3月欧洲希望通过设立欧洲版的"IMF"——欧洲货币基金组织（EMF）来稳定市场，提高自身应对危机的能力。欧洲政策研究中心主任格罗斯认为，EMF的建立将推动欧盟及成员国之间就跨国监管达成协议，并建立有关惩罚机制，从而推动改革一直以来欧盟只有货币政策制定权而无财权的"跛脚"政策体制。虽然德国和欧委会一再解释说EMF将关注欧元区，而非国际层面，不会同IMF相竞争。但美国政府却表示，IMF具有丰富的专业救援经验，实施紧急救助无需再成立新组织。美国政府的话其实讲得比较含糊，理由似乎也与美国自身利益毫无干系。但IMF前首席经济学家西蒙·约翰逊一语道破其中的

盖特纳（1961~），1983年毕业于美国达特茅斯学院，主修亚洲政治，1985年获约翰·霍普金斯大学硕士学位。盖特纳是处理金融危机的专家，此前曾研究过亚洲金融危机，曾参与制定墨西哥、印度尼西亚韩国巴西和泰国金融救援计划。面对眼下席卷全球的金融危机，盖特纳是美联储系统内最坚定的低利率倡导者之一。他与保尔森和伯南克一道，促成解决投资银行贝尔斯登公司危机的决定，即先提供紧急融资，再安排300亿美元信贷，支持摩根大通公司收购贝尔斯登。奥巴马当选总统后，被任命为新政府财政部长。

天机。约翰逊说，美国政府高官其实对欧洲拟建EMF的提议十分恼火，认为欧洲是想借机重构国际金融体系，削弱美国的传统权力基础。

为加强金融监管，防范投机资金的再次冲击，欧盟拟制定新立法，提高金融交易的透明度，强化对冲基金的责任。但是英国《金融时报》2010年3月11日披露，欧盟委员会负责内部市场和服务的委员米歇尔·巴尼耶却就此

威廉·恩道尔（1941～）生于美国明尼阿波利斯。1966年获美国普林斯顿大学工程和法学学士，1970年获瑞典斯德哥尔摩大学比较经济学硕士。现在为独立经济学家和新闻调查记者。著有畅销书《石油战争》等。

事收到了美国新任财政部长盖特纳的来信。盖特纳在写给巴尼耶的信中指责欧盟尚未通过的立法将会对美国对冲基金构成歧视，影响它们今后在欧洲市场上开展业务。美国反对欧盟加强对对冲基金的监管。美国政府认为，欧盟推出的新草案主要是针对美国的对冲基金，将把美国基金公司排除在欧盟市场之外，这完全是"保护主义"的做法。奥巴马政府之前曾多次敦促欧盟取消或至少修改监管规则。

美国财长盖特纳2010年5月26日抵达欧洲，在督促欧洲各国政府恢复财政秩序的同时，还更加严厉地谴责了德国最近实行的禁止"裸卖空"的措施。盖特纳之所以如此反感德国的禁止"裸卖空"措施，有两大原因，一是担心可能会被欧元区其他国家效仿，二是"裸卖空"大多是华尔街通过英国伦敦金融市场来进行的，德国禁止"裸卖空"将大大限制华尔街在欧洲金融市场上的作为。华尔街不高兴，盖特纳自然着急。同时，也顺水推舟送给美国的"小兄弟"英国一个人情，因为英国一直担心加强金融监管会削弱英国金融市场的吸引力，所以一直反对欧盟加强金融监管的主张。

在2010年6月8日的G20财长会议上，欧盟力推共同征收银行税，以防范未来的财务危机。但却未得到美国的支持。关于经济刺激政策的退出问题，美国主张继续保持刺激力度，反对过快推出，而急于挽回市场信心的欧洲国家则把财政紧缩放在了首要地位。在欧洲央行行长特里谢特别看来，"维护《稳定与增长公约》的权威性，加强对赤字和债务的约束，将有助于提振十分脆弱的市场信心，降低市场的恐慌情绪。"① 美国财长盖特纳在财长会议期间则表示，全球不能再依赖美国消费者来带动出口，并呼吁中国、德国和日本等国要提振内需。他还特别指出，欧洲和日本的开支"相当薄弱"，意指这些国家不应大力缩减开支力度。

---

① "Trichet Warns on fiscal indiscipline", *Financial Times*, Dec. 15 2008.

美国的真实战略意图

意图一：维护美元地位，促进外部资金流入美国[①]。美国经济学家和地缘政治学家恩道尔认为："我们正站在一场精心策划的美国金融战的中心，战争的目的是把岌岌可危的美元再一次挺起。"只要美元不倒，美国主导的国际体系就会继续存在下去。

美国银行—美林（Bank of America Merrill Lynch）2010年2月8日发表研究报告称，随着投资者对欧元区国家财政健康状况担忧情绪的不断增长，欧元占全球外汇储备的比例在未来两年内最低将降至25%。

希腊债务危机的持续发酵的确让中国外汇储备管理策略发生了变化。在2010年3月份，中国对美国国债的投资策略突然转向，一改连续4个月减持的操作手法。根据美国财政部6月初公布的国际资本流动报告（TIC）显示，截至2010年3月末中国共持有8952亿美元美国国债，与2月份相比增持177亿美元，这是中国在连续4个月减持美国债后再次增持，目前中国仍为美国国债最大的海外持有者。而在美国次贷危机发生后，希腊债务危机发生前的12个月中，有7个月中国针对美国国债都采取的是净减持的操作策略，并同时增持欧元资产。

中国2010年3月增持美债的行为其实并不孤立。美国财政部的报告显示，美国国债的第二、第三大海外持有者日本和英国在3月份都有较大幅度增持，分别增持164亿美元和455亿美元，而中国、日本、英国三国增持美债的步调一致，主要原因还是各方都在回避欧元区债务危机带来的投资风险。

由于俄罗斯外汇储备以欧元和美元为主，其中欧元在外汇总储备中所占比例超过40%，英镑占大约10%，日元占比约1%。欧元的持续下跌，让俄罗斯的外汇储备大幅缩水。俄罗斯总统德米特里·梅德韦杰夫2010年6月19日忧心忡忡地说，"希望欧元能快速复苏。欧元不只是欧洲联盟的货币，也是我们所使用的货币。"美国的死对头伊朗，2010年6月2日也宣布将出售450

[①] 美国的忠实盟友英国也从中受益。据英国央行的数据，2010年第一季度，外国投资者净买入英国国债近204亿英镑（约294亿美元），为有统计以来的最高水平。近几个月来，亚洲央行纷纷回避欧元区债券，成为英国国债的大买家。

亿欧元的外汇储备，用于收购美元和黄金。

不仅是国债，美国的股票和企业债券也受到追捧。美国财政部的统计显示，海外投资者2010年3月净买入112亿美元的美国股票，2月净买入129亿美元。3月海外投资者净买入160亿美元的美国公司债，而2月净则卖出120亿美元。来自专业基金跟踪研究机构EPFR的统计显示，国际投资人继续净买入美国股票基金，相比之下，欧洲股票基金一度遭遇单周"失血"逾20亿美元的尴尬，新兴股票市场也受到牵连。

卡恩，1949年出生于法国塞纳省纳伊市一个犹太人家庭。法国经济学家、律师、政治家，法国社会民主主义政党社会党党员，1997~1999年任法国财政部长。2001~2007年三度当选国民议会议员，并于2006年竞选法国社会党总统提名。2007年9月28日被选为国际货币基金组织总裁。

通过打击市场对欧元的信心，迫使人们被迫在"矮子头上选将军"，从而再次增持美元资产，美国的这个战略意图目前来看，已经基本达到。

所以美国《时代》周刊2010年3月15日刊文称，就政治而言，许多人看衰、唱衰美国，但预言美国末日到来绝对是无稽之谈，美国化仍将是未来世界的趋势。尽管美国因为金融海啸而受到重挫，但危机后美国很快走出危机泥潭，凸显美国的竞争力、灵活度与适应性。八国集团在全球经济危机期间扩大成20国集团，但新成员的势力仍不足以挑战"美国之道"。文章继续表示，希腊债务危机爆发，表明欧洲货币联盟集团的政治、财政若步调不一致，这是危险至极的事，美元的全球货币储备地位不会动摇。

意图二：加强对欧洲的经济控制。随着经济实力的日渐增强，欧洲在经济上对美排斥倾向增强，欧洲希望自身的政策主张能够不受美国影响，代表的完全是欧洲自己的意志。

希腊债务危机爆发之初，IMF曾多次声明愿意通过各种努力帮助希腊度过债务危机，以"异常积极"的态度向希腊及欧盟伸出援手。但是欧洲人明白，IMF虽然表面上看起来由欧洲人领导（2010年IMF总裁为法国人卡恩），但背后其实由美国人说了算。IMF的确具有诸多解决希腊债务危机的独特优势，但若让IMF介入，无疑是中了美国人的圈套。美国人是借IMF"渗透"

欧元区,影响欧元区的政策制定。

欧元区对美国人的"好意",自然是婉言谢绝。德国和法国纷纷表示通过欧盟内部解决希腊危机,不希望国际金融组织染指欧洲事务,更不希望由美国主导的 IMF 拨款相助。2010 年 2 月 9 日欧元区财长会议也一致拒绝了 IMF 的援助,并表示"被援助"将是欧元区的"一次历史性倒退","意味着欧盟缺乏足够的经济实力",欧元区将因此颜面扫地。但欧元区内部对是否救助仍争论不休,并未就"救还是不救"给希腊一个明确的答复。希腊一直在苦苦等待。

2010 年 2 月 11 日,欧盟召开了一次非正式首脑会议。这是一个令希腊人难忘的日子,高傲的希腊文明,在日耳曼等欧洲民族面前,已经失去了往日的光华,卑躬屈膝。希腊总理乔治·帕潘德里欧近乎哀求地向参会的首脑们提出,希望这一次首脑会议能够讨论一下希腊债务危机问题。但帕潘德里欧的悲情演说并没能博得欧元区"金主"的同情。德国总理默克尔站在德国的立场上表示:"解决问题,不应是向希腊提供金融援助,而应是令德国纳税人远离所有损害。"在德国人看来,高盛做空希腊,做空德国,这都是希腊惹的祸,没有必要用德国纳税人的钱来拯救这样的祸根。

但希腊债务危机的持续恶化(市场一度传出希腊债务危机已经

乔治·帕潘德里欧,希腊政治家,前任希腊总理及现任民主社会主义者运动领导人。1952 年生于美国明尼苏达州。祖父和父亲都曾担任过希腊总理。曾在斯德哥尔摩大学、哈佛大学和伦敦大学学习。2002 年,被授予荷兰阿姆赫斯特大学法学荣誉博士学位。2006 年任美国佐治亚大学希腊艺术和科学研究中心教授。精通英语和瑞典语。1988~1989 年和 1994~1996 年两次任教育与宗教事务部长。1999~2004 年任外交部长。2004 年起担任泛希腊社会主义运动主席。2006 年当选社会党国际主席。2009 年 10 月当选希腊总理。

失控、欧元区已无力应对危机的传言)和欧元区成员国在救援问题上的严重分歧(欧元区大国囿于本国利益,不愿为兄弟国家债务买单)使得欧元陷入了十年来最为艰难的处境。如果任由危机发展下去,欧元区真的可能会土崩瓦解。危机的情势迫使欧洲在 2010 年 5 月 2 日作出救助希腊的决定，联手 IMF 的决定，以 5% 的利率给希腊提供 1100 亿欧元，其中欧盟出资 800 亿欧元，IMF 出资 300 亿欧元。救援计划曾让市场恐慌的情绪有所缓解。

但欧洲的妥协在美国看来力度不够。美国希望能在更大程度上控制欧洲。于是华尔街继续做空欧元。全球股市 5 月 4 日再次大幅下挫。当日希腊股市大跌 6.7%，西班牙股市下跌 5.4%，欧元触及 12 个月低点，美国国债价格被继续推高。

无奈之下，欧元区财长 5 月 10 日再次引入 IMF，推出欧元区史上最大规模的金援计划，资金规模高达 7500 亿欧元（约合 1 万亿美元，超过 IMF 的资本金总额），其中 IMF 出资 2500 亿欧元，较上一个计划的 300 亿欧元大幅增加。另外，欧央行与美联储也重启了美元互换协议。由此，美国打通了借欧洲央行向欧洲大量输入美元的通道。美国终于通过资金纽带将欧洲紧紧捆绑起来。但所谓的大规模金援计划，如果不配合对欧元区进行一系列制度性改革，则无益于一剂"吗啡针剂"，只能治标而不能治本[①]。

此外，美国还有更深远的战略意图——套牢欧洲央行，为下一次危机埋下伏笔。欧洲央行（ECB）是欧元区货币政策的制定和执行者。为防止欧洲央行被成员国财政政策所"绑架"，保障其独立性，所有欧盟层面的法律都严禁欧洲央行直接通过货币政策工具救助成员国。但希腊债务危机让欧洲央行再次恢复了国际金融危机期间所采取的一系列非常规救市举措，主要是从二级市场购买欧元区成员国政府债券和私人债券，向金融市场注入流动性。但这一做法无疑将使债务由成员国向欧洲央行转移。据英国《金融时报》报道，欧洲央行（ECB）2010 年 5 月 18 日公布，作为国际援助计划的一部分，它已买入 165 亿欧元的欧元区国债。虽然欧洲央行的干预力度仍然较轻，但此举对欧元的"监护人"来说，已经是一大突破。欧洲央行以前一直避免直接购买国债。为维护市场稳定，欧洲央行未来可能必须购买更多的债券。欧洲央行的这一做法虽然短期内有助于为欧洲走出主权债务危机提供"背书"，但也为未来更大的危机埋下了隐患。有欧洲媒体称，欧洲中央银行的做法是按下了"核按钮"。

意图三：套牢中国。在美国人看来，新兴国家无疑是此次金融危机的最

---

① 余翔：《希腊债务危机迎来转机曙光》，《中国评论》2010 年 5 月 15 日。

大赢家,而中国获益最大。尼日利亚中央银行行长萨努西·拉米多甚至表示,为了消除世界主要货币因每次攀升的挥发性而造成的损失,正考虑在其国家外汇储备中保有一定数量的人民币储备。

为了维护美元一币独大的地位,除了绞杀欧元外,另一个亟须打压的对象便是中国。美国人对中国采取的是两手策略,一手是"捧杀","由衷"地赞叹中国经济巨大成就,赞赏中国国际地位的快速提升,中国领导人"英明神武,伟大光荣"。

美国总统奥巴马带头凿凿地宣称,中美关系是世界上最重要的双边关系——请注意,不是最重要的双边关系"之一";美国学界则从"生产到消费良性循环"(即中国生产,美国消费,从而维持世界经济平衡)的视角,配合性地提出了"G2理论",或者说"中美国"理论,并鼓吹G2是"解决当今世界上几乎所有问题的关键所在"。随后,在美国媒体的炒作之下,G2之说迅速传开,成为各国热议的话题。2010年在瑞士达沃斯举办的一年一度的世界经济论坛上,全球政治人物和经济名流大部分会谈的内容也是围绕"G2"世界展开的。对于伦敦峰会期间的"胡奥会",西方媒体称其使G20峰会"黯然失色",这次峰会不再是"G20",而是"G2"①。这让一直以"美国第二"自居的欧洲黯然神伤,倍感失落。就连一些发展中国家也开始看轻欧洲。在印度国际经济关系研究所所长拉杰夫·库马尔看来,"欧盟已经以低价抛售了其所拥有的软实力。"欧洲对取而代之的中国自然不由地心生嫉恨之情。美国吹捧中国的目的有二:一是为了让中国飘飘然,放松警惕;二是离间其他国家与中国的关系。很多矛盾往往都是源于嫉妒之心。只要心生嫉妒,自然关系好不了②。

美国的另一只"黑手"是做空中国。

首先,将中国与欧元捆绑起来,让中国出手支持欧元。据《美国之音》报道,中国持有约6300亿美元的欧元债券。希腊债务危机发生后,中国持有的欧元债券不断缩水。2010年6月15日,穆迪将希腊债券降至垃圾级。而正是在这一天,为防止欧元进一步贬值,在全世界都在担心希腊可能破产、欧洲债务危机可能恶化、纷纷抽身而退之际,中国却被迫宣布向希腊投资数十亿欧元。

---

① 余翔:《从G20峰会看世界经济秩序新动向》,《当代世界》2009年第5期。
② Yu Xiang, US and Europe scrambling to adjust to changing world order, China Daily, 2010.2.25, http://www.chinadaily.com.cn/opinion/2010.2.25/content_9500030.htm.

其次,借欧元贬值冲击中国。其一,造成中国外汇资产损失。中国是全球目前外汇储备最多的国家,外汇储备规模超过2万亿美元以上。中国从未对外公布过外汇储备明细,但据一些投资机构和学者的估计,其中主要的储币种为美元。当下中国外汇储备中的欧元资产大约占25%,美元资产约占70%。欧元贬值,意味着中国外汇储备也会跟着贬值。自希腊债务发生以来,欧元对美元下跌15%,则相当于中国的外汇储备凭空蒸发了750亿美元,相当于中国被击沉8艘航空母舰。其二,打

乔治·索罗斯1930年生于匈牙利布达佩斯,1947年移居英国。曾在伦敦经济学院就读。1956年前往美国。索罗斯通过他建立和管理的国际投资资金积累了大量财富。现为索罗斯基金董事会的主席。

击中国出口。欧元走弱,可能导致中国推迟放弃其实质上的盯住美元政策。中国商务部发言人姚坚在新闻简报会上表示,受欧元贬值影响,人民币近几个月已大幅升值,这已损害到中国出口企业。其三,让中国所面对的国际环境更加复杂。美国金融危机发生后,为了缓解美国国内流动性不足的危机,美联储不断地向金融系统注资,并不断地下调联邦基金利率,使美元的汇率不断贬值,与此相应,国际商品期货市场上各类大宗商品的价格持续上扬,屡创新高。而在金融市场上,股市和债市大幅下跌,资产缩水严重。这给中国巨额外汇储备的管理带来更大的困难。面对复杂的海外投资形势,为了寻求储备资产的流动性和安全性,中国必然会被迫转向增持美元资产以求保护海外资产安全①。

意图四:影响欧洲政治一体化进程。

索罗斯是个商人,主要看重的是利,而不管欧元区是否最终分崩离析;美国政府看重的是"义",美国政府希望通过纵容一场由华尔街发动的"货币战争"实现其更大的战略意图——"打软欧元,而非打烂欧元",希望由此来削弱欧洲的"战略雄心"。只要能达到让欧洲在政治上死心塌地地跟随美国的目的,美国政府便会收手。因此,除了需要借债务危机让欧洲经济走入困境

---

① Yu Xiang, China proves a reliable partner of Europe, China Daily, 2009.5.26, http://www.chinadaily.com.cn/cndy/2009.5.26/content_7941398.htm.

外，更重要的是希望由此让欧洲陷入政治上的危局。

事实上，美国的确借债务危机达到了激化欧洲社会矛盾的目的。希腊债务危机现已实实在在影响到欧洲民众的生活，民众对政府的不满情绪激增，对于政府应对危机举措则更加不满。

为应对和防范债务危机，欧盟成员国已大规模出台财政赤字缩减计划。其中重要的一项便是减少公共福利开支。因为高福利是欧洲国家财政赤字的一个重要原因。欧洲的福利水平因此有所下降。习惯了高福利制度的欧洲人自然难以接受"从奢入俭"的现实。在欧洲，一直以来就有"谁改革福利制度，谁就下台"的"政治诅咒"。触碰福利体制必然会激起社会矛盾。目前，紧缩政策已导致多国官民对立加剧，激进势力抬头和政局不稳，社会不稳定因素大幅增加。

英国财政大臣奥斯本2010年6月22日公布了二战后最为严厉的紧缩预算案，这份被奥斯本称之为"强硬而公平的"预算案，大幅削减公共开支和增税为其主基调。从预算的具体内容看，除健康和国际发展部门之外的政府开支，将在4年内削减25%；未来数年内王室的开支也将被冻结在每年790万英镑，支出情况还得经国家审计署审查；儿童福利、政府部门年收入在21000英镑以上的员工工资等，都将被冻结。针对该预算，工党方面批评说，增税计划将会使底层百姓的生活雪上加霜。

希腊政府因接受欧元区国家及IMF的援助条件，准备继续削减工资福利，导致国内罢工游行此起彼伏，并造成流血冲突甚至人员伤亡。2010年6月8日，代表西班牙医生、街头清洁工人的近300万公务人员举行大罢工，抗议政府宣布在今后2年中，削减150亿欧元开支的计划。6月12日德国数万人示威抗议政府新预算计划是"劫贫济富"。德国一项民调显示79%的受访者不赞成新财政缩减预算案。

债务危机已使欧盟政治一体化陷入一段较长的徘徊期。债务危机没有增强反而弱化了欧盟内部凝聚力，成员国特别是核心国家德国民族意识明显增强，政界及民间"疑欧"情绪前所未有。同时，当前欧盟缺乏有战略眼光的领导人，囿于国家利益，难以从欧洲及全球角度推动欧洲一体化。此外，短期内难有起色的欧盟经济，将削弱欧洲一体化的制度吸引力，从根本上制约了欧洲政治一体化的发展。

目前，美国的这一意图也已基本达到，所以美国近期通过出资救助欧洲的方式开始收手。据最新数据显示，欧元兑美元汇率已从最低点强力反弹。美国一收手，欧元立马反弹，效果立竿见影。

八、欧元前景

短期内，欧元区解体可能较小，但个别国家被迫退出风险增大。较长时间内欧元区将呈不稳定状态。欧元推动者的设计初衷是通过危机不断完善欧元区机制，弥补制度缺陷。但实际发展未如预期，债务危机下更是陷入"只见危机，不见改革"的艰难境地。

默克尔，1954年7月17日出生于联邦德国北部港口城市汉堡的一个牧师家庭，在三个兄弟姐妹中排行老大。默克尔从小就显露出在科学方面的天赋。1973年，她以优异成绩进入莱比锡大学攻读物理学。1986年，她获得物理化学博士学位。2005年11月22日，默克尔在德国联邦议院总理选举中以明显多数票当选新一届联邦总理，同时成为德国历史上第一位女总理。她也是两德统一后首位出身前东德地区的联邦总理。随后一直连任。2016年11月20日默克尔宣布将谋求第四度连任。

此刻，欧元正面临诞生以来最严峻考验。由于欧元"先天缺陷"难以迅速弥补，货币和财政政策仍会顾此失彼，而且未来持续低迷的欧洲经济无法为欧元走强提供有力支撑，未来欧元将进入一段"疲弱期"。

欧元未来发展的重要影响因素

虽然欧元区无论在经济总量、人口上，还是在对外贸易量上都超过了美国，且在此次金融危机中，唱衰美元之声不绝于耳[1]，但必须承认，在当前国际金融体系下，美元仍居垄断地位，这一点可以很容易从美国在IMF、G8峰会、G20峰会中的分量看出来。更毋庸说，遭受欧洲主权债务危机的欧元暴露出诸多制度性缺陷。

欧元未来地位面临着来自内部和外部两个方面的挑战，其中内部挑战是

---

[1] Thomas Omestad, "Rumblings of Decline, U. S. News & World Report", November 3/10, 2008, pp. 37~40.

欧元国际化进程的根本性掣肘，而外部挑战在很多情况下构成欧元国际化的主要障碍①。

欧元面临的内部影响因素主要有二个：一是国情差异。欧元区成员国在立法体系、税收制度、政治、文化、经济周期等方面都存在不同程度的差异性，这种差异影响到欧洲市场统一和融合的步伐。根据《马约》规定，货币政策由欧洲央行负责，其唯一目标是保持货币政策稳定性，维持一般物价水平的稳定；而财政政策由各国自行制定，各国政府可以在一定限度内自主运用公共投资和财政政策。实践中，由于国情差异，各国财政政策与欧洲央行货币政策出现割裂和不匹配现象，这使得欧元国际化缺乏持久、一致的政策保障和支持。

从货币政策方面分析，单一的政策目标使得欧洲央行在应对不断变化的经济形势时缺少灵活性。在2008年的金融危机中，欧洲央行因此受到了多方舆论较为严厉的指责。美联储在不到一年的时间内将基准利率从5.25%降至0%~0.25%，而欧洲央行自2007年夏天起一直将利率水平维持在4%左右，2008年夏还曾一度将其升至4.25%，直到9月金融危机全面波及欧洲后才开始采取降息行动。勒旺大学欧洲政策研究中心教授保尔·格罗弗（Paul De Grauwe）甚至将2008年下半年欧元区步入衰退归罪于欧洲央行货币政策的一成不变和缺少灵活性②。

此外，欧元区各国经济周期不同步也增加了单一货币政策的难度。欧洲央行研究员詹诺内（Giannone）等人的最新研究表明，欧元和欧洲经货联盟对其成员国的经济周期并没有起到明显的"熨平"作用，对非欧元区欧洲国家的经济波动性也没有显著改善③。经济周期的差异导致区内国家间的通胀水平和劳动力成本呈持续放大趋势，进一步导致欧元区竞争力受损和内外部不平衡的产生。

从财政政策方面分析，成员国各自利益常常干扰欧盟的统一行动。此次金融危机充分暴露了这一结构性问题——各国政府不能在危机发生的第一时间里采取步调一致的行动。爱尔兰政府在未与其他成员国充分沟通和协调的

---

① 余翔：《欧元国际化进程及其面临的挑战》，《现代国际关系》2009年第1期。
② "The Bank must act to end the euro's wild rise", *Financial Times*, Sep. 5 2008.
③ Domenico Giannone, Michele Lenza, Lucrezia Reichlin, "Business Cycles In the Euro Area", NBER, working paper 14529, December 2008.

情况下,单方面宣布为国内储户提供全额存款担保,严重干扰了欧洲国家共同应对危机的努力。在联合救市方面,德法英之间存在较大政策分歧。欧盟经济刺激计划在经过漫长的讨价还价后直到2008年底的欧盟峰会上才达成一致意见,此时距美次贷危机全面爆发已时过近三个月。

欧元面临的第二大内部影响因素是经济增长潜力偏弱和欧元金融市场发展相对落后。虽然欧元区的就业一直在增加,但是欧元区的生产率增长却从20世纪90年代的1.5%减速至目前的1%。据测算,欧元区人均GDP比美国低30%,而这一差距自1970年就存在,至今仍无缩小的趋势[1]。虽然一些规模较小的欧元区经济体10年来取得了骄人的经济绩效,但区内几个大国经济的表现却不尽如人意。

在金融市场方面,与纽约市场相比,法兰克福市场作为欧元的金融中心发展相对滞后。伦敦、法兰克福、巴黎、米兰、马德里、里斯本等数十家欧洲股票交易所的年交易市值之合才相当于纽约股票交易所的交易额[2]。此外,欧元区和欧盟一直没有统一的金融监督机制,此次次贷危机和债务危机更是明显暴露出欧盟金融监管不足和危机应对能力不强的问题[3]。

除内部影响因素外,欧元国际化还面临着三大外部影响因素:

第一,欧元缺乏清晰的国际战略,其全球影响力无法得到充分发挥。作为单一货币,欧元在减少汇兑成本、减少货币波动性、降低利率风险等方面具有优势,但受制于欧元缺乏明确的国际战略和没有形成有效的国际身份标识,其优势未得到充分发挥。正如欧洲央行在2008年《欧洲经货联盟十年成就与挑战》中所说:"欧元体系对欧元在国际上的角色持中立立场。推动欧元的国际化并不是其追求的政策目标。"[4] 欧洲央行放弃了欧元国际化的主动权,这最终导致了欧元的公众形象与欧洲经货联盟取得的经济成就严重不相称。

---

[1] Domenico Giannone, Michele Lenza, Lucrezia Reichlin, "Business Cycles In the Euro Area", NBER, working paper 14529, December 2008.

[2] Naohiko Baba, Patick McGuire, Goetz von Peter, "Highlights of International Banking And Financial Market Activity", BIS Quarterly Review, September 2008.

[3] European Central Bank, "1998~2008 10th Anniversary of The ECB", Monthly Bulletin, 2008, p. 90.

[4] European Commission, "Success and Challenges after ten years of Economic and Monetary Union", European Economy 2, 2008, p. 96.

欧盟委员会也承认:"欧洲在国际事务中的影响力与其经济实力不相称。"① 10年前当欧洲经货联盟正式成立时,欧元被看成最有潜力改变美元独霸国际金融体系格局、与美元共同构成国际货币体系支柱的货币,欧洲可借欧元与美国分享国际货币事务的领导权。但10年过去了,欧元尽管是世界第二大货币,但却没有像美元那样成为国际货币体系的支柱,它最多只能算半个支柱。因此,当前的国际货币体系只是"一个半支柱"体系,而不是"两大支柱"②。

第二,美元仍将长期独霸国际货币金融体系,美国仍有转嫁美元危机的能力。在欧元出现之前,世界上80%的外汇储备是美元。储备美元相当于对美国机构或美国控制的外国机构投资,为美国经济提供了巨大的资金支持。为捍卫美元的垄断地位和获取由此带来的巨大利益,美国甚至不惜利用美元对包括欧元在内的其他国际货币的波动来转嫁或解决自己的危机和困难③。这种做法并不鲜见。如最近的希腊债务危机,以及1985年的广场协议。1985年美国在出现财政赤字和贸易逆差、美元面临贬值的危险时,就曾通过"广场协议"胁迫日元升值,从而达到对美元有利的目的。诚如美国约翰·霍普金斯大学教授福阿德·阿杰米(Fouad Ajami)所说,虽然在此次金融危机中,美式资本主义广为诟病,但现在还不是盖棺定论说美利坚帝国衰落的时候④。在美国强大经济、技术、金融和军事实力控制和挤压下,美元长期处于支配和领导地位的

阿杰米,1945年生于黎巴嫩。1963年移居美国。本科毕业于东俄勒冈大学,硕士毕业于华盛顿大学。1973年曾在普林斯顿大学政治学系任教。现为约翰·霍普金斯大学教授。曾担任美国国务卿赖斯德中东问题顾问。近年来由于鼓吹伊拉克战争"无过错论",而招致外界不少批评。

---

① European Commission, "Success and Challenges after ten years of Economic and Monetary Union", European Economy 2, 2008, p. 151.
② Benjamin J. Cohen and Paola Subacchi, "Is the Euro Ready for Prime Time? Chatham House", July 2008, http://www.chathamhouse.org.uk.
③ 黄河、杨国庆、赵嵘:《美元霸权的困境及其走向》,《现代国际关系》2008年第11期。
④ Fouad Ajami, "The Resilience of American Power", U. S. News & World Report, November 3/10, 2008, p. 41.

优势得以保持。

　　第三，欧元权力结构的行动能力不如美国。由此次次贷危机引发的全球金融危机可以看出，包括欧元区在内的欧洲仍存在诸如内部不协调、国家利益至上、金融监管落后、应对措施滞后等问题，当危机肆虐时，欧洲还得联合，甚至是依托美国来救市。欧元区如果没有英国的加入，法德如果政策意愿不一致，"伦敦城—法兰克福轴心"将根本无法对美元霸权构成实质性的制衡甚至根本性挑战，这意味着让欧元国际化为与美元并列的国际金融新秩序中的一极将只不过是纸上谈兵。此外，国际大宗商品交易中，美元仍然是最主要的结算货币，石油收入的欧元化和外汇储备的去美元化仍难以取代美元的媒介货币功能。因此，在可预见的未来，欧元区，甚至是欧洲，本身还不具备让欧元像美元一样单独支撑国际货币体系的能力。但欧元的急剧贬值或崩溃也不符合美元的利益，在欧元和其他主要货币日渐势微时，美国也定会出手"相助"。